DEANA ALONSO-LYRINTZIS
Southwestern College
California Foreign Language Project

BRANDON ZASLOW
University of California, Los Angeles
California Foreign Language Project

HILDEBRANDO VILLARREAL
California State University, Los Angeles

Prentice Hall, Inc.
Upper Saddle River, NJ 07458

Library of Congress Cataloging-in-Publication Data

Alonso, Deana.
Entre mundos: an integrated approach for the native speaker /
Deana Alonso, Brandon Zaslow, Hildebrando Villarreal.
p. cm.
Includes index.
ISBN: 0-13-148347-1
1. Spanish language—Grammar. 2. Spanish language—Textbooks.
I. Zaslow, Brandon, II. Villarreal, Hildebrando. III. Title.
PC4112.A396 1995
468.2—dc20 95-25069
CIP

Editor-in-Chief: *Steve Debow*
Executive Editor: *Laura McKenna*
Director of Development: *Marian Wassner*
Assistant Editor: *María F. García*
Editorial Assistant: *Karen George*

Managing Editor: *Deborah Brennan*
Cover and Interior Design: *Ximena de la Piedra*
Page Layout: *Wanda España*
Manufacturing Buyer: *Tricia Kenny*

Printed in the United States of America
10 9 8 7 6 5 4 3 2 1

ISBN 0-13-148347-1

Prentice Hall International (UK) Limited, *London*
Prentice Hall of Australia Pty. Limited, *Sydney*
Prentice Hall Canada Inc., *Toronto*
Prentice Hall Hispanoamericana, S. A., *México*
Prentice Hall of India Private Limited, *New Delhi*
Prentice Hall of Japan, Inc., *Tokyo*
Prentice Hall of Southeast Asia Pte. Ltd., *Singapore*
Editora Prentice Hall do Brasil, Ltda., *Rio de Janeiro*

To my parents who created a rich environment in which to grow.
To Esther, my life without her would have never been the same.
To Costas whose love and support has made me full and complete.
To Sofia who I trust will grow in strength between worlds--a child of **Entre mundos.**
To my students who inspired me to write this text.

Deana

To Eva, Marilyn, Gertrude, Enid and Steven--the pools in which are reflected my roots.
To Christen with whom I will walk life's path.
To Pedro my foundation and window to other perspectives.
To my students who collaborated with me to take in and act on the world.

Brandon

ENTRE MUNDOS

Preface

Entre mundos is a new and innovative text designed to fulfill the needs of home speakers of Spanish. Unlike most texts for this audience, which limit home language instruction to the remediation of errors through practice with spelling and grammar, **Entre mundos** builds upon the knowledge, skills and experiences students bring to the Spanish classroom. The program provides language-use experience that expand the content areas in which students are able to function, and prepares them to use language for real-world and academic purposes in culturally appropriate ways.

Entre mundos presents language in an interesting and lively manner using a thematic approach that highlights Hispanic cultures within and beyond the United States. Authentic materials expose students to a variety of content areas and situations, preparing them to use Spanish outside the classroom and their homes. In addition, the topics in **Entre mundos** foster a strong sense of identity and a high level of self-esteem in students as they develop the broadest possible world view and begin to see themselves in professional roles.

Highlights of *Entre mundos*

Four skills development. The text gives attention to the development of the four language skills: listening, speaking, reading, and writing. The approach is interactive: highly motivating listening and reading selections provide students with ample opportunities to express themselves in speech and writing.

Focus on form. Grammar is consistently integrated with the content of the readings. Meaningful and personalized activities motivate students to improve the quality of the language they produce.

Contextualized practice. The presentation of real-world tasks similar to those required in various professions encourages students to imagine themselves in professional roles and provides realistic stimulating contexts for using their Spanish skills. Students come to recognize that the linguistic and communication skills they are developing through their study of Spanish will enhance their professional opportunities in the increasingly interdependent world community.

Chapter Organization

Overview. The text contains an introduction and twenty-one chapters. The first three chapters help students explore the nature and potential of living within and between cultural worlds. Chapters 4 and 5 move students beyond themselves and highlight the interpersonal world of family. Chapters 6 through 10 link the world of the community, the school and the professions, guiding students to explore both the informal settings of home and neighborhood and the formal settings and requirements of education, careers and the job market. Chapters 11 through 16 place students well within the external world where they experience the realities of Hispanics in the United States. The last five chapters use short stories and a play to present abstract concepts that highlight current controversial issues of universal interest.

Chapter Opener. Each chapter of **Entre mundos** opens with a variety of interactive formats called *Exploraciones,* in which students and instructor generate the information necessary to participate in subsequent activities. Representative formats include personalized questions, completions, quickwrites, clusters, surveys, interviews, and vocabulary expansion activities. The *Exploraciones* spark students' interest in chapter themes, activate their knowledge of the topics presented and familiarize them with the concepts necessary to understand and work with the new material in each chapter.

Readings. The *Lecturas* develop students' ability to understand chapter content. Early readings provide comprehensible input by focusing on content that reflects the students' world. Initially, students learn to identify the main ideas and supporting details by working with informal and relatively simple texts. Over time, formal texts treating more abstract concepts are introduced. With all texts, students are guided through the reading process by means of personalized questions as well as analytic and synthetic activities that develop the higher-level thinking skills needed to function independently in academic and real-world settings. Closing activities require students to reflect on the lessons learned from the readings and apply them in personal ways.

Discovery approach to grammar. The *Analizar y descubrir* sections focus on developing the accuracy necessary for understanding complex texts and producing high-quality messages. A highly effective inductive approach is used to prompt students to generate the rules that govern Spanish language. Students acquire new knowledge (exceptions to rules, variations in usage, and an understanding of grammatical terms) interactively. Finally, a series of meaningful and personalized activities enable students to integrate, apply and extend their language as they carry out real-world and academic tasks.

Practical synthesizing activities. The *Manos a la obra* section provides students with opportunities to use language for real-world purposes in culturally authentic situations. A limited number of activities in this section are form-focused in order to provide additional guided practice with structures where necessary. The majority of activities, however, encourage students to use all the language they have at their disposal to accomplish tasks representative of those they might perform outside the classroom, in real-life situations.

Concise grammar summary. The *Para consultar* section, located at the end of the text, provides students with information on selected grammatical topics that are not presented in the program.

Components

Instructor's Cassette. Free upon adoption of the text, the *Instructor's cassette* offers a variety of oral texts that complement students' exposure to the written language with exposure to the spoken language. It introduces the major regional varieties of Spanish and emphasizes the fact that all dialects are equally acceptable.

Instructor's Resource Manual. Also free upon adoption of the text, the *Instructor's Resource Manual* contains a wealth of ideas for classroom activities as well as appendixes that include the tapescript, a syllabus, a sample test, games, and suggestions for evaluating student work.

ACKNOWLEDGEMENTS

We would like to thank the following people at Prentice Hall who have supported us in creating **Entre mundos**, a program which responds to the educational demands of the twenty first century: Steve Debow, Editor-in-Chief, whose vision and critical eye made this program possible, Ximena de la Piedra and Wanda España, designers, whose creativity, spirit and artistic talent far exceeded our expectations; and to Debbie Brennan, Managing Editor, whose support brought the project to fruition. We wish to extend our heartfelt gratitude to María F. García, Assistant Editor, for her personal interest and the dedication she has shown throughout the project. Her openness to suggestions and willingness to work with us made the tedious phases of the project less frustrating. Without her assistance and perseverance, **Entre mundos** would not be the program you see before you.

We are also thankful to the following colleagues who reviewed **Entre mundos**: Roberto M. Cortina, The University of Texas at Brownsville; Gerald G. Curtis, University of Miami, Theodore V. Higgs, San Diego State University; Luis L. Pinto, Bronx Community College of CUNY; Ana Menéndez Collera, SUNY-Stony Brook; Octavio de la Suarée, William Paterson College; Ana Perches, University of Arizona; Carmen Vigo-Acosta, Mesa Community College.

We extend our special thanks to Frank Dauster, Brenda Wegmann and Mary Ellen Kiddle for their help in identifying original versions of reading selections and personal information about the authors. In addition, we wish to acknowledge Ted Higgs, friend and mentor, whose valuable insights and generous ideas were essential in the formative faces of the project.

Enclosing, we would like to express our gratitude to Esther Alonso, California State San Marcos and Pedro Báez, author and poet who collaborated with us from the outset and without whom the program would be less of a success.

PALABRAS AL ALUMNO

¡Felicitaciones!

Queremos felicitarlo por haber tomado la decisión de aumentar su conocimiento del español, su lengua materna. Cada vez hay más trabajos que necesitan a personas bilingües que sepan hablar, leer y escribir correctamente el inglés y el español formal. Para que Ud. logre su objetivo le damos los siguientes consejos:

1. Cada vez que encuentre una palabra que no conoce; subráyela. Después trate de adivinar lo que significa por el contexto en que se encuentra. Si no puede adivinar su significado (a veces el contexto no nos ayuda), busque la palabra en su diccionario o pregúntele a su profesor.

2. Haga su propio diccionario. Use la hoja llamada **Cuidado con...** que se encuentra al final del libro. Escriba la palabra nueva que aprendió y copie la oración donde la encontró.

3. Ponga mucha atención en cómo se escriben las palabras y si llevan acento o no. Mentalmente dígase, por ejemplo, ¡Ah!, **hacer** se escribe con **h** (hache) y con **c** (ce). O, ¡Humm! **página** lleva acento en la primera **a**. Más adelante le explicaremos las reglas de acentuación.

4. En clase, cuando alguien pregunte cómo se dice algo o cuál es la forma más estándar para expresar algo, si Ud. no está familiarizado con dicha expresión, escríbala en la hoja **Cuidado con...** Así al final de cada capítulo, Ud. tendrá una lista personalizada que podrá consultar cada vez que tenga dudas. Por ejemplo, si en clase se habló de que *to call back* no se dice **llamar para atrás** sino **volver a llamar**, escríbalo para que no se le olvide.

5. Haga una lista de sus errores ortográficos. Cada vez que entregue una composición o tarea, revise esa lista para no cometer dos veces el mismo error. Haga así su lista:
   aser – lleva **h** y se escribe con **c** – **hacer**

Buena suerte con sus estudios. Y recuerde, aprender a hablar una lengua es lo más difícil y Ud. ya lo sabe hacer. Aprender a escribir correctamente requiere mucha práctica y este curso le ofrecerá muchas oportunidades para mejorar su comprensión y capacidad expresiva.

INTRODUCCIÓN

VAMOS A CONOCERNOS

PROPÓSITOS

- Conocerá al resto de sus compañeros de clase.
- Analizará su personalidad y la de otros que Ud. conoce.
- Reflexionará sobre lo que se debe hacer para llevarse bien con todos.
- Escribirá un anuncio personal para el periódico.
- Escribirá una composición haciendo un análisis de su personalidad.

FORMA

- Se familiarizará con el alfabeto español.
- Analizará las letras que presentan problemas al escribir.

EXPLORACIONES

Actividad 1. Una entrevista. Entreviste a un compañero. Hágale todas las preguntas necesarias para llenar el formulario. Tome nota de las respuestas porque después usted presentará a su compañero al resto de la clase.

DATOS PERSONALES

Nombre ______________________________

Nació en... ______________ Vive en... ______________

Estudia... ______________ Sus programas favoritos... ______________

Le gusta escuchar música... ______________________________

En su tiempo libre... ______________________________

Le gusta comer... ______________________________

Con frecuencia va a... ______________________________

Es una persona... ______________________________

Sus metas son... ______________________________

Algo interesante de el/ella... ______________________________

Quiere mejorar su español porque... ______________________________

Actividad 2. Les presento a... Escuche las presentaciones que hacen sus compañeros y apunte la información en el siguiente cuadro sinóptico.

NOMBRE	LUGAR DE ORIGEN	PASATIEMPOS Y PROGRAMAS	METAS Y ESTUDIOS	OTRA INFORMACIÓN	EN COMÚN CONMIGO

Actividad 3. **¿Qué tengo en común con mis compañeros?** Revise la información que escribió en el cuadro anterior. Identifique a cinco personas que tengan algo en común con usted. Escríbalo a continuación.

Tengo varias cosas en común con mis compañeros. Por ejemplo, ______________________

____

____

____

____

Actividad 4. **La personalidad.** Lea la siguiente información sobre la personalidad. Después conteste las preguntas.

> La enciclopedia define la personalidad como la manera característica en que cada persona piensa, siente y actúa. Esto incluye las actitudes, las opiniones y el humor que las personas muestran cuando se relacionan con los demás. O sea, la personalidad está compuesta por las características, inherentes y adquiridas, que distinguen a una persona de otra.
>
> ¿Cómo se va formando nuestra personalidad? Los psicólogos dicen que nuestra personalidad es el producto de dos factores: a) los internos (biológicos o genéticos), o sea las características o tendencias con las que nacemos; y b) los externos (familiares y sociales), o sea que la familia en la que crecemos y el grupo sociocultural que nos rodea influyen mucho en la formación de nuestra personalidad.

1. Dé un ejemplo de alguna característica suya con la que cree que nació.
2. ¿Por qué cree usted que ya nació con esa característica? ¿La tiene alguien más en su familia? ¿Quién?
3. Dé un ejemplo de alguna característica suya que adquirió debido a la influencia de su familia.
4. Dé un ejemplo de alguna característica suya que cree haber adquirido debido a la influencia de la sociedad.

Actividad 5. **¿Qué sabe usted sobre la psicología y el comportamiento humano?** Lea las descripciones del comportamiento de algunos estudiantes de la escuela secundaria. Después busque el rasgo psicológico que define dicho comportamiento.

alegre	deshonesto	inflexible	irresponsable	paciente	simpático
activo	egoísta	inmaduro	materialista	perezoso	sincera
cariñoso	grosera	intolerante	modesta	pesimista	sociable
chismoso	hablador	irascible	nervioso	resignada	tímida

1. Roberto no se comporta bien en público; él es ______________
2. Lucía es muy inquieta; ella es ______________
3. Carlos no habla de sus éxitos; él es ______________
4. Marta demuestra abiertamente sus sentimientos de afecto hacia los demás; ella es ______________
5. Teresa siempre ve lo negativo de todo; ella es ______________
6. Marcos sólo piensa en sí mismo; él es ______________
7. Lupe dice lo que piensa; ella es______________

8. Oscar acepta cualquier situación sin tratar de cambiarla; él es ___________________
9. A Juan no le gusta cambiar ni su forma de ser ni su forma de pensar; él es ___________________
10. Rebeca se enoja fácilmente; ella es ___________________
11. Paco habla demasiado; él es ___________________
12. Carmen casi nunca cumple con sus obligaciones; ella es ___________________
13. José se fija más en lo material que en lo sentimental; él es ___________________
14. María les cae bien a los demás; probablemente es muy ___________________
15. Cecilia miente con frecuencia; ella es ___________________
16. A Pedro no le molesta esperar; él es ___________________
17. Katy disfruta de la compañía de otras personas; ella es ___________________
18. Ramón no quiere saber nada de las personas que no piensan como él; él es ___________________
19. Diana nunca quiere hacer nada; ella es ___________________
20. Laura es muy callada; probablemente es ___________________
21. René es una persona que ríe con frecuencia; él es ___________________
22. Isabel es una persona que se comporta como una niña aunque ya es mayor; ella es ___________________
23. A Esther le gusta hacer ejercicio y practicar deportes; ella es ___________________
24. A Brandon le gusta hablar de otras personas; probablemente es un poco ___________________

Actividad 6. **Los polos opuestos se atraen.** Algunos psicólogos dicen que las personas con personalidades opuestas se atraen. Conteste las siguientes preguntas con su opinión.

1. ¿Está usted de acuerdo con esa teoría? _______ ¿Por qué? ___________________
2. ¿A usted le atraen las personas con características similares a las suyas? _______ ¿Por qué? _______
____
3. ¿Le atraen las personas que son diferentes a usted? _______ ¿Por qué? ___________________
____
4. Dé algún ejemplo de su propia experiencia que confirme esta teoría. ___________________
5. Dé algún ejemplo de su propia experiencia que refute esta teoría. ___________________

Actividad 7. **¿Qué pareja necesitan?** Basándose en la teoría de que los polos opuestos se atraen, identifique el tipo de compañero que necesitan los estudiantes mencionados en la **Actividad 5.** Use las siguientes palabras.

ambicioso	discreto	honesto	pasiva	seria
antipática	extrovertida	impaciente	presumido	tolerante
apacible	flexible	individualista	reservado	trabajadora
callado	generoso	madura	responsable	tranquila
cortés	hipócrita	optimista	sentimental	

1. Roberto necesita una persona ___________________
2. Lucía necesita una persona ___________________
3. Carlos necesita una persona ___________________
4. Marta necesita una persona ___________________
5. Teresa necesita una persona ___________________
6. Marcos necesita una persona ___________________
7. Lupe necesita una persona ___________________
8. Oscar necesita una persona ___________________

9. Juan necesita una persona ____________________
10. Rebeca necesita una persona ____________________
11. Paco necesita una persona ____________________
12. Carmen necesita una persona ____________________
13. José necesita una persona ____________________
14. María necesita una persona ____________________
15. Cecilia necesita una persona ____________________
16. Pedro necesita una persona ____________________
17. Katy necesita una persona ____________________
18. Ramón necesita una persona ____________________
19. Diana necesita una persona ____________________
20. Laura necesita una persona ____________________
21. René necesita una persona ____________________
22. Isabel necesita una persona ____________________
23. Esther necesita una persona ____________________
24. Brandon necesita una persona ____________________

Actividad 8. **Autoanálisis.** ¿Cómo es su personalidad? ¿Qué características lo distinguen de los demás? Escoja las cinco características que mejor describen su personalidad. Después explique por qué estas características lo definen.

MODELOS: Creo que soy **romántica** porque **con frecuencia me imagino junto al hombre de mis sueños caminando por la playa con la luna llena y sintiéndome feliz.**

Creo que soy **presumido** porque **me gusta lucirles a mis amigos lo que tengo o lo que me compran mis padres.**

	Creo que soy	porque
1.	____________________	____________________
2.	____________________	____________________
3.	____________________	____________________
4.	____________________	____________________
5.	____________________	____________________

Actividad 9. **¿Cuáles son tres características que...**

1. admira usted en una persona? Explique por qué. ____________________
2. le molestan en una persona? ¿Por qué? ____________________
3. le gustaría desarrollar en sí mismo? ¿Por qué? ____________________
4. no le gustan y quisiera cambiar? ¿Por qué? ____________________

Actividad 10. **Las características más importantes para la clase.** Primero comparta sus respuestas con el resto de la clase. Después, escriba las características que escogieron sus compañeros y por último conteste las preguntas.

	CARACTERÍSTICAS	
ADMIRADAS	QUE MÁS MOLESTAN	POR DESARROLLAR

1. ¿Cuántas características admiradas por otros posee usted?
2. ¿Cuántas características que molestan a otros posee usted?
3. ¿Cuántas características que Ud. desea desarrollar las desean desarrollar también otros compañeros?
4. ¿Está contento con su forma de ser? ¿Por qué?

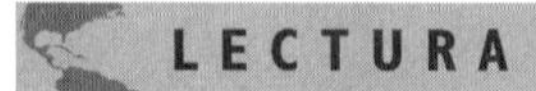

LECTURA

Encuesta: ¿Le cae usted bien a la gente?

Tome la siguiente prueba y descubra cuál es su nivel de aceptación social y qué puede hacer para mejorar su imagen. Primero, lea cada pregunta y marque con una **X** si la frase es verdad en su caso, si no es verdad, o si depende de las circunstancias. Segundo, su profesor le dará el valor numérico de cada respuesta, anótelo y sume todos los puntos. Tercero, lea las interpretaciones de los resultados. Por último, conteste las preguntas.

	SÍ	NO	DEPENDE	VALOR
1. Cuando usted está de mal humor, se nota.	☐	☐	☐	
2. No le gusta que le hagan bromas.	☐	☐	☐	
3. No le gusta recibir órdenes.	☐	☐	☐	
4. Le gusta estar solo cuando está molesto.	☐	☐	☐	
5. No le gusta llamar la atención.	☐	☐	☐	
6. Tiene buena memoria para nombres y caras.	☐	☐	☐	
7. Hace lo que quiere aunque los demás no estén de acuerdo.	☐	☐	☐	
8. Casi siempre dice lo que piensa aunque los demás se molesten.	☐	☐	☐	
9. No le importa si alguien lo observa.	☐	☐	☐	
10. A veces les pide a sus amigos que hagan cosas por usted aunque ellos no estén de acuerdo.	☐	☐	☐	
11. Si no lo invitan a una fiesta usted lo entiende sin molestarse.	☐	☐	☐	
12. Usted se lleva bien con todo tipo de personas.	☐	☐	☐	
			Total	

Interpretación de los resultados

De 0 a 12 puntos. Usted tiende a ser un poco agresivo. Los demás pueden pensar que usted no es muy agradable. Debe cambiar para que a los demás les guste estar con usted. Parece que usted siempre piensa en sus necesidades ignorando las de los demás.

De 13 a 28 puntos. Aunque usted es una persona considerada, a veces se enoja y puede llegar a perder el control. Relájese, permita que los demás se den cuenta de lo bueno que hay en usted por medio de sus acciones.

Más de 29 puntos. Usted es una persona muy considerada. Entiende a los demás y puede llevarse bien con todo el mundo. No hay duda que otras personas lo admiran.

1. ¿Qué descubrió usted acerca de su personalidad?
2. ¿Le gustó lo que aprendió?
3. ¿Por qué?
4. ¿Le gustaría cambiar algunas características de su personalidad o está contento con usted mismo?
5. ¿Está Ud. de acuerdo con los resultados o cree que no son ciertos en su caso?

Actividad 11. **Cómo llevarse bien con todos.** Si usted está satisfecho con su forma de ser, vea si su éxito es el resultado de seguir los consejos que le damos a continuación. Lea los siguientes consejos, después indique qué consejos sigue y cuáles no.¡Sea honesto!

a. No diga todo lo que piensa; puede lastimar a las personas.
b. Prometa sólo lo que pueda cumplir.
c. Siempre diga alguna palabra amable o alentadora a alguien que le hizo algún bien. Si es necesario criticar, no lo haga con desprecio.
d. Respete los sentimientos de otros. Nunca se burle de nadie.
e. Interésese sinceramente por los demás. Ría si están contentos, llore con los que sufren.
f. No moleste a los demás con pequeñeces.
g. Sea de mente abierta. Discuta sin enojarse.
h. No presuma de sus éxitos. Es mejor que otros los reconozcan por sí solos.
i. No hable de los defectos de los demás.
j. No aliente el chisme.

Actividad 12. **Consejos para los amigos.** Como usted ya sabe algo de la psicología humana, ahora, cuando escucha a sus amigos, usted analiza su comportamiento. Escriba la letra apropiada para indicar qué consejos de la **Actividad 11** no están siguiendo las personas que dicen lo siguiente. Puede haber más de una respuesta.

___ 1. Fíjate que ayer oí que Rosa anda de novia con José y él ya tiene otra novia.
___ 2. No te preocupes, te prometo que voy a hablar con papá. Está bien, te prometo que cuando tenga mucho dinero te voy a comprar un coche…
___ 3. Pues yo soy muy inteligente, por eso siempre saco A…
___ 4. No estoy de acuerdo. Ya no quiero hablar contigo. ¡Vete!
___ 5. Pienso que eres una tonta por eso todo te sale mal.

___ 6. Estoy muy enojada con Lucy. Ayer entró a clase y ni "hola" me dijo. ¿Te imaginas? ¡No saludarme!
___ 7. ¡No entiendo por qué lloras! Los hombres no lloran.
___ 8. ¡Por fin salí bien en el examen! ¡Estoy feliz!
— Déjame en paz. Estoy ocupado —.
___ 9. ¡Lo que escribiste no sirve para nada! Y tú que crees que escribes muy bien.
___ 10. ¡Qué gorda está Ana! ¿Verdad?

Actividad 13. **Anuncios clasificados.** Usted trabaja para un periódico en la sección de anuncios personales. Un cliente lo llama y usted toma nota del anuncio. Escriba el anuncio del cliente que va a escuchar.

___
___
___
___
___
___
___

Actividad 14. **¡Seamos analíticos!** Este hombre dice que es romántico y alegre. Basándose en el anuncio, identifique otros cinco rasgos psicológicos de esta persona y justifique su respuesta.

MODELO: Este hombre es sociable porque le gusta estar con la gente.

1. Este hombre es ___ porque ___
2. Este hombre es ___ porque ___
3. Este hombre es ___ porque ___
4. Este hombre es ___ porque ___
5. Este hombre es ___ porque ___

ANALIZAR Y DESCUBRIR

Actividad 15. **Análisis ortográfico.** Veamos qué palabras le dieron problemas al escribir el anuncio de la **Actividad 13.** El profesor le mostrará el anuncio para que Ud. lo compare con el suyo. Primero subraye las palabras que no escribió bien. Después, haga una lista de las letras que le causaron confusión. Por último vuelva a escribir el anuncio sin ningún error.

___ ___ ___ ___ ___
___ ___ ___ ___ ___
___ ___ ___ ___ ___

Actividad 16. **Los sonidos y las letras.** Primero estudie el siguiente cuadro. Después, conteste las preguntas.

Sonidos que se escriben de varias maneras

SONIDO	ORTOGRAFÍA	MODELOS
[s]	**c, s, z**	cono**c**erme, de**s**ea**s**, ca**z**ar
[b]	**b, v**	ca**b**allo, no**v**ia
[x]	**g, j**	**g**ente, **j**oven
[y]	**ll, y**	caba**ll**o, pla**y**a
[k]	**c, qu**	bus**c**a, pe**qu**eña

Letras que se pronuncian de varias maneras

ORTOGRAFÍA	SONIDO	MODELOS
c	[s]	cono**c**erme
	[k]	bus**c**a
g	[g]	**g**usta
	[x]	**g**ente

Letras que no representan ningún sonido

ORTOGRAFÍA	SONIDO	MODELOS
h	[ø]	**h**ombre
u	[ø]	g**u**itarra, q**u**e

La **k** y la **w** sólo se usan en palabras de origen extranjero.

kilo **k**arate **W**áshington **W**álter

El sonido [f] sólo se escribe con **f** en español, es decir nunca con **ph** o **ff**.

telé**f**ono **f**otogra**f**ía di**f**erente

En inglés hay muchos ejemplos de consonantes dobles. El español evita las consonantes dobles excepto las siguientes: **cc**, **ll**, **nn**, **rr**

cc	a**cc**ión	le**cc**ión
ll	**ll**amar	ha**ll**amos
nn	i**nn**ato	i**nn**ovador
rr	pe**rr**o	sie**rr**a

En español, la **q** va siempre seguida por **ue** o **ui.**

pe**que**ño **qui**ere **qui**nce

1. ¿Por qué a veces es difícil saber si una palabra se escribe con **c**, **s** o **z**?
2. ¿Por qué a veces es difícil saber si una palabra se escribe con **b**, o **v**, con **ll** o **y** o con **g** o **j**?
3. ¿Por qué a veces es difícil saber si una palabra lleva **h** o no?
4. ¿Qué nota usted en el anuncio acerca de los signos de interrogación (¿?) y de exclamación (¡!)?
5. ¿Qué otras dos características de la ortografía del español no existen en inglés?

Actividad 17. **Un rally.** En el **Capítulo 2** hay un artículo llamado ***Español e inglés, las lenguas del futuro*** (página 24) busque y escriba todas las palabras que tengan las siguientes características.

1. El sonido [s] que se escribe con
   c ____________________
   s ____________________
   z ____________________
2. El sonido [b] que se escribe con
   b ____________________
   v ____________________
3. El sonido [x] que se escribe con
   g ____________________
   j ____________________
4. El sonido [y] que se escribe con
   ll ____________________
   y ____________________
5. El sonido [k] que se escribe con
   c ____________________
   qu ____________________
6. La letra **h** no representa ningún sonido.
   ____
7. La letra **u** cuando no representa ningún sonido
   ____
8. La palabra que se escribe con
   cc ____________________
   rr ____________________
9. Palabras que se escriben con **f**
   ____
10. Palabras que se escriben con **ü**
    ____

MANOS A LA OBRA

Actividad 18. **¡Ponga su anuncio!** Para el **Día de los enamorados,** Ud. puede poner gratis un anuncio personal en el periódico. Use como modelo el anuncio de la **Actividad 14** para escribir su propio aviso. Primero descríbase a sí mismo y después indique cómo debe ser la pareja que busca. Mínimo 20 palabras, máximo 40 palabras. El profesor leerá los anuncios (anónimamente) al resto de la clase.

____

____

____

____

____

____

PARA ESCRIBIR MEJOR

Un párrafo es un grupo de oraciones que expresan una idea o desarrollan un tema. Aunque hay diferentes tipos de párrafos, todos tienen en común que cada uno expresa una sola idea. Esa idea se expande, se aclara, se verifica, se ejemplifica y se desarrolla por medio de oraciones unidas de una manera lógica, clara y concisa.

No es fácil convertirse en buen escritor. Se aprende a escribir bien, escribiendo y leyendo mucho. Lo que Ud. debe hacer primero es determinar el mensaje que quiere comunicarle al lector. Piense un largo rato en lo que quiere decir. Después empiece a escribir. Después de haber escrito cuatro o cinco frases, deténgase y léalas varias veces. No tema cambiar o modificar lo que escribió. Hágase las siguientes preguntas: ¿Estoy expresando mis ideas claramente? ¿Están las oraciones organizadas de forma lógica? ¿Me salí del tema? ¿Dejé algún pensamiento incompleto?

Una vez que quede satisfecho con la presentación de sus ideas, continúe escribiendo y repita el proceso cada cuatro o cinco frases. Recuerde que si va a empezar una idea nueva, debe también empezar un párrafo nuevo. Cada vez que termine un párrafo, vuélvalo a leer, pero esta vez revisando la ortografía, la gramática, el vocabulario y la puntuación.

Actividad 19. **Mi personalidad.** Escriba una composición de tres párrafos, haciendo un análisis de su personalidad. En el primer párrafo hable de sus cualidades y de los hechos que demuestran que Ud. tiene esas cualidades. En el segundo párrafo, como nadie es perfecto, hable de sus defectos y de los hechos que demuestran que Ud. tiene esos defectos. Finalmente, en el último párrafo concluya indicando si está satisfecho con su forma de ser y desarrolle un plan para intentar cambiar o deshacerse de sus defectos.

____

____

____

____

____

CAPÍTULO I

¿QUÉ SIGNIFICA SER HISPANO?

PROPÓSITOS

- Hablará sobre lo que para usted significa ser hispano.
- Identificará valores importantes para nuestra cultura.
- Escribirá algo sobre sus experiencias como hispano en los Estados Unidos.
- Escribirá una carta de amor.

FORMA

- Se familiarizará con el tiempo presente del indicativo.
- Analizará los cambios ortográficos que sufren algunos verbos regulares e irregulares en este tiempo verbal.
- Aprenderá algunas palabras de transición útiles al escribir.

EXPLORACIONES

Actividad 1. **Soy hispano porque....** ¿Por qué se considera hispano? Primero conteste esta pregunta pensando en la familia, la comida, la música que escucha, las características físicas, los amigos, la lengua materna, los programas de televisión que ve, las relaciones familiares, los pasatiempos y los valores que tiene. Después, comparta su respuesta con un compañero. Explíquele qué es lo que lo hace sentirse hispano.

1. Soy hispano(a) porque ______________________________

____

____

____

2. ¿Cuán hispano se siente usted? Seleccione un número del 0 al 100. Más adelante usted descubrirá si su estimación es acertada (0 = no me siento nada hispano; 100 = me siento muy hispano). _____

Actividad 2. **¿Qué es importante para usted?** Evalúe los siguientes conceptos según la importancia que tengan para usted.

5 importantísimo　　**4** muy importante　　**3** importante
2 poco importante　　**1** no es importante　　**0** no tiene ninguna importancia

1. ☐ ir a misa
2. tener un(a) novio(a) guapo(a) ☐
3. ☐ tener buenos amigos
4. respetar las reglas y leyes ☐
5. ☐ no tener relaciones íntimas fuera de una relación formal
6. ser organizado/ordenado ☐
7. ☐ respetar a los mayores
8. tener muchas cosas nuevas y modernas ☐
9. ☐ pasar mucho tiempo con la familia
10. tener mucho dinero ☐
11. ☐ hacer cosas en grupo
12. llegar a tiempo ☐
13. ☐ portarse bien en público
14. hacer las cosas solo ☐
15. ☐ complacer a sus padres
16. mirar televisión ☐
17. ☐ preocuparse de lo que piensan los demás
18. jugar con aparatos electrónicos ☐
19. ☐ disfrutar de la comida
20. preferir las cosas que son fáciles y rápidas ☐

Actividad 3. **Nuestras prioridades.** Primero escoja los cinco valores que recibieron la puntuación más alta y explique por qué son importantes para usted.

	VALOR	RAZÓN
1.	______________	______________________
2.	______________	______________________
3.	______________	______________________
4.	______________	______________________
5.	______________	______________________

Ahora, escoja los cinco valores que recibieron la puntuación más baja y explique por qué no tienen importancia para usted. Por último, comparta con un compañero sus respuestas. Explíquele por qué no son importantes para usted esos valores.

	VALOR	RAZÓN
6.	____________	____________________
7.	____________	____________________
8.	____________	____________________
9.	____________	____________________
10.	____________	____________________

Actividad 4. **Reflexiones.** Los valores de la **Actividad 2** no son exclusivos de ninguna cultura en particular, pero representan tendencias relacionadas a distintos grupos étnicos, según algunos estudios sociológicos. Primero, sume todos los puntos de los números pares. (El total no debe ser más de 50 puntos.) Después, sume todos los puntos de los números nones. Los puntos de los números nones representan algunos valores importantes en los países hispanos. Los puntos de los números pares representan algunos valores importantes en los Estados Unidos. Por último, represente los resultados en la gráfica siguiente y conteste las preguntas.

	0	5	10	15	20	25	30	35	40	45	50
VALORES IMPORTANTES EN PAÍSES HISPANOS											
VALORES IMPORTANTES EN LOS EE.UU.											

1. ¿Qué descubrió?
2. ¿Cuáles son los valores de los países hispanos que más le gustaría mantener? ¿Por qué?
3. ¿Cuáles son los valores de los Estados Unidos que más le gustaría mantener? ¿Por qué?

LECTURA

La siguiente carta se llama ***Entre mundos***. Escuche la primera parte siguiendo la lectura con los ojos. ¿De qué cree usted que se va a tratar la carta?

Entre mundos

Soy mexicano y vivo en los Estados Unidos. Nací en Texas pero me crié en Nuevo México y ahora vivo en California. Siento alguna confusión porque cuando tengo que identificarme hay varios factores que determinan cómo me identifico y a veces no es fácil.

Digo que no es fácil identificarme porque hay ciertos elementos que afectan cómo lo hago. Uno es el lugar donde estoy. Por ejemplo, si estoy en Texas soy mexicano o mexico-americano pero en Nuevo México soy hispano. Ahora que vivo en California soy latino o chicano. Las personas con quienes me relaciono también determinan cómo me identifico.

Con mis padres o con mis parientes no hay duda de que soy mexicano. Para ellos no hay otra manera de identificarme. Con mis amigos y otras personas la situación es diferente. Para ellos soy chicano y hasta los profesores, los consejeros y los otros estudiantes me consideran chicano. Quizás la situación que más me duele es cuando mi familia va a México. Allá la gente nos considera, y nos llama, "pochos," porque dice que ni somos mexicanos ni americanos y que no hablamos bien el español. Aunque eso es lo que algunos piensan, yo nunca me identificaría como pocho.

1. Diga por qué se siente confundido el autor.
2. ¿Ha habido alguna ocasión en que no estuvo seguro de cómo identificarse? Explique.
3. ¿Cuáles son los factores que determinan cómo se identifica el autor?
4. ¿Le ha sucedido algo parecido a usted? Explique.
5. ¿Por qué cree que al autor le molesta tanto que le digan "pocho" cuando va a México?
6. ¿Le ha pasado lo mismo a usted en alguna ocasión? Explique.
7. ¿Por qué cree que no a todos los que hablamos español nos gusta identificarnos como hispanos?
8. ¿Por qué cree que algunas personas prefieren llamarse mexicanos, chicanos, puertorriqueños o cubanos en vez de hispanos?

Es verdad que a veces empiezo una conversación en español y la termino en inglés, pero siento que me desenvuelvo bien en las dos lenguas. Cuando era menor no le daba mucha importancia al español pero ahora que soy mayor sé que es muy importante. Hay millones de personas que lo hablan en los Estados Unidos, se enseña en las escuelas y las universidades, y es la lengua oficial de veinte países. Me doy cuenta de que hablar español va a ser bueno para mi futuro. Cada vez hay más carreras para personas bilingües. No quiero perder el español y ahora trato de hablarlo con más frecuencia.

9. ¿Por qué cree que el autor a veces empieza en español y acaba hablando inglés?
10. ¿Le pasa esto a usted? ¿En qué circunstancias?
11. Según el autor, ¿por qué es bueno saber hablar español?
12. Escriba **cinco** carreras en las que el español es importante.
13. ¿Por qué estudia usted español?

Creo que cuando crecemos no sólo cambiamos físicamente sino también en nuestra manera de ser y pensar, y esto puede causarnos un poco de confusión. Por ejemplo, mis padres me nombraron Carlos y hasta los seis años, ellos, mis parientes y mis amigos me decían Carlos, Carlitos o Tito. Me gustaba mi nombre. Sin embargo, cuando empecé a asistir a la escuela sentí un cambio. Casi todos hablaban inglés y los niños tenían nombres como Joey, Manny y Michael. Yo quería ser como ellos y poco a poco dejé de hablar español y hasta me cambié el nombre. Cuando me preguntaban cómo me llamaba, les decía que mi nombre era "Charlie". En la escuela y con mis amigos yo era Charlie pero con mi familia y mis parientes seguía siendo Carlos.

Ahora que estoy en la universidad entiendo por qué hay tantas maneras de identificar a una persona y por qué quería ser Charlie en vez de Carlos. Sé por qué dejé de hablar español y sólo quería hablar inglés. Quizás lo más importante que he aprendido es que soy una persona que está entre mundos. Por un lado tengo el mundo hispano y por el otro el mundo de habla inglesa.

14. ¿Por qué Carlos cambio su nombre a "Charlie"?
15. ¿A usted lo llaman de varias maneras?
16. ¿Cómo lo llaman? ¿Quiénes lo llaman así? ¿En qué circunstancias?
17. ¿Por qué dejó el autor de hablar español y sólo quería hablar inglés?

Lo bueno de ser bicultural es que aprecio más los valores de la cultura hispana y de la estadounidense. Por ejemplo, me encantan las tradiciones mexicanas como los quinceaños y las posadas y me gusta el valor que los hispanos le dan a la familia. Me parece que tienen una actitud muy sana y humana hacia los ancianos. Los estadounidenses se interesan por la comunidad. En los Estados Unidos hay programas para los pobres, para los inválidos, para las mujeres y muchos más. Ellos se ofrecen de voluntarios para un sinfín de organizaciones como el *PTA* y otros grupos de la comunidad. Esto es importante también. Asimismo, he visto que en los Estados Unidos si uno trabaja mucho, se educa y sabe cuidar su dinero, puede mejorar su vida.

Algo que me encanta de las dos culturas es la comida. No puedo vivir sin los chiles rellenos y las enchiladas pero tampoco me paso una semana sin comer hamburguesas y papas fritas. Ser mexicano y vivir en los Estados Unidos me ha enseñado a aceptar otras formas de actuar y otros modos de pensar.

El otro día tuve una experiencia inolvidable. Alguien que conozco me dijo que yo era una de las pocas personas que él conocía que se sentía cómodo tanto en el mundo de habla española como en el mundo de habla inglesa. Para mí fue un comentario muy positivo y esto se lo debo al hecho de que soy bilingüe y bicultural y por eso puedo escoger lo mejor de ambos mundos.

18. ¿Por qué fue positivo lo que le dijo a Carlos su amigo?
19. ¿Está de acuerdo con Carlos? ¿Por qué?

Actividad 5. **Preguntas para Carlos.** Escriba en su cuaderno cinco preguntas que le haría a Carlos si tuviera oportunidad de conocerlo. No le pregunte algo que Ud. ya sabe.

ANALIZAR Y DESCUBRIR

Actividad 6. **El presente del indicativo.** Carlos usa el presente del indicativo para hablar de su vida y sus sentimientos. En grupos de tres personas, usen las frases del texto como modelo para llenar el cuadro con las conjugaciones verbales de algunos verbos con cambios ortográficos e irregularidades en la primera persona. Después, verifique las respuestas con las del profesor.

Es útil saber que...

El **infinitivo** es como el nombre propio de un verbo. Hablamos del verbo **hablar**, no del verbo **hablo** o **hablé** El infinitivo no indica la persona que hace la acción ni el tiempo verbal de la acción. Conjugar un verbo es cambiar la terminación para indicar la persona que hace la acción (**yo, tú, él, ella, usted, nosotros, ellos** y **ustedes**) y el tiempo de la acción (presente, pasado, futuro, condicional, etc.)

INFINITIVO	YO	NOSOTROS	TÚ	UD., ÉL O ELLA	UDS., ELLOS O ELLAS
caber			cabes		
conocer	conozco				
dar	doy				
decir					dicen
escoger		escoges			
estar		estamos			
hacer	hago				
influir			influyes		
ir		vamos			
oír		oímos			
saber			sabe		
seguir	sigo				
ser	soy				

Actividad 7. **Análisis ortográfico.** Después de estudiar el cuadro de la actividad anterior, conteste las siguientes preguntas.

1. La **y**.
   - El sonido final [ai], [oi], [ui] se escribe con **y**. Identifique las formas verbales donde se cumple esta regla.

     ______ ______ ______ ______

   - La **i** entre vocales se escribe con **y**, a menos que la **í** lleve acento escrito. Identifique los verbos y las formas verbales donde se cumple esta regla.

VERBO	FORMAS
______	______
______	______

   - Todos los verbos que terminan en **-uir** siguen esta regla. ¿Puede identificar cuatro verbos más?

     -UIR

     ______ ______
     ______ ______

2. A la mayoría de los verbos que terminan en vocal + **cer** y en vocal + **cir** se les agrega una **z** en la forma **yo** del presente del indicativo.
   - Identifique el verbo donde se cumple esta regla. ______
   - ¿Puede identificar dos verbos más?

-CER	-CIR
______	______
______	______

3. Algunos verbos sufren un cambio ortográfico al ser conjugados para conservar el sonido original del verbo en el infinitivo.
   - Examine las formas del verbo **escoger**. ¿Qué cambio ortográfico nota en la forma **yo** para conservar el sonido [x]? ______
   - ¿Puede identificar dos verbos más?

-GER	-GIR
______	______
______	______

   - Examine las formas del verbo **seguir**. ¿Qué cambio ortográfico nota en la forma **yo** para conservar el sonido [g]? ______
   - ¿Puede identificar dos verbos más?

     -GUIR

     ______
     ______

   - Examine las formas del verbo **caber**. ¿Qué irregularidad nota?

     ______

Actividad 8. **Dos viejos amigos.** Escriba en el espacio en blanco la forma apropiada del verbo entre paréntesis. Después conteste las preguntas. Hace mucho tiempo que Rodrigo y Patricia no se ven. Se encuentran en el centro de la ciudad y tienen una conversación interesante acerca de la cultura mexicana.

RODRIGO: Hola Patricia, (hacer) _____________ mucho tiempo que no te veo. ¿(Seguir) _____________ viviendo en casa de tus abuelitos?

PATRICIA: Hola. No, ahora vivo en Chicago y no vengo a Nuevo México muy seguido. Solamente cuando tengo vacaciones en la escuela.

RODRIGO: ¿Hay tantos mexicanos en Chicago como aquí?

PATRICIA: Donde nosotros (estar) _____________ hay mexicanos por todos lados. (Conocer) _____________ a personas de todas partes de México y (saber) _____________ que en Michigan también hay muchos.

RODRIGO: ¿Y te sientes tan mexicana como aquí? Yo (oír) _____________ que los mexicanos allá (ir) _____________ perdiendo su cultura.

PATRICIA: Pues, yo no (ser) _____________ así. Mi familia y yo (seguir) _____________ siendo muy mexicanos. Es cierto que las costumbres norteamericanas (influir) _____________ bastante, pero uno (escoger) _____________ lo que le gusta de la vida norteamericana. Yo me (dar) _____________ cuenta de que hay mucho de bueno en las dos culturas.

RODRIGO: Tienes razón Patricia. Pero a veces uno no puede escoger lo que quiere conservar. Mira, en casa hablamos español pero mis amigos y yo nos (dar) _____________ cuenta de que los niños (ir) _____________ perdiendo el español No (caber) _____________ duda de que a veces la sociedad es más poderosa que el individuo.

PATRICIA: Es verdad. Pero por suerte en mi trabajo (ser) _____________ la única persona bilingüe y tenemos montones de pacientes hispanos, así que siempre lo practico y los doctores me aprecian porque los ayudo con sus consultas en español.

RODRIGO: Ojalá los niños de hoy se dieran cuenta de todas las ventajas que tenemos nosotros los bilingües. Bueno, no filosofemos más. ¡Te invito a comer!

1. ¿Está Ud. de acuerdo con que la sociedad es más poderosa que el individuo? Explique.
2. ¿Cómo hace Ud. para no perder el español?

MANOS A LA OBRA

PARA ESCRIBIR MEJOR

Al escribir debemos asegurarnos de que nuestras ideas fluyan de una manera lógica, clara y concisa. Las palabras de transición nos ayudan a darle coherencia a nuestras ideas. A continuación le damos algunas palabras de transición para que las use en sus composiciones.

SI UD. QUIERE...	USE...
Introducir un aspecto diferente sobre un mismo tema	en cuanto a, hablando de, por un lado, por otro lado, por lo general, no...sino que...

Indicar la frecuencia de algo	a veces, a menudo, siempre de vez en cuando, casi nunca, nunca, jamás, rara vez
Expresar su opinión	para mí, a mi parecer, creo que... por mi parte, según (nombre)

Actividad 9. **Ahora le toca a usted.** Carlos (o ¿Charlie?) acaba de compartir con usted lo que para él significa ser de origen hispano y vivir en los Estados Unidos. Escriba una carta contando sus experiencias al respecto. Después comparta sus ideas con un compañero. Incluya lo siguiente en su carta:

- algo sobre su nombre (cómo lo llaman otras personas, si le cambian el nombre, si lo pronuncian mal, etcétera).
- algo sobre el español (cuándo, con quién y por qué lo usa).
- las cosas que más le gustan (o disgustan) de ser de origen hispano y vivir en los EE.UU.
- alguna otra experiencia que para usted sea importante sobre este tema.

Querido amigo hispano:

____

____

____

____

____

Atentamente,

____

Actividad 10. **¡Cartas de amor a prueba de rechazo!** En el mundo, los latinos tenemos fama de ser muy románticos. ¿Sabe Ud. escribir cartas de amor? Primero, lea las siguientes cartas. Después conteste las preguntas.

Mi amor,

¿Cómo estás? Me he pasado estudiando todo el día para la clase de Cálculo. Ojalá que me acepten en el equipo de béisbol; ¡me duele mucho el brazo de practicar con el bate! Aunque he estado muy ocupado te extraño mucho. Mañana paso por ti, mi cielo.

1. ¿Le gusta esta carta de amor? ¿Por qué?
2. ¿Qué le falta a la carta?

Mi amor,

El cielo está cuajado de estrellas y un suave olor a rosas entra por la ventana; esas rosas me recuerdan el perfume de tu pelo y el fulgor de la luna es como el brillo de tus ojos.

3. ¿Le gusta esta carta de amor? ¿Por qué?
4. ¿Qué defecto tiene?

Mi amor,

Aunque tantas veces te he dicho cuánto te quiero, a veces, en los momentos más locos... siento un deseo de decirte que te amo. ¿Sabes que siempre estás en mi mente? Escuchaba la radio mientras estudiaba y, de pronto, pusieron nuestra canción; entonces te recordé entre mis brazos cuando bailábamos.

5. ¿Le gusta esta carta de amor? ¿Por qué?
6. ¿Cuál de estas tres cartas le gustaría recibir? ¿Por qué?

Actividad 11. **¡Receta para escribir la carta de amor perfecta!** Si Ud. cree que no sabe escribir cartas de amor, no se preocupe, en seguida le damos una receta para escribir una super carta de amor. Primero, lea los siguientes consejos. Después, siga los cinco consejos para escribir una carta de amor. Las cartas serán leídas al resto de la clase. El autor permanecerá anónimo.

- Una carta de amor expresa las emociones verdaderas que una persona siente hacia otra.
- No recurre a frases poéticas que suenan falsas.
- Recuerda el tiempo compartido.
- Menciona cualidades o características específicas del ser amado.
- Se escribe a mano, nunca a máquina o en computadora.

1. Examine las tres cartas anteriores y encuentre un ejemplo de emociones verdaderas.
2. Examine las cartas anteriores y encuentre un ejemplo de frases poéticas falsas.
3. Examine las cartas otra vez y encuentre un ejemplo de tiempo compartido.
4. Examine las cartas otra vez y encuentre un ejemplo de características específicas.

Actividad 12. **Crítica literaria.** Escuche la lectura de las cartas de amor de sus compañeros y verifique si la persona que la escribió incluyó todos los ingredientes necesarios. Apunte un ejemplo de cada uno en la columna correspondiente.

CARTA #	EXPRESA EMOCIONES VERDADERAS	TIENE/NO TIENE FRASES POÉTICAS QUE SUENAN FALSAS	MENCIONA TIEMPO COMPARTIDO	MENCIONA CARACTERÍSTICAS ESPECIFICAS

CAPÍTULO

2

EL ESPAÑOL EN EL MUNDO

PROPÓSITOS

- Hablará sobre la importancia del español en el mundo.
- Aprenderá cuáles son y localizará en un mapa a todos los países de habla hispana.
- Analizará por qué es importante para Ud. conservar el español.

FORMA

- Estudiará el género de los sustantivos y adjetivos.
- Descubrirá las reglas sobre la pluralización de sustantivos y adjetivos.
- Se familiarizará con el uso de los signos de puntuación.

EXPLORACIONES

Actividad 1. **El periódico.** Normalmente leemos el periódico para enterarnos de lo que ocurre en el mundo. Así nos ponemos al tanto de lo que está pasando en el mundo, en nuestro país y en nuestras ciudades. Conteste las siguientes preguntas.

1. ¿Le gusta leer el periódico? Explique.
2. ¿Cómo se llaman algunos periódicos de la región donde usted vive?
3. ¿Hay algunos en español? ¿Cómo se llaman?
4. ¿Cuáles son otros medios de comunicación que dan noticias?
5. ¿Hay algunos en español? ¿Cómo se llaman?

Actividad 2. **Un poco de geografía.** Conteste las siguientes preguntas.

1. ¿En cuántos países cree usted que se habla español? ___________
2. ¿Cuáles son los países cuya lengua oficial es el español? Localice estos países en el mapa.

Actividad 3. **Reflexiones sobre mi lengua.** Termine cada oración de una forma lógica, expresando sus ideas y sentimientos sobre el tema.

1. El español es importante para mí porque ______________________
2. Me gusta hablar español cuando ______________________
3. Lo bueno de hablar dos lenguas es que ______________________
4. El español es importante en el mundo porque ______________________

LECTURA

La próxima lectura es un artículo publicado en el periódico *La Opinión*. ¿De qué cree que se va a tratar este artículo? ¿Por qué dice el artículo que éstas son las lenguas del futuro? ¿En qué países de Europa cree que se estudia el español? De todas las lenguas romances, (el español, el francés, el portugués, el italiano, el catalán y el rumano) ¿cuál cree que sea la que más se habla en el mundo?

ESPAÑOL E INGLÉS, LAS LENGUAS DEL FUTURO

En los EE.UU., a fines del siglo, 60 millones hablarán español.

En los próximos treinta o cuarenta años, las dos lenguas genuinamente internacionales serán el español y el inglés, y el 9% de la población mundial tendrá al español como lengua materna. Así lo afirma una reciente investigación del profesor Juan R. Lodares, del departamento de filología Española de la Universidad Autónoma de Madrid.

Según el profesor Lodares, el español se estudia cada vez más por su utilidad práctica. Es la herramienta de trabajo para transacciones comerciales o intercambios de conocimientos humanos.

En Estados Unidos, por ejemplo, a finales del siglo hablarán español cerca de sesenta millones de personas. Desde hace algún tiempo, el español aventaja a las demás lenguas enseñadas como segundo idioma. Hoy lo estudian en los Estados Unidos más de tres millones de personas.

Respecto a los países de la comunidad europea, cerca de 1,700,000 jóvenes estudian castellano en los diversos sistemas educativos. En Francia sigue siendo la tercera opción lingüística, tras el inglés, mientras que en Alemania el creciente interés se orienta más hacia el ámbito académico o filológico.

Según Lodares, es notable el interés de los asiáticos por el español. "La única previsión segura–afirma en su ensayo–es que en los próximos años las dos lenguas con mayor número de hablantes nativos en esa zona del planeta serán el chino y el español."

En Australia existen ya unas 90,000 personas que hablan español en sus hogares y se publican dos periódicos en ese idioma, con una tirada de 17,000 ejemplares.

Especial importancia tiene la situación del castellano en Corea del Sur. A cierta distancia, pero con un sostenido incremento, les siguen en interés por este idioma China, Tailandia, Filipinas y la India. En Japón se estudia español en 110 universidades y en Corea del Sur son doce las casas de altos estudios y cerca de veinte institutos superiores que ya imparten esta lengua. Además, hay un programa diario sobre asuntos hispánicos y coreanos emitidos en castellano.

Desde mediados de los años 60 se ha comenzado a crear en la India departamentos de español en varias universidades. En Nueva Delhi existe, desde 1969, el Centro de estudios hispánicos y, según Lodares, no es imposible que próximamente se incluya al castellano como lengua opcional en la enseñanza secundaria.

1. ¿En cuántos países hay interés por aprender a hablar español, según el artículo?
2. Vuelva al mapa de la página 23, localice los países mencionados en el artículo y coloréelos de diferentes colores.
3. ¿Cuál es su opinión acerca de este artículo? Explique.

Actividad 4. **Más geografía.**

1. El artículo dice que para el año 2,000 en los Estados Unidos hablarán español más de sesenta millones de personas. Identifique los estados donde hay un gran número de hispanoparlantes.
2. Localice estos estados en el mapa de los Estados Unidos y destáquelos con diferentes colores.

ANALIZAR Y DESCUBRIR

Es útil saber que...

Un sustantivo es la palabra que indentifica a una persona, un animal, un lugar, una cosa o un concepto. Los sustantivos son masculinos o femeninos (género) o singulares o plurales (número).

Actividad 5. **El género de los sustantivos.** Use sus conocimientos del español para escribir el artículo definido **(el, la)** de los siguientes sustantivos. Después, en su cuaderno, haga una lista de los sustantivos masculinos y femeninos.

____ persona	____ año	____ hogar
____ interés	____ cumbre	____ zona
____ chino	____ enseñanza	____ oportunidad
____ herramienta	____ control	____ país
____ universidad	____ lengua	____ costumbre
____ práctica	____ situación	____ cuartel
____ viaje	____ tren	____ investigación
____ coche	____ fin	____ temblor

Es útil saber que...

En el español hay ocho artículos; cuatro definidos **(el, la, los y las)** y cuatro indefinidos **(un, una, unos y unas).**

Actividad 6. **Algunas reglas sobre el género.** En español, todos los sustantivos tienen género, es decir que son o masculinos o femeninos. La mayoría de las veces, la terminación de la palabra nos ayuda a saber si es masculina o femenina. Analice la lista anterior antes de contestar las siguientes preguntas.

1. ¿En qué letra o letras terminan los sustantivos femeninos que se emparejan con **la**?

____

- El 96% de las palabras que terminan en **-a** son femeninas. Hay algunas excepciones:
  el día el mapa el planeta
- El 98% de las palabras que terminan en **-d** son femeninas.
  la pared la red
- Todas las palabras que terminan en **-ción** o **-sión** son femeninas
  la administración la organización
- Todas las palabras que terminan en **-umbre** son femeninas
  la lumbre la muchedumbre
- Los numbres de enfermedades que terminan con **-is** son femeninas.
  la artritis la bronquitis

2. ¿En qué letra o letras terminan los sustantivos masculinos que se emparejan con **el**?

___

- El 98% de los sustantivos que terminan en **-o** son masculinos. Una excepción común es **la mano.**
- La mayoría de los sustantivos que terminan en **-e** son masculinos, pero hay algunas excepciones de uso frecuente:

  la clase　　la llave

  Puede indentificar seis mas?
- La mayoría de los sustantivos que terminan en **-l** son masculinos, pero hay algunas excepciones de uso frecuente:

  la cárcel　　la sal　　la miel
- El 96% de las palabras que terminan **-n** son masculinas.

  el jabón　　el algodón　　el pan　　el fin
- El 92% de las palabras que terminan en **-s** son masculinas.

  el interés　　el país　　el inglés
- La mayoría de las palabras que terminan en **-r** son masculinas.

  el calor　　el dolor　　el amor
- Los sustantivos que terminan en **-ma** y son de origen griego son masculinos.

  el sistema　　el programa

  ¿Puede identificar cuatro más?
- Los sustantivos que empiezan con **a tónica**, o sea la pronunciamos con mayor intensidad, llevan el artículo masculino singular, aunque la palabra tenga el género femenino, para evitar la pronunciación de dos **a.** En la forma plural conservan el artículo femenino:

  el águila negra – las águilas negras　　el alma buena – las almas buenas

Es útil saber que...

En español sólo hay dos contracciones. de + el = **del** y a + el = **al.**

MODELOS: Los estudiantes **del** instituto son japoneses. Los lunes van **al** laboratorio de lenguas.

Actividad 7. **El número de los sustantivos.** Conteste las siguientes preguntas, usando su intuición y conocimientos del español.

1. ¿Cuál es la diferencia entre **el** y **los** y entre **la** y **las**?

___

2. Escriba el plural de los sustantivos femeninos y masculinos de la **Actividad 5.**

SUSTANTIVOS FEMENINOS	SUSTANTIVOS MASCULINOS
______________________	______________________
______________________	______________________
______________________	______________________
______________________	______________________
______________________	______________________
______________________	______________________
______________________	______________________
______________________	______________________
______________________	______________________
______________________	______________________
______________________	______________________
______________________	______________________

Actividad 8. **La pluralización.** De la actividad anterior Ud. puede deducir cómo formar el plural de los sustantivos en español. Después de analizar los plurales que acaba de generar, complete la información de las siguientes reglas:

1. Todos los sustantivos que terminan en ______________ se pluralizan añadiendo una ______________ .
2. Todos los sustantivos que terminan en ______________ se pluralizan añadiendo una ______________ .
3. Los sustantivos que terminan en **z** (el lápiz—los lápices) sufren un cambio ortográfico: La **z** cambia a ______________ en la forma plural.
4. Pluralice los siguientes sustantivos.
   el pez _____ ____________________ la actriz _____ ____________________
   la cruz _____ ____________________ la paz _____ ____________________
5. Los sustantivos que acaban en **í** acentuada o **ú** acentuada se pluralizan con **-es.** Identifique dos más.
   el rubí—los rubíes el bambú—los bambúes
6. Los sustantivos que acaban en **-is** no se pluralizan. Identifique dos más.
   el análisis—los análisis el brindis—los brindis
7. Los sustantivos compuestos (más de una palabra) que terminan en **-s,** no se pluralizan.
   el paraguas—los paraguas el cumpleaños—los cumpleaños
8. Los días de la semana que terminan en **-es** no se pluralizan.
   el lunes—los lunes el jueves—los jueves

Actividad 9. **Las pluralizaciones difíciles.** Escriba el plural de cada palabra.

1. mamá ____________________
2. abrelatas ____________________
3. café ____________________
4. diabetes ____________________
5. bocacalle ____________________
6. tabú ____________________
7. cicatriz ____________________
8. crisis ____________________
9. jabalí ____________________
10. mamey ____________________

Es útil saber que...

Un adjetivo es una palabra descriptiva. Por ejemplo, cuando Ud. describió su personalidad lo hizo con **adjetivos.** Los adjetivos pueden ser masculinos o femeninos según la palabra a la que describen.

Actividad 10. **El género y número de los adjetivos.** A continuación le damos una lista de adjetivos. Primero organícelos según su género. O sea, masculinos, femeninos o ambiguos (aquéllos que pueden ser femeninos o masculinos). Después conteste las preguntas.

pesimista	hablador	tolerante	tranquila	discreto
trabajador	impaciente	triste	maduro	tímida
irascible	presumida	resignada	perezoso	pasiva

ADJETIVOS FEMENINOS	ADJETIVOS MASCULINOS	ADJETIVOS AMBIGÜOS
______________	______________	______________
______________	______________	______________
______________	______________	______________
______________	______________	______________
______________	______________	______________

1. La mayoría de los adjetivos femeninos terminan en __________.
2. La mayoría de los adjetivos masculinos terminan en __________.
3. Los adjetivos que terminan en __________ no cambian su terminación, pueden ser masculinos o femeninos.

Es útil saber que...

El adjetivo siempre concuerda en número y género con el sustantivo al que describe.
MODELOS: **La lengua materna. Los países latinoamericanos.**

Actividad 11. **Los signos de puntuación.** Los signos de puntuación son muy importantes, ya que sin ellos es mucho más difícil entender lo que se lee o se escribe. También, al leer, los signos de puntuación nos indican dónde hacer pausas para respirar.

1. La coma (,) indica una breve pausa y se emplea en las siguientes situaciones:
   a. Para separar una enumeración de cosas dentro de una oración:
      Quiero aprender a hablar el español, el francés y el italiano.
   b. Para separar frases u oraciones que amplían, clarifican o interrumpen la oración principal:
      El español, la lengua romance más hablada del mundo, es la lengua oficial de 20 países.
      En Nueva Dehli existe, desde 1969, el Centro de estudios hispánicos.

c. Para separar una frase introductoria que viene al principio de la oración:
Según Lodares, es notable el interés de los asiáticos por el español.
Cuando era niña, mis papás siempre me hablaban en español.

d. Para separar locuciones adverbiales y adverbios como los siguientes:
por lo tanto, por ejemplo, por consiguiente, sin embargo, pues, ahora bien, no obstante, en cambio, en efecto, además, etcétera.
En los Estados Unidos, por ejemplo, hablarán español más de sesenta millones de personas.

2. El punto (.)
   a. El punto separa oraciones independientes:
   Usted es hispano y habla español. Usted se siente orgulloso de hablar la lengua de sus padres o abuelos.
   b. Se emplea después de las abreviaturas:
   Ud. (usted) Uds. (ustedes) Sra. (señora) etc. (etcétera)
3. El punto y coma (;)
   a. Se usa después de una oración cuando siguen frases que demuestran o ilustran lo que se dijo anteriormente:
   Es importante ser bilingüe; cada día hay más trabajos que requieren de personal bilingüe.
4. Los dos puntos (:)
   a. Se emplean delante de las citas, los ejemplos o las enumeraciones:
   Lodares dijo: "En los próximos años el español y el chino serán las lenguas con el mayor número de hablantes nativos en el planeta."
   Hay 20 países cuya lengua oficial es el español: México, Guatemala, Honduras, Nicaragua, etc.
   b. Después de los encabezamientos de cartas:
   Querido Luis:, Estimado cliente:

Actividad 12. **A puntuar.** Coloque los signos de puntuación apropiados en las siguientes oraciones y justifique su uso.

1. Me gustan mucho los idiomas sobretodo los que vienen del latín
2. Cuando iba a la secundaria empecé a interesarme más por el español
3. Las cinco lenguas oficiales de la Organización de Naciones Unidas son inglés francés español chino y ruso
4. Uno de los problemas más urgentes que confrontan los hispanos en los Estados Unidos es la educación un gran número de hispanos abandona la escuela sin recibir el diploma de la escuela secundaria
5. Aunque parezca mentira en el mundo hay muchas más personas bilingües que monolingües

MANOS A LA OBRA

Actividad 13. **Los artículos.** Primero ponga los artículos definidos que faltan. Despues explique qué piensa Ud. sobre el Tratado de Libre Comercio.

______ América Latina proclamó a 1993 como ________ año de ________ derrota del proteccionismo comercial estadounidense. En este año se firmó ________ Tratado de Libre Comercio (TLC) y ________ países que integran esta sociedad comercial son México, Estados Unidos y Canadá. Todavía no se precisan ________ beneficios de este tratado para ________ región. _________ director de

_______ programa de economía de _______ Universidad de _______ Américas dice que _______ beneficios directos para _______ continente en _______ próximos diez años son inciertos. _______ aprobación del Tratado de Libre Comercio no es una garantía de que _______ compañías americanas y canadienses van a tener éxito. En México _______ 25 empresas más grandes producen más de _______ mitad de _______ productos. Esta situación puede desarrollar dificultades para _______ compañías pequeñas que desean penetrar _______ mercados mexicanos.

Actividad 14. **Síntesis.** Un amigo suyo no sabe si debe estudiar español u otra lengua en la universidad. Usted sabe la importancia tan grande del español en el mundo. Déle tres razones a su amigo por las que le conviene estudiar español.

1. ______________________________
2. ______________________________
3. ______________________________

Actividad 15. **Mi español.** ¿Qué le diría usted a un hispano que no siente orgullo de su lengua? ¿Cómo le haría comprender que debe sentirse orgulloso?

____

____

____

____

____

Actividad 16. **A publicar.** Con un compañero escoja las mejores respuestas de la **Actividad 15** para escribir un pequeño artículo que se titula: No abandones tu lengua, puede abrirte las puertas del futuro. Si en su cíudad hay periódicos en español, ¡mande el artículo al editor!

____

____

____

____

____

CAPÍTULO

3

TODOS SOMOS DIFERENTES

PROPÓSITOS

- Hablará sobre las diferentes formas de ser de hombres y mujeres.
- Hablará de sus metas en la vida.
- Escribirá un plan de acción para su futuro.

FORMA

- Descubrirá qué es la raíz y la terminación de un verbo.
- Analizará los verbos con cambios de raíz en el tiempo presente.
- Aprenderá más palabras de transición útiles al escribir.

EXPLORACIONES

Actividad 1. **La vida en el campo.** Rafael, el personaje principal del cuento que leeremos en este capítulo, vive en un pueblo pequeño cerca de las montañas. Imagínese que Ud. vive en un pueblito. ¿Cuáles serían sus pasatiempos? Trate de enumerar cinco actividades.

MODELO: Caminar por las montañas

1. ______________________________
2. ______________________________
3. ______________________________
4. ______________________________
5. ______________________________

Actividad 2. **Ampliación de vocabulario.** Cuando leemos es común encontrar palabras nuevas que no conocemos. A veces se puede adivinar lo que estas significan debido al contexto (el tema) de lo que estamos leyendo. En las oraciones siguientes, si no conoce las palabras subrayadas, trate de adivinar lo que significan por su contexto.

1. Antes de que salieran al mercado las bolsitas de plástico, mi mamá envolvía mis sándwiches con **papel de estaño.** El papel de estaño es ______________________________
2. El parque de la esquina tiene un **césped** muy verde y suave, por eso me gusta sentarme allí a comer mi sándwich. El césped es ______________________________
3. Cuando como, me encanta saborear lentamente las **almendras** y los caramelos que mi mamá me guarda de postre. Las **almendras** son ______________________________
4. Siempre oigo cantar a los **mirlos** que están en los árboles del parque. Los mirlos son ______________________________
5. Me gusta estar solo cuando voy a comer al parque, por eso los niños que a veces están ahí jugando, para mí, son un **estorbo.** Un estorbo es ______________________________
6. Los hijos de familias **acomodadas** no necesitan ir a un parque a jugar. Ellos tienen unos jardines enormes en sus propias casas. **Acomodadas** significa ______________________________

Actividad 3. **El uso del diccionario.** Después de leer las definiciones que el diccionario da de las siguientes palabras, escriba cada palabra en el lugar que corresponde dentro del párrafo siguiente.

rebaño—grupo grande de animales (ganado), especialmente los que producen lana
barranco—corte profundo en la tierra (despeñadero, precipicio)
tapia—pared que se hace con barro
estaca—palo con punta en un extremo para fijarlo en la tierra
huidizo—que huye, que se evade o se escapa
pícara—traviesa

Yo recuerdo muy bien a Rafael, ...atravesando el _____________ que estaba detrás de nuestra casa con su _____________, siempre feliz y sonriente. Pero un día el padre de Alfredo y Mateo esperó escondido detrás de la _____________, le agarró por una oreja y le pegó de palos con una _____________. Pobre Rafael, ahora siempre anda triste, y cuando lo veo pasar cerca de mi casa, con esa expresión _____________, me conmueve mucho. Esa sonrisa _____________ que antes tenía ya no existe.

Actividad 4. **La literatura.** Un cuento se lee por placer. Por medio de la lectura conocemos a personas, lugares y momentos en la historia que no podríamos conocer de otra forma. Con la lectura también experimentamos los sentimientos de otros y nos metemos en mundos ajenos y lejanos que nos permiten ampliar nuestro conocimiento y entendimiento de la vida. Conteste las siguientes preguntas, según su experiencia.

1. ¿Le gusta leer? Explique.

____

____

2. ¿Qué actividades hace por placer, además de leer?

____

____

3. Identifique cómo experimenta los sentimientos de otros, además de a través de la lectura.

____

____

4. Identifique cómo se mete en mundos ajenos y lejanos, además de a través de la lectura.

____

____

5. ¿Cómo amplía usted su conocimiento y entendimiento de la vida, además de a través de la lectura?

____

____

LECTURA

Sobre la autora

Ana María Matute es una escritora contemporánea. Nació en España en 1926. A Ana María le gusta escribir acerca de los niños y adolescentes que de alguna manera están separados o alejados de la sociedad. Se interesa mucho en la psicología humana. La mayoría de sus cuentos están situados en pueblos pequeños de España.

Escuche la primera sección de ***Rafael*** siguiendo la lectura con los ojos. Después lea el resto del cuento y conteste las preguntas.

Rafael

Rafael era un muchacho rubio, de ojos azules, hijo de unos **acomodados** labradores del pueblo. Tenía otros hermanos mayores y menores que él, que vivían y trabajaban en el campo como la mayoría de los habitantes. Pero Rafael era distinto, y por eso resultaba un **estorbo** para la familia. En consecuencia, lo mandaron a las montañas y, muy raramente bajaba al pueblo.

Yo recuerdo muy bien a Rafael, ...atravesando el Sestil[1], tras nuestra casa, con su **rebaño**. Nosotros queríamos a Rafael porque era dulce, amable, y decía cosas muy especiales. A causa de estas cosas especiales que hacía, y decía, le apartaban sus hermanos y sus padres. Pero, por ello mismo, se atraía nuestro afecto. No acabábamos de entender del todo lo que le pasaba a Rafael, cuya visita siempre nos alegraba. Cuando se recortaba[2] su figurilla sobre las rocas del **barranco**, nosotros salíamos y, haciendo cina[3] con las manos, lo llamábamos. Entonces él cantaba. Según decían las personas mayores, lo hacía muy mal, y las criadas lloraban de risa, oyéndole. Pero a nosotros nos gustaba, e, incluso, a veces nos conmovía.

1. ¿Quién cree usted que está relatando el cuento?
2. ¿En qué se basa su respuesta?
3. La autora no nos dice qué hace a Rafael distinto. ¿Cuál cree usted que sea el problema con Rafael?

Rafael quería mucho a mi padre. Únicamente con él tenía confianza, y le comunicaba secretos. A nosotros nos gustaba verle llegar, con su gesto **huidizo** y decirnos:

—¿Está vuestro padre? Tengo que hablarle.

Mi padre le escuchaba con paciencia. Rafael tenía una obsesión: casarse. Ninguna chica del pueblo le quería, y él se fabricó novias, a su gusto. Recuerdo que, una vez, se hizo un anillo de **papel de estaño.**

—¿Ve? – dijo con una sonrisa medio **pícara**, medio inocente.

—Es muy bonito – comentó mi padre. El pedazo de papel de plata brillaba al sol, en el dedo rugoso[4] y obscuro. Rafael bajó la voz...

Luego echó mano de una cartera viejísima y enseñó las fotografías de sus novias. Eran actrices de cine, recortadas de periódicos y revistas. Todos alabábamos su buen gusto, y, confieso, que nosotros los niños, creíamos vagamente, pero con mucha satisfacción, en aquellos amores tan hermosos.

[1]el nombre de un cerro inclinado
[2]aparecía
[3]hacer forma de cuerno
[4]que tiene arrugas

4. ¿Por qué cree usted que Rafael quería al padre de la niña?
5. ¿Por qué cree usted que casarse se convirtió en una obsesión para Rafael?
6. ¿Cómo sabemos que en realidad Rafael no tenía novias?
7. ¿A veces, se imagina usted cosas que sabe que no son reales? Dé un ejemplo.

Pasaron los años y llegó la guerra[5]. Cuando volvimos a Mansilla, todo había cambiado menos Rafael. Las gentes eran menos ingenuas[6], menos corteses, menos desinteresadas. Sólo Rafael, ya sin juventud, continuaba como antes. Seguía conduciendo su rebaño sobre el Sestil, a través del **césped** de septiembre. Hablaba menos, quizá, y sus ojos tenían una tristeza que nunca le habíamos conocido.

Un día la cocinera nos dijo:

—A Rafael se le ha metido en la cabeza que todos los niños rubios del pueblo, son hijos suyos.

A menudo se le veía espiando a los niños... Había en especial, dos niños muy rubios, a los que adoraba. Les llevaba **almendras,** caramelos; les fabricaba flautas de cañas,(silbatos). Un día les trajo un **mirlo,** en una jaula (toscamente fabricada por él), y al día siguiente nos dijeron:

—¡Pobre Rafael! El padre de Alfonsín y Mateo se ha cansado ya de esta historia. Le esperó escondido, le agarró por una oreja, y le molió a palos, con una **estaca** así de gorda. Luego pateó la jaula, y el mirlo salió volando que era una gloria.

—¿Y qué le ha pasado a Rafael?

—¿Qué le va a pasar? Con las narices sangrando, molido, se sentó junto a la **tapia**; y lloraba.

El mirlo había huido, y Rafael no encontró nunca su amor. No le volvimos a ver por las montañas. Cayó enfermo, permanecía encerrado en su casa, y sólo los días de la Cruz, cuando pasaba la procesión, se asomaba a la ventana. Su rostro, cenizo y triste, era como el de un desconocido.

8. ¿Quiénes eran Alfonsín y Mateo?
9. ¿Por qué le pegó el papá de estos niños a Rafael?
10. ¿Cree que fue justo lo que le pasó a Rafael? ¿Por qué?
11. En la Pregunta 3, usted trató de adivinar cúal era el problema con Rafael, ¿Lo adivinó? ¿Por qué es Rafael distinto?
12. ¿Ha conocido a alguna persona retrasada mental? Explique.
13. Imagine que tiene la oportunidad de hablar con la persona que le pegó a Rafael. Escriba lo que le diría.
14. ¿Le gustó el cuento? ¿Por qué?

[5]La Guerra Civil Española que duró de 1936 a 1939
[6]inocentes, sinceros

Actividad 5. **Pidiendo disculpas.** El padre de Alfonsín y Mateo se da cuenta de que lo que hizo estuvo muy mal y decide ir a hablar con Rafael. Con un compañero, invente el diálogo entre Rafael y el padre de los niños. Después lea su diálogo al resto de la clase. Hablen sobre lo que más les gustó de cada diálogo.

ANALIZAR Y DESCUBRIR

Actividad 6. **Las metas de Cristina.** En *Rafael,* la autora nos muestra cómo a veces una persona pierde las metas en la vida, debido a malas experiencias. En la vida real, si uno lucha por sus metas, estas se pueden alcanzar aunque suframos malas experiencias. A continuación su profesor le dictará la información que falta en la siguiente entrevista que se le hizo a una alumna en El Paso, Texas. Escriba lo que falta.

______________________. **Es** estudiante universitaria y ____________________.
En la escuela **tiene** mucho que hacer ______________________. Los sabados le **gusta** dormir tarde porque ______________________ durante la semana, pero sólo ______________________ algunos sábados ya que ella estudia y trabaja también. Ella **tiene** un sueño; ______________ la primera de su familia en recibir un título universitario. ¿Por qué? Esto **es** lo que me **contestó:**

— ______________________ y **quiero** mejorar mi vida.

Cristina **cree** que con una buena educación **puede** tener más oportunidades de trabajo. Ella prefiere estar bien preparada cuando llegue la hora de buscar trabajo porque así no **tiene** que aceptar, ______________________, los trabajos que no le interesan. También **puede** escoger dónde **quiere** vivir. Al hablar de su futura familia Cristina me contestó:

— Mis amigas y yo ______________________________ -Cristina **piensa** que ______________ **va** a tener la oportunidad de conocer a personas con sus valores y educación. Me comentó que ______________________ porque él no **tuvo** muchas oportunidades. Por todas estas razones tan poderosas, Cristina **sueña** con tener un título universitario.

Actividad 7. **Análisis del plan.** Conteste las preguntas.

1. ¿Cuál es la meta de Cristina? ______________________
2. ¿Por qué considera Cristina que lograr su meta le será beneficioso? ______________________
____
3. ¿Cree usted que la meta que Cristina escogió es buena? ______________________
4. ¿Tiene usted una meta similar? ¿Cuál? ______________________

Actividad 8. **Análisis ortográfico** Con un compañero revise lo que han escrito. Hagan las correcciones necesarias y explique cuáles fueron los errores de ortografía que cometieron.

MODELO: Quiero va con **q** no con c.

___

___

___

___

Es útil saber que...

Todos los verbos del español pertenecen a tres grandes grupos: Los verbos de la conjugación **-ar** (trabajar, escuchar, lavar, etc.). Los verbos de la conjugación **-er** (comer, leer, barrer, etc.). Los verbos de la conjugación **-ir** (salir, vivir, pedir, etc.).

Actividad 9. **Las terminaciones de los verbos.** En la entrevista con Cristina, busque las diferentes formas de los siguientes verbos. Después, escríbalas en el espacio indicado.

hablar ___
aprender ___
vivir ___

1. ¿Cuántas formas de "hablar", "aprender" y "vivir" encontró? ___
2. ¿Cuál es la última letra de cada forma? ___
3. ¿Cree que esa forma del verbo se usa con "yo", "tú" o "ella"?

   ___
4. A continuación, escriba la forma de **hablar, aprender** y **vivir** que se usa con los siguientes pronombres en el tiempo presente.

PRONOMBRES	HABLAR	APRENDER	VIVIR
Yo	___	___	___
Nosotros	___	___	___
Tú	___	___	___
Usted	___	___	___
Ustedes	___	___	___
Él	___	___	___
Ellos	___	___	___
Ella	___	___	___
Ellas	___	___	___

Actividad 10. **La raíz de los verbos.** Compare las partes **subrayadas** de los siguientes pares de verbos. Después conteste las preguntas.

llamar: **llam**o, **llam**as **cre**er: **cre**o, **cre**emos **recib**ir: **recib**o, **recib**imos

1. ¿Son idénticas o diferentes? ______________________ ______________________

Es útil saber que...

La parte subrayada es la **raíz** del verbo y le da el significado. Cuando la raíz del infinitivo (**llamar, creer, recibir**) no cambia en ninguna de las formas de la conjugación (**llamo, creo** y **vivo**), se dice que esos verbos son **regulares.**

2. Busque las formas de los siguientes verbos que aparecen en la entrevista con Cristina y escríbalas en el siguiente cuadro.

   querer: ______________________ soñar: ______________________

   pensar: ______________________ pedir: ______________________

   poder: ______________________ repetir: ______________________

3. ¿Terminan todas en **-o?** ______________________
4. ¿Cómo terminan? ______________________
5. Si las formas terminan en **-o,** ¿a qué persona se refieren (1) **yo,** (2) **tú** o (3) **ella, él, usted?** ______
6. Si terminan en **-e,** ¿a qué persona se refieren (1) **yo,** (2) **tú** o (3) **ella, él, usted?** ______
7. Si terminan en **-en,** ¿el verbo se refiere a una persona o a más de una? ______
8. Si termina en **-emos,** ¿el verbo se refiere a (1) **ellos** o a (2) **nosotros?** ______

Actividad 11. **Verbos con cambio de raíz.** Compare las raíces de los siguientes pares de verbos. Luego conteste las siguientes preguntas.

querer: **quier**o **pod**er: **pued**o **ped**ir: **pid**o

1. ¿Son idénticas o diferentes? ______________________
2. En **quiero** la -e de querer cambia a ______________________
3. En **puedo** la -o de poder cambia a ______________________
4. En **pido** la -e de pedir cambia a ______________________
5. Compare las raíces de los siguientes pares de verbos. Luego conteste la pregunta.

   querer: **quer**emos **pod**er: **pod**emos **ped**ir: **ped**imos

   ¿Son idénticas o diferentes? ______________________
6. A veces la raíz de verbos como **querer, poder** y **pedir** no cambia.
   ¿Puede usted explicar cuándo va a cambiar y cuándo no? ______________________
7. Escriba y compare las formas de **querer, poder** y **pedir** que se usan con estos pronombres en el tiempo presente:

	QUERER	PODER	PEDIR
Yo	________	________	________
Nosotros	________	________	________
Tú	________	________	________
Usted	________	________	________
Ellos	________	________	________

Actividad 12. **Reglas de verbos con cambio de raíz.** De la actividad anterior Ud. puede deducir las reglas para los verbos con cambio de raíz en el presente. Conteste las siguientes preguntas. Después lea la lista de otros verbos con cambio de raíz. Subraye los verbos que no conozca y, por último, busque su significado en el diccionario.

1. En verbos como **querer** la **-e** de **quer-** cambia a _______ en todas las personas menos en _______.
2. En verbos como **poder** la **-o** de **pod-** cambia a _______ en todas las personas menos en _______ .
3. En verbos como **pedir** la **-e** de **ped-** cambia a _______ en todas las personas excepto en _______.

e → ie

advertir	apretar	ascender	atravesar	calentar	cerrar	comenzar
confesar	defender	despertar(se)	divertir(se)	empezar	encerrar	encender
entender	hervir	mentir	negar(se)	nevar	pensar	perder
preferir	querer	quebrar	recomendar	sentir	sentar(se)	

o → ue

acostar(se)	acordar(se) de	almorzar	apostar	avergonzar (güe)	doler
colgar	comprobar	contar	costar	demostrar	mover
dormir(se)	encontrar	forzar	jugar (-u → -ue)	mostrar	resolver
morir(se)	oler(huelo)	poder	probar	recordar	
rogar	sonar	soñar	volar	volver	

e → i

competir	corregir	despedir(se)	elegir	impedir	medir
pedir	rendir(se)	repetir	reír(se)	seguir	servir
sonreír(se)	vestir(se)				

Actividad 13. **¿Qué le pide Ud. a la vida?** Después de leer el modelo, complete las siguientes frases de una manera lógica. Por último comparta sus respuestas con un compañero.

MODELO: Para el futuro **pido amigos** porque **quiero divertirme con ellos** y así **puedo sentirme siempre acompañada**.

1. Para el futuro yo (pedir) ________________________________
   porque (querer) ________________________________
   así (poder) ________________________________

2. Para el futuro mis amigos (pedir) ______________________________
   porque (querer) ______________________________
   así (poder) ______________________________

3. Para el futuro mi familia y yo (pedir) ______________________________
   porque (querer) ______________________________
   así (poder) ______________________________

MANOS A LA OBRA

Actividad 14. Lo que a ellas les gusta en un hombre. A continuación leerá lo que algunas mujeres buscan en los hombres. Primero conjugue los verbos entre paréntesis para comprender mejor la lectura. Después subraye las ideas con las que Ud. está de acuerdo y, por último, conteste la pregunta.

¿Qué (preferir) ______________ las chicas en un hombre? Muchos chicos quieren saber si la personalidad (contar) ______________ para algo. Según ellas, sí es una cualidad importante. Una muchacha (recordar) ______________ a un novio guapo que tuvo pero que era aburrido y vacío. Lo que las muchachas (encontrar) ______________ atractivo es un muchacho inteligente con un buen sentido del humor. Quieren a alguien con quien ellas (poder) ______________ conversar. El sexo femenino también (soñar) ______________ con tener un amigo que sea sincero, compasivo y que sepa escuchar. No les gustan los hombres que siempre las (corregir) ______________, ni los que (competir) ______________ con todos. Casi siempre (elegir) ______________ muchachos que las respetan.

Pero siempre (volver) ______________ la pregunta persistente de la apariencia física. Algunas chicas (mostrar) ______________ interés por los muchachos bien parecidos, es verdad. Pero ellas también (pensar) ______________ que los muchachos regulares son atractivos. No tienen que ser unos "Adonis". En cuanto al cuerpo, a ellas no les importa mucho si son un poco gordos con tal de que sean simpáticos. Algunas (morirse) ______________ por conocer a los flacos mientras que otras muchachas no (avergonzarse) ______________ de tener novios bajitos. Lo que sí no soportan las muchachas son a los chicos hipócritas, posesivos y mujeriegos.

¿Hay algo en la lectura con lo que usted no está de acuerdo? Explique.

Actividad 15. La perspectiva masculina. La lectura anterior sólo expresa el punto de vista femenino. Escriba un párrafo similar pero que exprese la opinión de los hombres. Después comparta sus ideas con un compañero.

¿Qué prefieren los hombres en una mujer?

____

____

____

____

____

Actividad 16. **La pelea.** Seidy, una estudiante de Nueva York, terminó con su novio Modesto por mujeriego. Ahora él le ha escrito esta carta para tratar de reconciliarse con ella. Conjugue los verbos entre paréntesis. Después conteste las preguntas.

> Querida Seidy:
>
> Aquí estoy en mi cuarto y no (poder) ____________ dormir, ni pensar, ni hacer nada. Sólo (recordar) ____________ la primera vez que hablamos después de la clase. Todavía (volver) ____________ a ese lugar donde nos sentamos a charlar. Me (conmover) ____________ mucho porque no quiero olvidar esos momentos tan especiales; la manera en que siempre (sonreír) ____________ ...
>
> Te (rogar) ____________ que me perdones. Creí que ya no te quería pero ahora que no estamos juntos no hago más que pensar en ti. ¿Crees que (poder) ____________ perdonarme? Ojalá que sí. Me (costar) ____________ mucho trabajo tener que escribir esta carta. Me (avergonzar) ____________ pensar en lo que hice pero quiero que sepas que me equivoqué. Todavía te quiero. ¿(Querer) ____________ almorzar conmigo mañana?
>
> Te extraña
>
> Modesto

1. ¿Por qué le escribe Modesto a Seidy?
2. ¿Es fácil para Modesto escribir esta carta? ¿Por qué? ¿Es una buena carta de amor? Explique.
3. ¿Es sincero Modesto? Explique.

PARA ESCRIBIR MEJOR

A continuación le damos una lista de palabras útiles que sirven para unir o conectar ideas o temas al escribir.

SI UD. QUIERE...	USE...
agregar una idea	y, además, es más, también, asimismo
indicar el propósito	para que, con este fin, por esta razón, por eso
poner énfasis	sobretodo, claro que, en especial, sí que
indicar la secuencia	primero, segundo, tercero, por último
de ideas o eventos	para empezar, ahora, más adelante, después
concluir	en conclusión, finalmente, para concluir

Actividad 17. **El futuro está en sus manos.** Se dice que un buen plan para el futuro ayuda a lograr el éxito. El plan debe estar bien organizado e identificar claramente las metas de la persona. Escriba una composición sobre sus metas en la vida y lo que está haciendo para lograrlas. En el primer párrafo hable de sus metas personales. En el segundo hable de sus metas profesionales y en el último hable de lo que necesita hacer y de lo que está haciendo ahora para lograr esas metas.

____

____

____

____

____

____

____

____

____

____

____

____

____

____

____

CAPÍTULO

4

LA FAMILIA

PROPÓSITOS

- Hablará de la importancia de la familia para Ud.
- Hablará sobre algunas tradiciones familiares hispanas.
- Aprenderá de la importancia del amor y la amistad en la salud.
- Escribirá un poema de amor.

FORMA

- Aprenderá las reglas de acentuación de las palabras.
- Descubrirá algunas palabras que cambian de significado según el acento.

EXPLORACIONES

Actividad 1. **Las personas importantes en nuestra vida.** Conteste las siguientes preguntas.

1. ¿Quiénes son las personas más importantes en su vida?
2. Diga al menos tres características que le gustan de estas personas.
3. Diga por qué son importantes para Ud. estas personas.
4. ¿Qué hace para evitar que estas personas se alejen de Ud.?
5. ¿Cómo sería su vida sin estas personas? Explique.

Actividad 2. **Problemas de familia.** Conteste las siguientes preguntas. Después comparta sus respuestas con un compañero.

1. En general, ¿qué opinan sus padres o abuelos de sus gustos personales? Considere la ropa, la música, sus hábitos, sus amistades, etc.

   ____

   ____

2. ¿Se molesta con ellos cuando se preocupan demasiado por Ud.? Explique.

   ____

   ____

3. Dé ejemplos de cosas que Ud. hace y que provocan las siguientes reacciones en sus padres:
   a. Se preocupan por Ud. cuando...

   ____

   ____

   b. Pierden el sueño cuando....

   ____

   ____

   c. Se inquietan por peligros que Ud. corre cuando...

   ____

   ____

   d. Se quejan de Ud. cuando...

   ____

   ____

Actividad 3. **Es cuestión de gustos.** Escuche el siguiente artículo que apareció en el periódico español *El país.* Después conteste las preguntas.

Nuestros hijos—comentan mis amigos—se irritan si nos preocupamos por ellos. No soportan que perdamos el sueño cuando llegan al amanecer. Ni que nos inquieten los peligros que corren. Ni que anticipemos los problemas que, la mayoría de las veces, se van a producir. Detestan el valor práctico de la experiencia ajena. Al fin y al cabo observan con pesar que una de cada tres parejas es un fracaso matrimonial. Nos prefieren sumisos a una causa sin propósito definido y dispuestos a apoyar un estilo de vida común, exageradamente consumista.

Me pregunto cómo serán nuestros hijos cuando les toque ser padres y más aún, cómo serán sus hijos cuando alcancen la edad que ahora tienen los nuestros. ¿Seguirán trasnochando hasta la madrugada? ¿Desdeñarán el sol y el ejercicio físico durante el verano si no los acompaña el sonido atronador de los grupos musicales?

Imagino que después de la tormenta vendrá la calma, y la generación siguiente reaccionará contra los gustos de hoy no porque sean malos, sino porque no son los que los promotores de gustos consideran vendibles.

La conducta de los hijos tiende siempre a ser la opuesta a la conducta de los padres, quienes, a su vez, reaccionamos en su momento contra la de nuestros progenitores.

Tal vez los hijos de nuestros hijos serán ordenados. No perderán cosas. Amarán el silencio. Serán más deportistas y menos derrochadores. Dormirán de noche y estarán despiertos de día. Y no regañarán a sus padres—aunque quizás la emprendan con sus abuelos—si éstos se atreven a dar una opinión adversa o a negarles algo cuando es imposible acceder a todo.

1. ¿Cree Ud. que sus padres estarían de acuerdo con el autor? Explique.

____

____

2. ¿Tiene Ud. metas definidas? Explique.

____

____

3. ¿Quiénes son los promotores de gustos?

____

____

4. ¿Cree Ud. que sus hijos serán como los describe el autor? Explique.

____

____

5. Preguntele a sus padres qué tipo de problemas tenían ellos con sus padres cuando tenían su edad y escríbalos a continuación. Después escriba los problemas que Ud. tiene con sus padres.

____

____

6. ¿Nota Ud. algún cambio de generación a generación? Explique.

____

____

7. Después de analizar la información, dígale al autor del artículo cómo cree Ud. que serán sus hijos y explique por qué piensa así.

____

____

____

____

Actividad 4. **Reflexiones sobre la familia.** Conteste las siguientes preguntas.

Recientes investigaciones psicológicas han descubierto lo que las familias hispanas siempre han sabido que: ¡el cariño de la familia sana!

1. ¿Cómo cree que el cariño de la familia pueda sanar?
2. En su familia, ¿cómo se demuestran el cariño que se tienen?
3. Todas las familias del mundo tienen algunos problemas. ¿Cuáles son algunos de los problemas que a veces hay en la suya?
4. ¿Cuáles son algunas de las maneras en que su familia resuelve esos problemas?
5. ¿Qué es lo que más le gusta de su familia?
6. ¿Qué es lo que más le molesta?

LECTURA

Primero lea el siguiente artículo que apareció en una revista de psicología. Después, conteste las preguntas.

1. ¿Cree Ud. que la familia y los amigos contribuyan a que nos mantengamos en buena salud física? Explique.

Los lazos que sanan

Los efectos del amor y la intimidad

La familia y los amigos satisfacen nuestras necesidades básicas de calor y unión, pero en realidad hacen mucho más. Los vínculos que nos unen a la familia y a los amigos son una fuerza potente para mantenernos en buena salud ya sea física, mental o emocional.

Los psicólogos han descubierto que los sentimientos que vienen de amar a otros o de ser amado se relacionan con niveles más altos de anticuerpos (células especiales que combaten las infecciones). Sólo pensar o estar en la presencia de una persona cariñosa puede ser suficiente para aumentar los anticuerpos, los cuales son la defensa principal contra los resfriados y otras infecciones pulmonares y respiratorias.

Tener amor y atención para otros también parece reducir las substancias químicas que se producen cuando uno está bajo mucha presión. Un ambiente de cariño y apoyo ayuda a mantener a su familia en buena salud. Se ha descubierto que las personas que desarrollan estrechas relaciones y buenas amistades son más resistentes a las presiones y, por consiguiente, más saludables.

Ud. puede crear un ambiente de amor e intimidad mostrándole a su familia y amigos que los ama.

2. ¿Se sorprendió al saber que sus amigos y familia pueden afectar su salud física? Explique.
3. ¿Cuáles son dos efectos del amor y la intimidad?
4. ¿Cómo les demuestra a su familia y amigos que los quiere?
5. ¿Ha experimentado efectos físicos (positivos o negativos) como consecuencia de la relación que tiene con su familia o amigos? Explique.

Los beneficios del contacto físico

El contacto físico cariñoso o afectuoso, lo que los médicos llaman "el contacto positivo", es importante para su salud y la de sus hijos. Los efectos negativos de la falta de afecto se ve en los bebés y los niños. El crecimiento mismo de un niño puede ser afectado por la cantidad de contacto físico que recibe. Parece ser que este tipo de contacto estimula la producción de substancias quimicas en el cerebro que provocan el crecimiento. Las investigaciones muestran que los bebés prematuros crecen más rápido y tienen mejores probabilidades de sobrevivir cuando tienen contacto físico con otras personas de manera regular.

Los adultos también necesitan el contacto físico para mantener niveles adecuados de hormonas que estimulan las capacidades recuperativas del cuerpo. Los estudios comprueban que cuando una persona tiene contacto físico, el cerebro no emite los químicos que provocan la tensión sino que estimulan una reacción relajante, lo cual es bueno para el cuerpo. En conclusión, las relaciones cariñosas fortalecen nuestra salud.

6. ¿Cuáles son los efectos del contacto físico en los niños? ¿en los adultos?

Los efectos de sentirse necesitado

En tiempos recientes muchas familias no han tenido que depender de las ganancias o de la ayuda económica de los hijos. Hoy en día muchos hijos crecen sin sentirse necesitados. Asimismo, los abuelos también pueden perder la sensación de ser necesitados, especialmente si viven lejos. Con ellos, por ejemplo, el sentirse inútiles y aislados está relacionado con una mayor tendencia a enfermarse y una vida más corta.

Los hijos y los padres se sienten necesitados cuando cuidan de un ser vivo. Los animales domésticos pueden crear esta sensación de responsabilidad en todas las personas. Se ha descubierto que cuando uno está en la presencia de un animal doméstico, la tensión arterial es más baja; ¡y también la del animal! Esto se debe a que cuando usted está con un animal que ama, usted no siente que lo juzgan y no tiene que aparentar lo que no es; se siente aceptado, tal y como es. En estas condiciones la tensión arterial baja. Los dueños de animales también se benefician al sentir que sus animales los necesitan.

7. ¿Cuáles son los efectos de no sentirse necesitado?
8. ¿Por qué es buena la presencia de un animal doméstico en la casa?
9. ¿Por qué cree Ud. que las familias hispanas siempre han sabido lo que estos psicólogos han descubierto? Explique.

ANALIZAR Y DESCUBRIR

Es útil saber que...

Se llama **sílaba** a la letra o grupo de letras que se pronuncia con una sola emisión de voz. Las palabras **monosílabas** sólo tienen una sílaba (más, los, tres, pez, etc.); Las **bisílabas** tienen dos sílabas (ca/sa, pe/rro, a/mor, per/dón, etc.); Las **trisílabas** tienen tres sílabas (ca/ri/ño, per/so/na, fa/mi/lia, a/ni/mal, etc.); y las **polisílabas** tienen más de tres (ca/ri/ño/sos, per/so/na/li/dad, i/nú/ti/les, etc.).

Actividad 5. **El silabeo y el acento tónico.** Lea las siguientes palabras en voz alta. Después subraye la sílaba tónica (la que se pronuncia con mayor intensidad). Por último conteste las preguntas.

A		B	
calor	salud	familia	cariño
realidad	nivel	amigos	unen
amor	mejor	satisfacen	mantenernos
intimidad	arterial	apoyo	hacen
pensar	reloj	sentimientos	alegre
principal	audaz	persona	taxi

Es útil saber que...

- En todas las palabras, siempre hay una sílaba que se pronuncia con mayor intensidad que las demás. A ésta sílaba se le llama sílaba tónica.
- La última sílaba es siempre la del final de la palabra. La penúltima sílaba es la que le sigue hacia la izquierda y la antepenúltima sílaba es la tercera sílaba de derecha a izquierda.

MODELO: cariño

ca	**ri**	**ño**
antepenúltima	penúltima	última

1. Observe las sílabas que subrayó en las palabras de la columna A.
   ¿Qué sílaba se pronuncia con mayor intensidad? ______________________
2. ¿En qué letras terminan las palabras cuya última sílaba es **tónica**?
   ____
3. Observe las sílabas que subrayó en todas las palabras de la columna B.
   ¿Qué sílaba se pronuncia con mayor intensidad? ______________________
4. ¿En qué letras terminan las palabras cuya penúltima sílaba es **tónica**?
   ____

Actividad 6. **Las reglas de pronunciación.** De la actividad anterior Ud. puede deducir las reglas básicas para la pronunciación de palabras. Complete las reglas siguientes.

1. Las palabras que terminan en ______________ menos n y s, llevan el acento tónico en la ______________sílaba.
2. Las palabras que terminan en ______________ llevan el acento tónico en la ______________sílaba.

Actividad 7. **El acento escrito.** Lea las siguientes palabras en voz alta. Después subraye la sílaba tónica (la que se pronuncia con mayor intensidad).

facil	basicas	inutil	mostrandoles
union	fisica	duracion	produccion
tambien	atencion	domesticos	
quimicos	dandoles	dificil	

Es útil saber que...

Una palabra lleva acento escrito cuando rompe las reglas de pronunciación.

Ahora siga el siguiente proceso para determinar qué palabras necesitan el acento escrito.

MODELOS: carcel **car** se pronuncia con más intensidad ¿verdad?
carcel termina en consonante.

Regla. Las palabras que terminan en consonante menos **n** y **s** llevan el acento tónico en la **última** sílaba.**cárcel** rompe la regla de pronunciación, por lo tanto debemos indicarlo con un acento escrito.

Pronunciación: **car**cel
Regla: car**cel** No es la misma sílaba.
Solución: acento escrito = **cárcel**

pre**sion** **sion** se pronuncia con mayor intensidad ¿verdad?
presion termina en **n**.

Regla. Las palabras que terminan en **n**, s o **vocal** llevan el acento tónico en la **penúltima** sílaba.**presión** rompe la regla de pronunciación, por lo tanto debemos indicarlo con un acento escrito.

Pronunciación: pre**sion**
Regla: **pre**sion No es la misma sílaba
Solución: acento escrito = **presión**

pa**pel** **pel** se pronuncia con mayor intensidad ¿verdad?
papel terminan en consonante.

Regla. Las palabras que terminan en consonante menos**n** o **s** llevan el acento tónico en la última sílaba.**papel** no rompe la regla de pronunciación, por lo tanto no necesita acento escrito.

Pronunciación: pa**pel**
Regla: pa**pel** Es la misma sílaba
No hay acento escrito = **papel**

Por último, vuelva a escribir las palabras anteriores poniendo el acento donde corresponda.

______________ ______________ ______________
______________ ______________ ______________
______________ ______________ ______________
______________ ______________ ______________
______________ ______________

Actividad 8. **Ahora le toca a Ud.** Lea las siguientes palabras. Subraye la sílaba tónica (acentuación). Verifique si la palabra sigue las reglas. Sólo cuando la palabra rompa la regla, póngale el acento escrito. La mayoría de las palabras siguen las reglas.

Recuerde los pasos:
a. Subraye la sílaba tónica.
b. Examine la terminación de las palabras.
c. Verifique si sigue las reglas de pronunciación.
d. Escriba el acento donde corresponda.

anticuerpos	parece	enajenacion	voluntarios
relaciones	intimas	aumentan	longevidad
sensacion	soledad	lejos	caracteristicas

Ahora vuelva a escribir las palabras con el acento.

______________ ______________ ______________ ______________

Es útil saber que...

- Las palabras interrogativas (qué, cómo, cuándo, dónde, quién, etc.) siempre llevan acento escrito cuando desempeñan una función interrogativa o exclamativa. Ejemplo:
  ¿**Qué** cree sobre el artículo? Función interrogativa: lleva acento.
  Creo **que** la familia es muy importante. No lleva acento.
  ¡**Qué** bueno **que** tienes familia aquí en EE.UU.! Función exclamativa: lleva acento.
  ¿Quiero saber **cómo** te las arreglas sin tu familia? Función interrogativa: lleva acento.
- **por qué** *versus* **porque**
  ¿**Por qué** no vienen a vivir aquí contigo?
  Porque mi familia prefiere quedarse allá en su tierra:
  Todaviá no entiendo por qué prefieren vivir allá.

Actividad 9. **Palabras que cambian de significado según el acento.** Después de leer las siguientes oraciones, explique cuál es la diferencia entre las palabras en negrilla.

1. ¿Y **tú**, qué piensas de **tu** familia?

   tú ______________________________

   tu ______________________________

2. Pienso que uno **sí** es feliz **si** la familia es unida.
   sí ____________________
   si ____________________
3. Para **mí**, es importante llevarme bien con **mi** familia.
   mí ____________________
   mi ____________________
4. **Sé** que a veces hay problemas en la familia, pero casi siempre **se** pueden resolver.
   sé ____________________
   se ____________________
5. **El** hecho de que a veces me pelee con mi padre, no quiere decir que no me lleve bien con **él.**
   el ____________________
   él ____________________
6. Aunque nos enojemos, me gusta mucho que me **dé** un beso antes **de** acostarme.
   dé ____________________
   de ____________________
7. **Aun** cuando hay discordias familiares y discutimos, al final siempre llegamos a la conclusión que **aún** nos queremos.
   aun ____________________
   aún ____________________
8. **Mas** no te desesperes aunque haya problemas, siempre habrá **más** razones para ser feliz que infeliz.
   mas ____________________
   más ____________________
9. Y cuando **te** sientas agitado por los altibajos de la vida, cierra los ojos, respira profundo y tómate un **té.**
   te ____________________
   té ____________________
10. **Sólo** quiero decirte que con una familia unida nunca estarás **solo.**
    sólo ____________________
    solo ____________________

Actividad 10. **A poner los acentos que faltan.** Lea cada oración. Después acentúe las palabras.

1. Estoy un poco cansada. Anoche mi hijo llego tarde y estuve muy preocupada por el.
2. ¿Cuantos años tiene tu hijo?, veintidos ¿verdad? No entiendo por que todavia te preocupas por el. A mi Jimmy, le pedi que se independizara a los veintiun años.
3. Tu sabes que no lo puedo evitar. A mi, seguiran preocupandome mis hijos aunque tengan cincuenta años.
4. Bueno, cambiando de tema. Dime como hiciste para aprender ingles tan rapido.
5. No fue facil, lo aprendi en la escuela de adultos.

MANOS A LA OBRA

Actividad 11. **¡Es cuestión de opinión!** Lea la siguiente opinión sobre las diferencias culturales que nota una hispana puertorriqueña de Nueva York. Ella usó una máquina de escribir que no tiene acentos. Ponga los acentos en las palabras que lo necesitan. Después conteste las preguntas.

ALGUNAS DIFERENCIAS CULTURALES

Las diferencias entre la cultura hispana y la norteamericana se hacen mas notables cuando hablamos de la familia.

Los padres anglosajones les inculcan a sus hijos la importancia de la independencia. En cambio, los padres hispanos prefieren enseñarles a los suyos la importancia de la responsabilidad hacia la familia.

Un padre norteamericano se siente muy orgulloso si su hijo o hija decide irse de casa e independizarse a temprana edad; ¡Por fin, se les escucha decir: mi hijo ya se salio de la casa... ¡Ahora se que lo eduque bien!

En contraste, un padre hispano se siente muy orgulloso si su hijo trabaja y ayuda a la familia, tanto moral como economicamente. Para el, el hecho de que su hijo se quede en casa para ayudar quiere decir que lo educo bien.

Esta diferencia basica en el concepto del papel de la familia en la vida de los hijos ocasiona, con frecuencia, prejuicios y malentendidos entre ambas culturas.

Los padres norteamericanos son frios y egoistas con sus hijos, pensaba yo.

Los hijos de familias hispanas son perezosos y poco independientes, pensaba, mi amiga Kristi.

Creo que lo importante aqui, es comprender que cada cultura valora conceptos diferentes. Esto no quiere decir que nosotros, los hispanos, tengamos razon y los norteamericanos esten equivocados. Lo unico que esto indica es que somos distintos y apreciamos cosas diferentes.

Por lo tanto ambos debemos respetar nuestra cultura y tradiciones y tratar de no juzgar la cultura y tradiciones de otros.

Ademas, como dicen los franceses: ¡Viva la diferencia!

1. ¿A cuántas palabras les faltaba el acento? ¿Cuáles?
2. ¿Qué opina sobre la lectura?
3. ¿Qué diferencias nota entre las costumbres y tradiciones de su familia y otras familias que conoce?
4. Hable de algunas de sus tradiciones con el resto de la clase. Anote en su cuaderno las tradiciones que tiene en común con sus compañeros y las tradiciones que tienen algunos compañeros que Ud. no sigue o no conocía.

Actividad 12. **Las tradiciones de mi familia.** Escriba una composición donde hable de las tradiciones de su familia. Explique qué tradiciones o costumbres son importantes para Ud. y por qué. Incluya tradiciones o costumbres que tal vez su familia tiene, pero que Ud. ya no sigue.

____

____

____

____

____

____

____

Actividad 13. **La poesía.** La lectura de este capítulo habla de los beneficios de amar y ser amado. La poesía de amor nos puede ayudar a expresar nuestros sentimientos por alguien o nos puede hacer sentir que alguien nos ama. Escuche mientras lee el siguiente poema. Después conteste las preguntas.

Suma total

a ti.

Eres todo lo bueno.
Todo lo sano.
Todo lo malo.
Todo
y es suficiente.
Eres mi droga.
Toda mi esperanza.
Todo el desencanto.
Todo lo que existe.
Todo lo que existirá.
Todo
lo que nunca existió.
Todo y nada
y es suficiente.

Eres yo.
Todo amor.
Todo enemigo.
Todo arena.
Todo río.
Todo redondo.
Todo arista[1].
Todo pasado.
Todo presente.
Todo intento futuro.
Todo.
Eres.
Y es suficiente.

Pedro F. Báez

1. Haga una lista de todas las palabras que expresan algo positivo y algo negativo.

POSITIVO	NEGATIVO
____________	____________
____________	____________
____________	____________
____________	____________
____________	____________

[1]puntiagudo

2. El autor usa palabras opuestas para hablar de la misma persona, ¿Puede ser una persona **buena** y **mala**, **amor** y **enemigo**, **esperanza** y **desencanto**, **todo** y **nada** a la vez? Explique.

3. Busque las palabras que hablan de tiempo y escríbalas.

4. ¿Qué le quiere decir el autor con este poema a la persona amada?

5. ¿Le gustó el poema? ¿Por qué?

Actividad 14. **Todos podemos ser poetas.** Parece difícil escribir poesía, pero hay algunas fórmulas que nos pueden ayudar en nuestros primeros intentos. Lea los siguientes dos poemas escritos con la fórmula que le daremos a continuación. Después conteste las preguntas. Por último, use la fórmula para escribir su propio poema.

Seidy
dulce y tierna
te veo, me hipnotizas y me pierdo
quiero estar siempre a tu lado
fragante flor

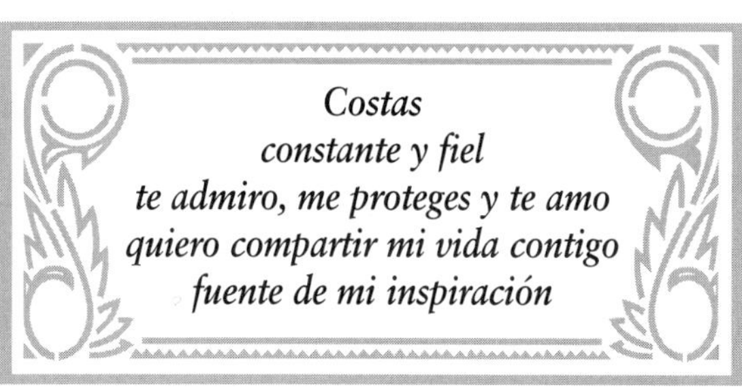

1. ¿Le gusta el poema de Seidy? ¿Por qué?
2. ¿Ha escrito alguna vez un poema? ¿Para quién?
3. ¿Le gusta el poema de Costas? ¿Por qué?
4. ¿Qué poema le gustó más? ¿Por qué?

Fórmula

a. Identifique a la persona a quien le va a dedicar su poema. [Seidy]
b. Descríbala con dos adjetivos (características). [dulce y tierna]
c. Identifique tres acciones. [te veo, me hipnotizas y me pierdo]
d. Escriba una oración que exprese un deseo futuro relacionado con la persona amada. [quiero estar siempre a tu lado]
e. Identifique a la persona usando palabras poéticas. [fragante flor]

CAPÍTULO

5

LA FAMILIA EN CRISIS

PROPÓSITOS

- Discutirá los motivos por los que hoy en día hay tantos divorcios.
- Explorará sus propios valores acerca del tema.
- Propondrá alternativas para que los hijos no sufran tanto con el divorcio de sus padres.
- Escribirá una composición sobre su niñez.
- Escribirá una composición acerca de un evento importante en su vida.

FORMA

- Se familiarizará con los tiempos verbales del imperfecto y el pretérito.
- Analizará las formas verbales irregulares en estos tiempos.

EXPLORACIONES

Actividad 1. **¿Por qué tantos divorcios?** El divorcio tiene proporciones alarmantes en los Estados Unidos. Algunas estadísticas muestran que el 50% de los matrimonios terminan en divorcio. Estos números son mucho menores entre los hispanos, pero esto no quiere decir que las familias hispanas no estén en peligro también, ya que, desgraciadamente, más y más familias hispanas se ven afectadas por el divorcio. En el siguiente esquema escriba las razones que Ud. considera más poderosas para que se produzca un divorcio.

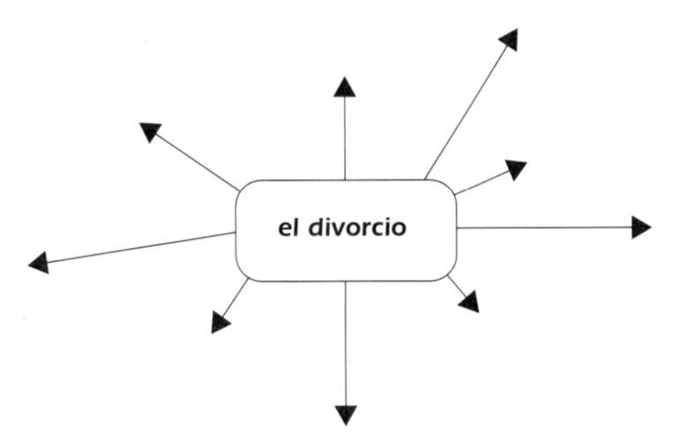

Actividad 2. **Identifiquemos lo que pensamos y sentimos.** Lea las siguientes aseveraciones e indique si Ud. está de acuerdo con ellas o no.

	Estoy de acuerdo	**No estoy de acuerdo**
1. El divorcio siempre es traumático para los hijos.		
2. Los hijos son los que más sufren cuando hay un divorcio.		
3. Es mejor para los hijos tener a dos padres en casa aunque se lleven mal, que sólo tener a uno.		
4. Los hijos generalmente odian a los nuevos cónyuges de sus padres.		
5. El divorcio es la manera fácil de solucionar un problema.		
6. Los hijos pocas veces se sienten felices cuando sus padres se vuelven a casar.		
7. Es más difícil para la mujer volverse a casar.		
8. La mayoría de los hombres desaparecen de la vida de sus hijos después de divorciarse.		
9. Los hijos a veces piensan que ellos son los culpables del divorcio de los padres.		
10. Los hijos de gente muy rica sufren menos que los hijos de la gente pobre porque lo tienen todo.		

Actividad 3. **Reflexiones.** ¿Qué piensa del divorcio? ¿Conoce a alguien divorciado con hijos? ¿Qué efecto tuvo el divorcio en los hijos? En la situación que Ud. conoce, ¿fue el divorcio la mejor solución? ¿Por qué?

____

____

____

____

____

____

____

Actividad 4. **Ampliación de vocabulario.** En la próxima lectura Ud. encontrará muchas palabras que se usan en la Argentina y que tal vez, si Ud. no tiene contacto con argentinos, no va a reconocer. Trate de adivinar lo que significan las siguientes palabras basándose en el contexto en que se encuentran y en las definiciones dadas. Escriba la palabra correcta junto a su definición.

Estábamos en la **estancia**, lo recuerdo muy bien. Yo llevaba una **tricota** azul ese día porque pensé que iba a hacer frío, pero fue al contrario; hacía un calor horrible. Todos mis amigos llevaban las **mallas** guardadas en un gran bolsón de **rafia**, para nadar en el río. Y el tonto de mí, hasta llevaba una campera americana por si el frío aumentaba. Una compañera llevaba los pantalones todos deshilachados, los calcetines desparejos y sucios. Yo le dije que era una **zaparrastrosa** y ella me dio un **bife** que me dolió hasta el alma.

a. Paja, fibra resistente y flexible ____________
b. una finca o rancho ____________
c. desaseado, descuidado, desaliñado, andrajoso ____________
d. traje de baño, bañador ____________
e. suéter con cuello de tortuga ____________
f. cachetada, bofetón, bofetada, cachete ____________
g. chaqueta, saco ____________

LECTURA

Sobre la autora

Silvina Bullrich nació en Argentina en 1915. A Silvina le gusta analizar la realidad de la sociedad argentina. Emplea la ironía y el humor frío para describir las pasiones de las personas, pero a la vez demuestra sentir una profunda comprensión por las personas y la sociedad que las rodea. ***El divorcio***, que leeremos a continuación, es parte de una colección de cuentos llamada *Historias inmorales*, publicadas en 1965.

El voseo.

Al leer el siguiente cuento literario, Ud. va a notar el uso de **vos**. El uso de **vos** en vez de **tú** para dirigirse a una persona, se llama **voseo**. El **voseo** solamente se usa en algunos países latinoamericanos. En Argentina y Uruguay, por ejemplo, se oye casi exclusivamente el **vos** y no el **tú**. Sin embargo sólo se escucha en algunas regiones de Bolivia, Chile, Colombia, Guatemala, Honduras, Nicaragua, Panamá, Paraguay, Perú y El Salvador. Hoy en día no se usa el **vos** en ninguna región de España, pero allí tiene su origen. En el siglo XVI el **vos** era la forma que se usaba para hablarse entre personas de la misma posición social y el **tú** para hablarle a personas consideradas inferiores o iguales, pero sólo en la intimidad. Cuando se generalizó el uso de **usted**, que viene de **vuestra merced**, desapareció el uso del **vos** en España. Lea en voz alta las siguientes frases que han sido sacadas de *El divorcio*. Luego escriba las frases que faltan.

Un argentino que usa el **vos**.	Un colombiano que usa el **tú**.
1. ¡Sos un canalla!	¡Eres un canalla!
2. ¿Vos te atrevés a decirme eso?	¿Tú te atreves a decirme eso?
3. Dejá a Pancho en paz	Deja a Pancho en paz
4. Dejanos solos	____________________
5. ¿Dónde querés almorzar?	____________________
6. ¿Cuántos años tenés?	____________________
7. Todavía sos un chico	____________________

Escuche la primera parte siguiendo la lectura con los ojos. Después conteste las preguntas.

EL DIVORCIO

Las primeras noches me despertaba sobresaltado, corría hasta la puerta de mi cuarto, pegaba la oreja a la madera y trataba de oír. Si no lo lograba abría la puerta tratando de no hacer ruido y me deslizaba descalzo sobre la alfombra deshilachada del corredor. Después, ya ni siquiera me despertaba o si eso ocurría ponía la cabeza bajo la almohada para no oír y volver a dormirme. Total ya sabía todo lo que se decían. Siempre lo mismo, no sé por qué lo repetían tanto, ya debían saberlo de memoria, lo mismo que yo: Sos un canalla... Y vos una egoísta, una frívola, no te importa más que de vos misma. ¡Quién habla! un hombre incapaz de cumplir con sus deberes más elementales... ¡Deberes! Vos te atrevés a hablar de deberes...

A veces mi nombre aparecía en medio de los reproches: Ni siquiera por Pancho fuiste capaz de disimular... Dejá a Pancho en paz, no tiene nada que ver con esto. Es tu hijo. Eso está por verse. Canalla... ya que crees eso andate y dejanos en paz. Si me voy me llevo al chico. Antes te mato, Pancho se queda conmigo... Una ola de orgullo me recorría; pese al desinterés que parecían sentir mis padres por mí a lo largo del día, mi importancia se acrecentaba en forma descomunal al llegar las noches y las discusiones. Otras veces, en lugar de referirse a mí mencionaban el departamento, el auto, los dos grabados de Picasso, las copas de baccarat.

Después de esas tormentas que duraron unos meses se estableció el silencio. En el ínterin habían separado los cuartos. Papá y mamá apenas se hablaban. Por eso la primera discusión violenta me sorprendió de nuevo: Llevate las copas, las alfombras, lo que quieras, gritaba mamá, pero andate y dejame en paz. No oí la respuesta de papá. Volví a la cama y pensé aunque se fueran los dos, yo apenas me daría cuenta. Los veía cada vez menos y yo para ellos era casi transparente. Cuando me empeñaba en hacer notar mi presencia sólo conseguía un: dejame en paz, estoy ocupado; o un: andate, ¿no ves que me duele la cabeza? Los muebles envejecían sin que nadie los retapizara, yo comía solo con platos cascados y vasos desparejos. Mi taza de desayuno era celeste[1] y el platillo color ocre[2] con hojas de parra[3] verdes. A mí no me importaba pero Miss Ann me lo hizo notar varias veces y lo comentaba con la mucama, que a su vez le pedía tazas nuevas a mamá. No vale la pena, total para el chico... decía mamá, y yo tambaleaba entre la seguridad de la importancia que me concedían en las grescas nocturnas y la falta de miramientos que me rodeaba durante el día. Lo importante es que no le falte nada, decía mamá, y la heladera estaba siempre llena de grandes trozos de lomo, de fruta, de dulce de leche y de huevos frescos. Mi ropa era buena y Miss Ann forraba cuidadosamente mis libros de clase con papel azul.

1. Pancho pasó por tres etapas emocionales cuando oía discutir a sus padres. Identifíquelas.
2. A pesar de que sus padres se peleaban, ¿por qué dice Pancho que él a veces sentía orgullo?
3. Enumere los siguientes eventos en orden cronológico.

   _____ Pancho veía a sus padres cada vez menos.
   _____ Los padres dejaron de hablarse.
   _____ La casa se iba deteriorando.
   _____ Los padres discutían por las noches.
   _____ Pancho se sentía ignorado.
   _____ Los padres dejaron de dormir en el mismo cuarto.

4. Para la madre de Pancho lo importante era que a él no le faltara comida, ni ropa buena, ni sus libros forrados. ¿Cree Ud. que le faltaba algo más a Pancho? ¿Qué?

No sé exactamente el día en que papá se fue de casa. Era en verano. Yo estaba en la **estancia** con los abuelos y a la vuelta, cuando pregunté por papá, mamá me dijo: ya no vive en casa. Después comentó con mis tíos Quique y Elena: Este chico me preocupa, hace ocho días que ha vuelto y recién pregunta por su padre, ni se dio cuenta de su ausencia o es medio retardado o es monstruosamente descariñado[4]; creo que no quiere a nadie. Yo me quedé pensando si en verdad no quería a nadie. Hice un largo examen de conciencia y no llegué a ninguna conclusión. Sin embargo, poco a poco empecé a sentir la falta de papá. ¿Qué era mejor, ese silencio obstinado[5], esa ausencia constante de mi madre, o las escenas de antes del verano?

Porque mamá ya no estaba nunca en casa. Lo malo es que también se fue Miss Ann. Yo ya tenía diez años, iba medio pupilo[6] al colegio y hubiera sido absurdo guardar en casa a una institutriz[7] inglesa. Mamá me explicó eso en forma serena y racional, le di la razón. Mamá tenía razón en todo, pero nada de lo que ella decía

[1] color azul claro
[2] mineral amarillo
[3] planta trepadora cuyo fruto es la uva
[4] frío
[5] insistente, persistente, necio
[6] alumno en un internado
[7] maestra que vive en la casa de su alumno

me convencía. Quizá haya dos razones, quizá lo importante no sea tener razón sino ser convincente. De todos modos yo no discutía nunca.

Mis días empezaron a deslizarse como entre nubes, como en el cine cuando se corta el sonido. Yo era un fantasma insignificante que no llamaba la atención de nadie con mi traje gris o mi guardapolvo[8] gris.

5. Conteste la pregunta que Pancho se hace a sí mismo. ¿Qué sería mejor para Ud? ¿Por qué?
6. ¿Por qué cree que Pancho tardó ocho días en preguntar por su padre?
7. ¿Qué piensa de la madre de Pancho cuando dice que Pancho o es retardado o es monstruosamente descariñado y cree que no quiere a nadie?
8. ¿Por qué cree que Pancho nunca discutía con su mamá?
9. ¿Discute o discutía Ud. a veces con su mamá? ¿Por qué?

No estás nunca en casa, dijo mi abuelo una tarde que vino de visita. Mamá se echó a llorar, dijo que su vida era demasiado triste para que se la amargaran más, que estaba sola a los treinta años, sola como un perro, agregó. No tanto dijo abuelo, nos tienes a nosotros y a Pancho. Mamá replicó que ellos vivían casi todo el año en el campo y no eran ninguna compañía, y si no se iban a Europa. Eso es verdad, dijo el abuelo. Y Pancho, continuó mamá, tiene su vida, va al colegio, al campo de deportes, los domingos sale con otros chicos, no voy a sacrificarlo para que me acompañe. Abuelo meneó la cabeza. Yo tenía ganas de gritarle que me pasaba las horas enteras solo, que me moría de miedo de noche y ella no volvía hasta la madrugada, que los domingos hubiera preferido salir con ella que con Marcos o con Roberto que decían porquerías y no iban nunca al cine al que nos mandaban, porque las vistas de aventuras "son para chicos", y se colaban en los cines donde daban vistas prohibidas para menores, y después me hacían correr para llegar a tiempo a la salida del "Capitán Blood" o del "Hijo del Zorro." Pero no decía nada de miedo que mamá me diera un bife.

Rosa me despertaba temprano y luego volvía a la cocina para prepararme el desayuno. Yo tenía que hacer esfuerzos sobrehumanos para no volver a dormirme; me lavaba apenas porque el agua no estaba del todo caliente a esa hora; tomaba unos sorbos de chocolate hirviendo y salía corriendo de la casa silenciosa.
Mi único placer era arrastrarme un rato alrededor de mamá, de noche, cuando se vestía para salir. Pero era un rato muy corto, porque en seguida alguien avisaba por teléfono que bajara, que habían salido a buscarla, o una bocina[9] impaciente se atrevía a desafiar[10] las leyes municipales.

Los domingos, los días de fiesta, me sentía aún más desdichado[11]. Mamá parecía ir siempre a lugares mágicos, se vestía como una actriz de cine con pantalones de colores vivos y blusas floreadas, ponía una o dos mallas en un bolsón de rafia; por si acaso, llevaba una tricota. Antes de salir se cercioraba[12] sobre mi programa: ¿Tenía dinero? ¿A qué hora vendría Roberto? Rosa nos haría un almuerzo espléndido. Otras veces me recordaba que papá vendría a buscarme, le encargaba a Rosa que vigilara mi peinado, mis manos y mis uñas, que me obligara a ponerme el traje azul

[8] bata corta para proteger la ropa
[9] aparato para aumentar el sonido, bocina de auto, el claxón (México)
[10] retar, provocar, afrontar
[11] infeliz
[12] asegurarse

y los zapatos nuevos, si no papá para mortificarla, diría que yo siempre andaba hecho un zaparrastroso. Papá venía a buscarme con una sonrisa estereotipada en los labios. ¿Adónde querés almorzar? No sé, contestaba yo siempre, y eso enfurecía a papá, que quería darme todos los gustos. Este chico es idiota, pensaba, y yo sentía su pensamiento. Para no equivocarse me llevaba a un lugar lujoso; se alegraba cuando yo pedía el plato más caro del menú; eso tranquilizaba su conciencia. Después íbamos al fútbol o al cine, según el tiempo. Una vez me llevó al polo, un domingo de lluvia al Colón[13], para que empezara a oír cosas lindas y no me criara como un salvaje, porque lo que es tu madre... Y no terminaba la frase. A veces invitaba a Marcos o a Roberto o a algún otro chico del colegio y nos dejaba solos por un largo rato y se iba a conversar con gente amiga de él. Un día me preguntó: ¿Cuántos años tenés... doce? No, cumplí once hace tres meses y medio. Ah, entonces sos muy chico. ¿Para qué? Para mujeres. No contesté. ¿Te gustan las mujeres? arriesgó. No sé, le dije. Y él me pegó un bife. Perdóname, no sé lo que me pasó, es cierto que sos todavía demasiado chico. Yo tenía los ojos llenos de lágrimas. El año que viene te pongo pantalones y te llevo al Maipo[14]... para empezar, me dijo. Yo sonreí.

10. ¿Qué cree que sintió Pancho al oír decir a su mamá que no quería sacrificarlo para que la acompañara?
11. A veces decimos cosas que llevan una intención o mensaje escondido. En las siguientes citas del texto, escriba, en sus propias palabras, cuál cree que Ud. que sea la intención del mensaje. Después compare sus respuestas con un compañero. Si no está seguro vuelva a leer el texto.

El texto dice...	Su interpretación
a) Mamá se vestía como una actriz de cine...	
b) Le encargaba a Rosa que vigilara mi peinado, mis manos y mis uñas.	
c) Papá venía a buscarme con una sonrisa estereotipada en los labios.	
d) Se alegraba cuando yo pedía el plato más caro del menú...	
e) Una vez me llevó al polo... al Colón... para que no me criara como un salvaje.	
f) Un día me preguntó: ¿Cuántos años tenés... doce?	
g) ¿Te gustan las mujeres? No sé, le dije. Y él me pegó un bife.	
h) El año que viene te pongo pantalones y te llevo al Maipo...	

[13] Un teatro muy lujoso en Buenos Aires [14] Famoso teatro burlesco

Cuando me dijeron que papá se había casado no me importó mucho. En realidad mi vida no cambió, la única ventaja que percibí[15] al principio fue terminar con esas destempladas tardes de domingos. Papá y Angélica se fueron a Europa. A menudo, a la vuelta del colegio, me encontraba con tarjetas postales a mi nombre y hasta cartas en sobre cerrado, cosa que realzó mi importancia ante mis ojos y creó en mi vida un nuevo interés: mirar la correspondencia. Hasta entonces daba por sentado que nada era para mí, pero en lo sucesivo sabía que era probable ver mi nombre claramente escrito bajo la palabra "señor" en un sobre liviano con el borde rojo y azul.

Al principio pensé que ese casamiento podía mortificar a mamá y con el tacto pudoroso[16] y piadoso de los niños evité el tema. Sin embargo la vida empezaba a demostrarme que casi todos los conceptos aprendidos eran erróneos. Mamá nunca había estado más alegre. Sus amigas llamaban para felicitarla y todos le decían: estarás contenta, ahora se casó José Luis, tenés todos los derechos, él se casó primero. Y ya no puede sacarte al chico.

Pese a mis largas soledades mi importancia crecía. Yo era indiscutiblemente un objeto valioso y a veces oía mi nombre unido a palabras "rapto", Brazil, Perú, y el nombre de otros chicos zarandeados por sus padres por diversos países del continente. Pero la verdad es que mi destino se anunciaba más sedentario[17]. Nadie me raptaba. Papá recorría el mundo sin mí, aunque en sus tarjetas anunciaba futuras aventuras marítimas perdidas en un lejano horizonte: Hawai es un paraíso, la próxima vez ya hemos pensado con Angélica en traerte con nosotros. Hong Kong: En cuanto seas bachiller te regalaré un viaje por estos parajes soñados (Papá nunca fue muy original para escribir, no hay motivo para culparlo, no pretende ser escritor). París: Esta ciudad es un regalo que te tengo preparado para tus veinte años. Nueva York: En cuanto te recibas de ingeniero prometo mandarte a perfeccionarte a este país maravilloso, donde la técnica está mil años adelantada respecto a nosotros.

Una noche mamá se quedó a comer conmigo, cosa inusitada[18]. A los postres, después de transparentes circunloquios[19], me anunció su projecto de volver a casarse: Creo que es para tu bien, Pancho. Necesitas un padre. "Con uno me basta" le dije sin maldad. "Necesitas un hogar." "Eso es verdad" dije. Pero ya sentía que mi opinión no influiría en lo más mínimo en mi madre, siempre segura de sus decisiones.

Después las cosas se nublan un poco en mi recuerdo. Sé que papá llegó y me invitaron a su casa. Había un almuerzo delicioso, vaciaron valijas semiabiertas y me entregaron tricotas inglesas, un cortaplumas suizo, camperas americanas y banderines de todos los países. Era la mejor Navidad de mi vida aunque estábamos en septiembre. El ambiente era distendido[20] y cordial. Fue uno de mis días felices. Angélica ponía discos recién traídos, cantos del Tirol[21], las últimas sambas del Carnaval de Río comprados en el aeropuerto.

Nuestra casa me pareció más triste y silenciosa que nunca. Me rodeaba un aire gris y pesado, me parecía que para desplazarme de un cuarto a otro iba a tener que usar machete, a tal punto la atmósfera era sólida y hostil.

[15] noté, vi, sentí
[16] inocente, recatado, honesto
[17] estacionario, inmóvil, que no cambia de lugar
[18] inesperado, que ocurre raramente
[19] rodeo de palabras
[20] relajado
[21] región entre Austria e Italia

No sé cuantos días después me fui a la estancia y a la vuelta viví una o dos semanas en casa de abuelo. Mamá y Hernán se habían casado. Llegaron tarjetas impregnadas del más apasionado amor maternal.

Cuando volví a casa vi mi cuarto recién pintado. Hernán dijo que mis muebles ya no eran para un muchacho grande, fuimos a elegir otra cama, un escritorio, telas para cortinados, una alfombra. Vino un carpintero a instalar una biblioteca de petiribí[22]. Para facilitar esos arreglos volví a la estancia de los abuelos porque empezaban las vacaciones. No sé cuantas semanas pasé allí. En cambio recuerdo con claridad mi regreso a la casa, mi deslumbramiento ante los cambios de decoración y ante mi cuarto de muchacho grande.

12. ¿Qué significa para Ud. que los padres de Pancho se hayan casado mientras él estaba en la estancia con sus abuelos?
13. ¿Qué cambios se hicieron en el cuarto de Pancho?
14. ¿Cree Ud. que estos cambios le gustaron a Pancho? ¿Por qué?

Y el mundo empezó a cambiar como supe después que sólo cambia cuando uno está enamorado. Las cosas brillaban, los colores se imponían, los ruidos eran confortables y prometedores; batían claras de huevo en la cocina, clavaban la alfombra del living, ponían varios platos en la mesa, ya la casa no crujía en forma insólita e indescifrable como sólo cruje cuando entran fantasmas o ladrones.

Hernán tenía una chica de mi edad que vivía con su madre y venía los días de fiestas a almorzar a casa. Yo me enamoré un poco de ella, ella se sentía halagada. Mi vida se convirtió en una sucesión de esperas dichosas: que Marcela viniera a almorzar; que Hernán me dejara fumar a escondidas de mamá; que papá y Angélica me invitaran a comer de noche, a veces con algún Ministro que ya descontaba mi brillante futuro; que mamá mirara apenas mi libreta de calificaciones; que nos sentáramos a la mesa como una familia ordenada y feliz. El mundo había adquirido una armonía perfecta y cuando mamá me dijo "Vas a tener un hermano" los ojos se me llenaron de lágrimas de emoción. De pronto comprendí que también eso me había faltado, un hermano, alguien a quien querer, a quien proteger, a quien hacer sufrir un poco a mi vez, alguien para quien entrar o comprar un conejito de jabón al pasar por la farmacia de la esquina. "Vas a ser su padrino", dijo Hernán, y yo, que ya tenía trece años, me eché en sus brazos como un chiquilín cualquiera.

Después leí en un diario que un señor en las barrancas de Belgrano dijo que había que oponerse al divorcio para proteger a la familia. Yo comprendí que ese señor no había sido nunca un chico solo.

15. ¿Qué nos indica en el texto que la actitud de Pancho hacia la vida empezó a cambiar?
16. ¿Qué hacía feliz a Pancho?
17. ¿Por qué tiene tanta importancia para Pancho tener un hermano?
18. ¿Qué cree que opina Pancho acerca del divorcio?, ¿Qué quiere decir Pancho con "comprendí que ese señor no había sido nunca un chico solo"?

[22] una madera fina

Yo ahora tenía dos hogares que se disputaban mi presencia, una mesa con varios asientos, una madre siempre en casa que tejía escarpines[23] bajo la lámpara y no trataba de arañar comisiones porque mi padre siempre se quedaba un poco corto en su pensión alimenticia. También aprendí eso: que por generoso que sea un hombre le duele desprenderse de billetes que escapan a su control. Para Hernán era un orgullo decirle a mamá: "Me vas a arruinar" cuando ella reclamaba un vestido nuevo, y agregaba en seguida: "pero quiero que seas la mujer mejor vestida de Buenos Aires. Y este bandido (me señalaba) tiene que ser un play boy. "Basta, vas a echar a perder al chico", gemía mamá en broma.

"Éste va a volver locas a las mujeres" decía Angélica. "Vas a echarme a perder al chico", protestaba papá. "Estoy seguro que hasta le das plata a escondidas." Y era verdad. Digan lo que digan, no hay nada más lindo que ser un chico feliz. Todo lo demás es puro bla-bla-bla.

19. ¿Le gustó el cuento? ¿Por qué?
20. ¿Le parece realista? ¿Por qué?
21. ¿Conoce algún caso similar entre sus amigos o parientes?
22. Es normal que a veces después de ver el otro lado de algún argumento, cambiemos de opinión. Vuelva a leer lo que escribió en la **Actividad 2. Identifiquemos lo que pensamos y sentimos**. ¿Cambió de opinión en algo? ¿En qué? ¿Qué lo hizo cambiar de opinión?

Actividad 5. **Ud. es psicólogo.** Invente un diálogo entre Pancho, que ya creció y se convirtió en psicólogo familiar, y un paciente que se está divorciando y no sabe que hacer con su hijo de doce años. Como Ud. sabe todas las cosas que los padres de Pancho hicieron mal con respecto a su hijo, dele consejos a su paciente sobre cómo debe hablar con su hijo y las cosas que no debe hacer.

____

____

____

____

____

____

____

ANALIZAR Y DESCUBRIR

Actividad 6. **El Imperfecto.** En el siguiente fragmento el autor nos cuenta lo que le pasaba a Pancho en su casa por las noches cuando sus padres se peleaban. Use su intuición para escoger la forma verbal apropiada y **subráyela.** Después escriba las formas que escogió para cada uno de los siguientes verbos.

[23]zapatitos para niños

Todas las noches Pancho (se despertó/se despertaba) sobresaltado, (corrió/corría) hasta la puerta de su cuarto, (pegó/pegaba) la oreja a la madera y (trató/trataba) de oír. Si no lo (logró/lograba), (abrió/ abría) la puerta tratando de no hacer ruido y (se deslizó/se deslizaba) descalzo sobre la alfombra deshilachada del corredor. Después, ya ni siquiera (se despertó/se despertaba) o si eso (ocurrió/ocurría) ponía la cabaza bajo la almohada para no oír y volver a dormirse. Total ya (supo/sabía) todo lo que (se dijeron/se decían). Siempre lo mismo, no sé por qué lo (repitieron/repetían) tanto, ya (debieron/debían) saberlo de memoria, lo mismo que yo: Sos un canalla...

Ahora escriba las formas que escogió para cada uno de los siguientes verbos.

VERBOS DEL GRUPO **-AR**		VERBOS DEL GRUPO **-ER**		VERBOS DEL GRUPO **-IR**	
despertarse	________	correr	________	ocurrir	________
lograr	________	saber	________	decir	________
tratar	________	poner	________	repetir	________
deslizarse	________	deber	________		

Es útil saber que...

Uno de los usos del imperfecto es expresar una acción que era habitual en el pasado.

Actividad 7. **Las formas del imperfecto.** Use sus conocimientos del español y su intuición para conjugar los verbos y contestar las preguntas.

	TRATAR	CORRER	DECIR
yo	________	________	________
nosotros	________	________	________
tú	________	________	________
usted, él, o ella	________	________	________
ustedes, ellos, o ellas	________	________	________

1. ¿Cuál es la terminación del imperfecto en los verbos del grupo **-ar**? ______
2. ¿Cuál es la terminación del imperfecto en los verbos del grupo **-er**? ______
3. ¿Cuál es la terminación del imperfecto en los verbos del grupo **-ir**? ______

Es útil saber que...

La terminación de los verbos en **-ar** siempre se escribe con **"b" (-aba)**. La terminación de los verbos en **-er** y **-ir (ía)** siempre lleva el acento en la **"í"**.

Sólo hay tres verbos que tienen formas irregulares en el imperfecto: escríbalas.

Cuando tenía 8 años...

	SER	IR	VER
yo	________	________	________
nosotros	________	________	________
tú	________	________	________
usted, él, o ella	________	________	________
ustedes, ellos, o ellas	________	________	________

Actividad 8. **El pretérito.** Ya vimos que el tiempo que se usa para expresar acciones habituales en el pasado es el **Imperfecto.** Lea el siguiente párrafo. Subraye los verbos, que aunque expresan una acción pasada, no están en el imperfecto. Explique por qué no se podría usar el imperfecto en este párrafo.

Pancho tuvo una niñez difícil porque sus padres se divorciaron y después de un tiempo se volvieron a casar. Aunque nunca se lo imaginó así, él fue feliz después de la boda de sus padres.

Es útil saber que...

El pretérito se usa para expresar un evento, una acción o una condición ya concluída.

Actividad 9. **Las formas del pretérito.** En grupos de tres personas use su conocimiento del español para conjugar los siguientes verbos que aparecieron en la lectura, en todas las personas. Después verifique sus respuestas con las del profesor.

INFINITIVO	YO	NOSOTROS	TÚ	UD., ÉL O ELLA	UDS., ELLOS O ELLAS
tener				tuvo	
querer		quisimos			
ser	fui				
hacer					hicieron
decir			dijiste		
saber		supimos			
venir	vine				
irse		nos fuimos			
traer				trajo	
poner		pusieron			
poder			pudiste		
pensar		pensamos			
empezar	empecé				
imaginar				imaginó	
sacar					sacaron
llegar	llegué				
volver	volví				
comprender				comprendió	
leer				leyó	
ver		vieron			
dar			diste		
cumplir	cumplí				
convertir				convirtió	
dormir					durmieron

Actividad 10. **Análisis de las formas del pretérito.** Estudie el cuadro anterior de las conjugaciones antes de contestar las siguientes preguntas.

1. Examine todas las formas de los verbos **imaginar** y **preguntar** antes de contestar las preguntas:
   a. ¿Cuáles son las terminaciones de los verbos regulares terminados en **-ar**? ____________
   b. ¿En los verbos regulares **-ar**, qué formas llevan acento en el pretérito? ____________
2. Examine todas las formas de los verbos **comprender** y **cumplir** antes de contestar las preguntas:
   a. ¿Cuáles son las terminaciones de los verbos regulares terminados en **-er** e **-ir**? ____________
   b. ¿Qué formas llevan acento en el pretérito? ____________
3. Examine las formas de los verbos **llegar**, **empezar** y **sacar** antes de contestar las preguntas:
   a. ¿Qué nota en la forma **yo** del verbo **llegar**? ____________
   b. ¿Qué nota en la forma **yo** del verbo **sacar**? ____________
   c. ¿Qué nota en la forma **yo** del verbo **empezar**? ____________
   d. ¿Hay algún cambio ortográfico en las otras formas de estos verbos? ____________
   e. ¿Puede identificar otros dos verbos que terminen en **-gar**, **-car**, **-zar**? ____________
   f. En el pretérito, a los verbos que terminan en **-gar** se les añade una ____ en la forma _____ para conservar el sonido **[g]** del verbo original.
   g. En el pretérito, en los verbos que terminan en **-car** la **c** cambia a _____ en la forma _____ para conservar el sonido **[k]** del verbo original.
   h. En el pretérito, en los verbos que terminan en **-zar**, la **z** cambia a _____ en la forma _____ porque una **z** casi nunca va seguida de **e** o **i**.
4. Examine los verbos **oír** y **leer** para contestar las preguntas:
   a. ¿Qué cambios ortográficos nota? ____________
   b. ¿Qué formas llevan acento en estos verbos? ____________
   c. En el pretérito de verbos como oír y leer:
      La ______ siempre se acentúa.
      La ______ cambia a ______ cuando está entre vocales.
5. Examine los verbos con cambios de raíz en el presente **volver** y **pensar:**
   a. ¿Cambian de raíz como en el presente? ____________
   b. ¿Qué formas llevan acento en estos verbos? ____________
   c. Identifique seis verbos más de los grupos **-ar** y **-er** con cambio de raíz en el presente como **pensar** y **volver.** Consulte el **Capítulo 3** si no recuerda. ____________ ____________
      ____________ ____________ ____________ ____________
6. Examine los verbos con cambio de raíz en el presente **convertir** y **dormir:**
   a. ¿Cambian de raíz como en el presente? ____________
   b. ¿Qué cambios ocurren en el pretérito? ____________
   c. En el pretérito, en los verbos del grupo **-ir** con cambio de raíz en el presente la **e** de convertir cambia a ___ en las formas _____ , _____; _____ y _____, _____, _____. La **o** de dormir cambia a ____ en las formas _____ , _____, _____ y _____, _____, _____.
   d. Identifique cuatro verbos más que sigan estas reglas. ____________
      ____________ ____________ ____________

7. Examine los verbos irregulares **ver, dar, ir, ser, venir, poner, poder, querer, tener** y **saber.**
   a. ¿Lleva acento alguna forma de los verbos irregulares en el pretérito? ______________________

8. Examine los verbos irregulares **decir** y **traer.**
   a. ¿Qué diferencia nota en las terminaciones de estos verbos en las formas ellos, ellas y ustedes?
   b. En verbos irregulares cuya raíz acaba en **j** (traj- dij-) en el pretérito, la ___ de las formas ______, _______ y ________ desaparece.

9. Examine el verbo irregular **hacer:**
   a. ¿Qué cambio ortográfico nota? ______________________.
   b. ¿Por qué es necesario ese cambio ortográfico? ______________________.

Es útil saber que...

Para narrar un cuento o suceso en el **pasado**, se usan dos formas verbales: el **pretérito** y el **imperfecto**. El **pretérito** se usa para narrar los eventos ocurridos en el pasado y el **imperfecto** para describir las circunstancias o situación en las que ocurrieron dichos eventos.

Actividad 11. **La narración. El pretérito y el imperfecto.** A continuación hay un fragmento donde Pancho nos cuenta la situación que lo rodea después de que su padre se volvió a casar. Identifique los verbos que **narran eventos** ocurridos y los que **describen la situación** o ambiente en el que sucedieron esos eventos. Lea el fragmento y escriba los verbos en la columna que correspondan.

Después las cosas se nublan un poco en mi recuerdo. Recuerdo que **hacía** mucho viento el día que **conocí** a Angélica. Sé que papá **llegó** y me **invitaron** a su casa. Me **sentía** un poco nervioso pero contento. **Había** un almuerzo delicioso, **vaciaron** valijas semiabiertas y me **entregaron** tricotas inglesas, un cortaplumas suizo, camperas americanas y banderines de todos los países. **Era** la mejor Navidad de mi vida aunque **estábamos** en septiembre. El ambiente **era** distendido y cordial. **Fue** uno de mis días felices.

Indican eventos concluidos	*Describen la situación*
1.	
2.	
3.	
4.	
5.	
6.	

MANOS A LA OBRA

Actividad 12. Una situación difícil. Para practicar los conceptos del pretérito y el imperfecto, conjugue los verbos entre paréntesis escogiendo entre estos dos tiempos, según sea necesario. En algunos casos se pueden usar ambos, el pretérito o el imperfecto, dependiendo si el hablante quiere poner énfasis en lo repetitivo del evento o si percibe el evento como algo ya concluído. Después conteste las preguntas sobre la lectura.

Lo recuerdo como si fuera ayer. Mi hermano mayor se __________ (haber) casado con una muchacha que nuestra familia ya (conocer) __________ bien. (Ser) __________ inteligente, (tener) __________ una profesión, se (llevarse) __________ bien con todos y lo más importante para mi familia; era mexicana. Mis padres (estar) __________ muy contentos porque, en su opinión, mi hermano había escogido bien.

En esa época (decidir) __________ irme a California a estudiar. Esos primeros dos años en California (ser) __________ muy interesantes. Yo nunca había estado lejos de mi familia y también (encontrarse) __________ en un ambiente nuevo. Era casi como un sueño. El tercer año (conocer) __________ a una muchacha que me (gustar) __________ y (comenzar) __________ a vernos seguido. Al principio no les (decir) __________ nada a mis padres pero después de unos seis meses les (contar) __________ que había conocido a una joven que me (gustar) __________ mucho y que (querer) __________ que la conocieran. El verano siguiente Mary y yo (hacer) __________ planes para ir a visitar a mis padres. Cuando (llegar) __________ el día de salir yo (sentirse) __________ un poco nervioso, no por el vuelo sino por el miedo de lo que pensarían mis padres de Mary. Durante el vuelo los dos, Mary y yo, (sentir) __________ la tensión a causa de la futura reunión con mis padres.

Cuando (llegar) __________ a la casa, mis padres (salir) __________ a encontrarnos y aunque (parecer) __________ que estaban verdaderamente impresionados con Mary, yo (notar) __________ cierta reserva de parte de ellos. Esa semana (ser) __________ verdaderamente maravillosa; Mary y yo (hablar) __________ mucho, (ir) __________ a todos lados, (comer) __________ comida típica mexicana, (ver) __________ a algunos amigos de la familia y (visitar) __________ a mis hermanos. Mis padres (estar) __________ muy contentos y yo (sentirse) __________ un poco tonto por haber pensado que no (ir) __________ a aceptar a Mary. El día que (tener) __________ que volver a California fue muy emocionante. La despedida fue afectuosa y como siempre mi mamá (echarse) __________ a llorar cuando nos fuimos.

Aunque todo había salido bien, yo aun (temer) __________ que mis padres me ocultaban algo. Así que (decidir) __________ llamarlos cuando (llegar) __________ a California para asegurarme que realmente estaban encantados con Mary. Al principio, ellos no (querer) __________ admitir que (ver) __________ a Mary con recelo. Después de hablar un rato con ellos, (darse) __________ cuenta de que había serios problemas. Por fin mis padres (empezar) __________ a desahogarse y hablarme con franqueza. Mi papá no (acabar) __________ de entender por qué (querer) __________ casarme con una "americana" cuando había tantas mexicanas de las que (poder) __________ escoger. Además el hecho de que no fuera mexicana (ir) __________ a causar problemas. Según él, a ella no le (gustar) __________ la misma comida; tal vez se avergonzaría cuando conociera a algunos de nuestros parientes, Mary no (conocer) __________ nuestras costumbres y no era de la misma religión. Pero lo más importante, era que no era mexicana ni (hablar) ____________ español. Para mi padre había tantas diferencias entre Mary y yo que no (creer) ______________ que nuestro matrimonio durara. Mi mamá también me (confesar) ______________ que no (sentirse) ________________ cómoda con Mary. En primer lugar mi mamá (preferir) __________________ hablar español y esta muchacha ni siquiera lo (entender) ______________ _____. Sí, era muy simpática pero ella nunca había sufrido. ¿Cómo iba a poder entender la vida de los mexicanos? También por algún motivo (creer) ______________ que Mary no sería fiel. Ambos, mi padre y mi madre, me (rogar) ____________________ que no me casara con ella. Ahora ya no (saber) ______________ si era buena idea casarme con ella.

Mi padre (ser) ___________________ un hombre muy serio e inflexible y no me (ser) __________________ fácil comunicarse con él. Ya de casados, él siempre nos (comparar) __________________ inconscientemente a Mary y a mí con mi hermano mayor y su esposa. Al principio esto (causar) ________________ problemas en nuestro matrimonio, pero con el tiempo mis padres (lograr) ________________ aceptar a mi esposa y (ser) ______________ muy cariñosos con ella. Sin embargo, mi padre nunca (poder) ______________ decirle "hija" como le (decir) _____________ a la esposa de mi hermano mayor.

1. ¿Qué piensa de la reacción de los padres de Carlos? ¿Cree que ellos tienen razón?
2. ¿Le ha pasado algo similar a Ud. o a algún conocido?

Actividad 13. **Una entrevista con Pedro Báez.** Pedro Báez, poeta cubano, nos cuenta un poco de su vida en la siguiente lectura. Conjugue los verbos entre paréntesis usando el pretérito o el imperfecto, según sea necesario. Después conteste las preguntas sobre la lectura.

(Llegar) ____________ a Estados Unidos mediante el éxodo masivo de cubanos por el puerto de Mariel... (Ser) __________ una experiencia desagradable y traumática, que se prolongó durante toda mi estancia en el centro para refugiados que estableció el gobierno federal en Fort Chaffee, Arkansas. Mi salida de Cuba, como para tantos y tantos que (venir) ______________ vía Mariel, fue un hecho trascendental y profundamente doloroso... Recuerdo que tuve que esconderme en casa de mi padre, al otro extremo de la ciudad, una semana antes, pues el gobierno de Castro (organizar) ______________________ manifestaciones de "repudio", en las cuales se vejaba de palabra y de acción a las personas cuyas intenciones de abandonar el país se hacían públicas... Fue un período oprobioso, lleno de injusticias y de venganzas personales. Una vez en Cuatro Ruedas, que era el lugar donde procesaban a "la escoria"–así nos llamaban–estuvimos sometidos a más vejaciones aun por parte de los oficiales de las milicias y del ejército, desde bayonetazos y extorsiones, hasta la violación de mujeres y muchachos adolescentes. Recuerdo que (salir) ______________ de Mariel a la hora del crepúsculo, cuando la costa norte de Cuba se pone brumosa y como vestida de pálidos fantasmas lunares... El yate (llamarse) ____________ Marazul, si mal no recuerdo. (Tener) ________________ capacidad para unas doce personas, y sin embargo, (ser) __________________ treinta y siete. Así lo dispusieron las autoridades cubanas del puerto militarizado, bajo protesta del dueño, que temía hundirse bajo las corrientes del Golfo. La travesía en sí la recuerdo sólo vagamente... Por primera vez en mi vida me (sentir) ________________ despojado de todo sentimiento; como si no fuera yo, sino otra persona, la que (estar) ____________________ viviendo estas experiencias... Sí recuerdo a mucha gente vomitando; a la mujer del dueño del yate repartiendo agua, frijoles enlatados y pastillas para el vértigo; a gente que, como enloquecida por el terror de altamar, (querer) ____________ tirarse por la borda... Recuerdo también que alguien me (señalar) ______________ las aletas dorsales de los tiburones que rodeaban la embarcación, e incluso, el resignado comentario de otro que trató de tranquilizarme diciendo: "A lo mejor son delfines"... A las tres de la madrugada, más o menos, (dejar) ________________ de funcionar las turbinas del barco. Comenzamos a derivar, con mal tiempo, sobre la negra bravura del Golfo de México... A nuestro S.O.S., los guardacostas de Cuba (responder) ____________ con una burla grosera.... Nos rescató un buque pesquero norteamericano, con la ayuda de dos helicópteros guardacosteros y otro de la cadena televisiva ABC, que filmaba todo el evento... No; no (despedirse) ______________ de mi madre... Si la hubiera visto llorar, no me hubiera ido... Tal vez estaría ahora en la cárcel... A mi padre le di un abrazo y lo vi llorar por vez primera... Me fui solo; sin equipaje, sin dinero, sin futuro cierto...

1. ¿Qué cosas le impresionaron más en el relato de Pedro?
2. ¿Conoce a alguien que haya pasado por una experiencia similar? Descríbala
3. ¿Qué circunstancias lo llevarían a abandonar a su familia y su país?

Actividad 14. **Mi niñez.** Recuerde un poco de su vida cuando tenía 12 años (al terminar la escuela primaria). Después escriba un pequeño resumen que hable de su niñez. Incluya la siguiente información: dónde vivía, cómo era su casa, cómo se llevaba con su familia, quién era su mejor amigo, cómo era, qué hacían juntos, cuáles eran sus pasatiempos favoritos, cómo era su escuela, su maestro favoríto, qué hacía los domingos, cómo era Ud. (travieso, tímido, malcriado).

____

____

____

____

____

____

Actividad 15. **Un evento importante en mi vida.** Hemos leído dos eventos importantes en las vidas de Carlos y de Pedro. Piense en algún evento importante en su vida. Escoja algún evento que de alguna manera cambió su vida.

Organice su composición de la siguiente manera:

- Describa las circunstancias antes del evento.
- Describa el evento: ¿Qué pasó? ¿Cómo? ¿Cuándo? ¿Dónde? ¿Por qué?
- Describa las circunstancias después del evento: ¿Cómo le afectó a Ud.? ¿Cómo reaccionó su familia? ¿Qué aprendió de esa experiencia?

____

____

____

____

____

____

____

____

CAPÍTULO

6

LA COMUNIDAD

PROPÓSITOS

- Explorará el tema de los trabajadores migratorios.
- Describirá la comunidad en la que creció.
- Se familiarizará con César Chávez, su vida y sus logros.
- Escribirá sobre sus experiencias en la escuela y sobre cómo lo influyeron sus maestros.

FORMA

- Analizará los usos de **Ud.** versus **tú**.

EXPLORACIONES

Actividad 1. **Las mudanzas.** Conteste las siguientes preguntas personales.

1. ¿Se ha mudado Ud. de casa, ciudad o país? Explique.

____

2. ¿Qué es lo que se le hizo más difícil dejar?

____

3. Describa sus sentimientos al saber que se iba a mudar.

____

4. En perspectiva, ¿está contento ahora de haberse mudado?

____

5. Enumere las cosas que se llevaría consigo si tuviera que mudarse ahora.

____

Actividad 2. **Los trabajadores migratorios.** Conteste las siguientes preguntas. Tal vez necesite ir a la biblioteca para buscar información sobre el tema.

1. ¿Ha trabajado Ud. o alguien de su familia en el campo? Explique.

____

2. ¿Cómo se imagina Ud. la vida de un trabajador agrícola y su familia?

____

3. ¿Quién fue César Chávez?

____

4. ¿A qué dedicó la mayor parte de su vida?

____

5. ¿Qué organización fundó y qué logros tuvo?

____

Actividad 3. **Reflexiones sobre la vida en el campo.** Termine cada frase de manera lógica, expresando sus ideas y sentimientos sobre el tema.

1. La vida de los trabajadores migratorios es…

____

2. Los trabajadores se mudan cuando…

____

3. Los hijos de los trabajadores migratorios tienen problemas en la escuela porque…

____

4. También a veces sufren porque…

____

5. Una cosa buena de trabajar en el campo es que…

____

Actividad 4. **Mi comunidad.** Describa la comunidad donde se crió. Incluya una descripción física del lugar, la composición cultural del lugar, los trabajos de los vecinos y las actividades sociales de la comunidad.

____

____

____

____

____

____

LECTURA

Sobre el autor

Francisco Jiménez nació en Tlaquepaque, México, en 1943. Cuando tenía tres años la familia se mudó a los Estados Unidos en busca de trabajo como trabajadores migratorios. Las mudanzas eran constantes ya que necesitaban seguir las diferentes cosechas. Recogían fresas en Santa María durante el verano, uvas en Fresno en el otoño y algodón en Corcorán en el invierno. A pesar de una niñez muy difícil, Francisco logró terminar sus estudios y asistir a la universidad. Obtuvo la maestría y el doctorado en *Columbia University* y ahora es profesor en la universidad de Santa Clara. Francisco Jiménez escribe sobre sus experiencias como hijo de trabajadores migratorios en ***Cajas de cartón.*** El autor cuenta que empezó a escribir sus experiencias, animado por sus profesores, quienes siempre lo alentaban a seguir en la escuela. Además de ser profesor universitario, Francisco Jiménez es también editor y co-fundador de la revista bilingüe *Bilingual Review* donde publicó ***Cajas de cartón*** en 1977.

Cajas de cartón

1. Hemos dividido el siguiente cuento en seis partes. Primero lea el título de cada parte. Después, basándose en el título de cada sección, haga un pequeño resumen de lo que Ud. cree que se va a tratar el cuento. Tome en cuenta el título ***Cajas de cartón***.

   ____

   ____

   ____

   ____

   ____

   ____

   ____

Escuche la primera parte del cuento siguiendo las lectura con los ojos. Después conteste las preguntas.

Al terminar la cosecha

Era a fines de agosto. Ito, el contratista, ya no sonreía. Era natural. La cosecha de fresas terminaba, y los trabajadores, casi todos braceros, no recogían tantas cajas de fresas como en los meses de junio y julio.

Cada día el número de braceros disminuía. El domingo sólo uno —el mejor pizcador— vino a trabajar. A mí me caía bien. A veces hablábamos durante nuestra media hora de almuerzo. Así es como aprendí que era de Jalisco, de mi tierra natal. Ese domingo fue la última vez que lo vi.

Cuando el sol se escondió detrás de las montañas, Ito nos señaló que era hora de ir a casa. "Ya hes horra", gritó en su español mocho. Esas eran las palabras que yo ansiosamente esperaba doce horas al día, todos los días, siete días a la semana, semana tras semana, y el pensar que no las volvería a oír me entristeció.

Por el camino rumbo a casa, Papá no dijo una palabra. Con las dos manos en el volante miraba fijamente hacia el camino. Roberto, mi hermano mayor, también estaba callado. Echó para atrás la cabeza y cerró los ojos. El polvo que entraba de fuera lo hacía toser repetidamente.

Era a fines de agosto. Al abrir la puerta de nuestra chocita me detuve. Vi que todo lo que nos pertenecía estaba empacado en cajas de cartón. De repente sentí aún más el peso de las horas, los días, las semanas, los meses de trabajo. Me senté sobre una caja, y se me llenaron los ojos de lágrimas al pensar que teníamos que mudarnos a Fresno.

1. ¿Quién era Ito? ¿Por qué no sonreía?
2. ¿Qué entiende Ud. por español mocho? ¿Quién habla español mocho? Dé el ejemplo del cuento de español mocho. Dé algunos ejemplos más de lo que Ud. cree que es el español mocho.
3. ¿Qué piensa de hacer que un niño trabaje 12 horas al día, siete días a la semana?
4. ¿Por qué cree que nadie dijo nada de regreso a casa ese día?

La mudanza

Esa noche no pude dormir, y un poco antes de las cinco de la madrugada Papá, que a la cuenta tampoco había pegado los ojos en toda la noche, nos levantó. A pocos minutos los gritos alegres de mis hermanitos, para quienes la mudanza era una gran aventura, rompieron el silencio del amanecer. El ladrido de los perros pronto los acompañó.

Mientras empacábamos los trastes del desayuno, Papá salió para encender la "Carcanchita". Ese era el nombre que Papá le puso a su viejo Plymouth negro del año 38. Lo compró en una agencia de carros usados en Santa Rosa en el invierno de 1949. Papá estaba muy orgulloso de su carro. "Mi Carcanchita", lo llamaba cariñosamente. Tenía derecho a sentirse así. Antes de comprarlo, pasó mucho tiempo mirando otros carros. Cuando al fin escogió la "Carcanchita", la examinó palmo a palmo. Escuchó el motor, inclinando la cabeza de lado a lado como un perico, tratando de detectar cualquier ruido que pudiera indicar problemas mecánicos. Después de satisfacerse con la apariencia y los sonidos del carro, Papá insistió en saber quién había sido el dueño. Nunca lo supo, pero compró el carro de todas maneras. Papá pensó que el dueño debió haber sido alguien importante porque en el asiento de atrás encontró una corbata azul.

Papá estacionó el carro enfrente a la choza y dejó andando el motor. "Listo" gritó. Sin decir palabra, Roberto y yo comenzamos a acarrear las cajas de cartón al carro. Roberto cargó las dos más grandes y yo las más chicas. Papá luego cargó el colchón ancho sobre la capota del carro y lo amarró con lazos para que no se volara con el viento en el camino.

Todo estaba empacado menos la olla de Mamá. Era una olla vieja y galvanizada que había comprado en una tienda de segunda en Santa María el año que yo nací. La olla estaba llena de abolladuras y mellas, y mientras más abollada estaba, más le gustaba a Mamá. "Mi olla", la llamaba orgullosamente.

Sujeté abierta la puerta de la chocita mientras Mamá sacó cuidadosamente su olla, agarrándola por las dos asas para no derramar los frijoles cocidos. Cuando llegó al carro, Papá tendió las manos para ayudarle con ella. Roberto abrió la puerta posterior del carro y Papá puso la olla con mucho cuidado en el piso detrás del asiento. Todos subimos a la "Carcanchita". Papá suspiró, se limpió el sudor de la frente con las mangas de la camisa, y dijo con cansancio: "Es todo".

Mientras nos alejábamos, se me hizo un nudo en la garganta. Me volví y miré nuestra chocita por última vez.

1. ¿Por qué cree que para los hermanos menores del niño la mudanza era una gran aventura, pero no para él?
2. ¿Por qué cree que el papá se sentía orgulloso de su **carcanchita**?
3. ¿Tiene Ud. algo material de lo cual se siente orgulloso? Explique.
4. Enumere las posesiones de la familia.
5. ¿Cuál es el significado de la olla para la familia?

En Fresno

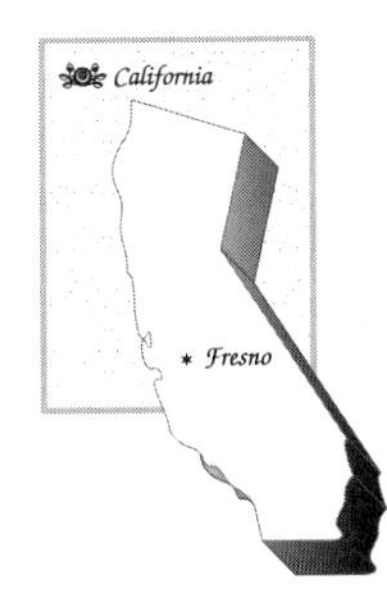

Al ponerse el sol llegamos a un campo de trabajo cerca de Fresno. Ya que Papá no hablaba inglés, Mamá le preguntó al capataz si necesitaba más trabajadores. "No necesitamos a nadie", dijo él, rascándose la cabeza, "pregúntele a Sullivan. Mire, siga este mismo camino hasta que llegue a una casa grande y blanca con una cerca alrededor. Allí vive él."

Cuando llegamos allí, Mamá se dirigió a la casa. Pasó por la cerca, por entre filas de rosales hasta llegar a la puerta. Tocó el timbre. Las luces del portal se encendieron y un hombre alto y fornido salió. Hablaron brevemente. Cuando el hombre entró en la casa, Mamá se apresuró hacia el carro. "¡Tenemos trabajo! El señor nos permitió quedarnos allí toda la temporada", dijo un poco sofocada de gusto y apuntando hacia un garaje viejo que estaba cerca de los establos.

El garaje estaba gastado por los años. Roídos por comejenes, las paredes apenas sostenían el techo agujereado. No tenía ventanas y el piso de tierra suelta ensabanaba todo de polvo.

Esa noche , a la luz de una lámpara de petróleo, desempacamos las cosas y empezamos a preparar la habitación para vivir. Roberto, enérgicamente se puso a barrer el suelo: Papá llenó los agujeros de las paredes con periódicos viejos y con hojas de lata. Mamá les dio de comer a mis hermanitos. Papá y Roberto entonces trajeron el colchón y lo pusieron en una de las esquinas del garaje. "Viejita", dijo Papá, dirigiéndose a Mamá, "tú y los niños duerman en el colchón, Roberto, Panchito, y yo dormiremos bajo los árboles".

1. Describa la nueva vivienda de la familia. Use sus propias palabras, no copie exactamente las del texto.
2. ¿Por qué dormían afuera los hermanos mayores y el papá?
3. ¿Ha dormido Ud. a la intemperie alguna vez? Explique.

El trabajo en la viña

Muy temprano por la mañana al día siguiente, el señor Sullivan nos enseñó dónde estaba su cosecha y, después del desayuno, Papá, Roberto y yo nos fuimos a la viña a pizcar.

A eso de las nueve, la temperatura había subido hasta cerca de cien grados. Yo estaba empapado de sudor y mi boca estaba tan seca que parecía como si hubiera estado masticando un pañuelo. Fui al final del surco, cogí la jarra de agua que habíamos llevado y comencé a beber. "No tomes mucho; te vas a enfermar", me gritó Roberto. No había acabado de advertirme cuando sentí un gran dolor de estómago. Me caí de rodillas y la jarra se me deslizó de las manos.

Solamente podía oír el zumbido de los insectos. Poco a poco me empecé a recuperar. Me eché agua en la cara y en el cuello y miré el lodo negro correr por los brazos y caer a la tierra que parecía hervir.

Todavía me sentía mareado a la hora del almuerzo. Eran las dos de la tarde y nos sentamos bajo un árbol grande de nueces que estaba al lado del camino. Papá apuntó el número de cajas que habíamos pizcado. Roberto trazaba diseños en la tierra con un palito. De pronto vi palidecer a Papá que miraba hacia el camino. "Allá viene el camión de la escuela", susurró alarmado. Instintivamente, Roberto y yo corrimos a escondernos entre las viñas. El camión amarillo se paró frente a la casa del señor Sullivan. Dos niños muy limpiecitos y bien vestidos se apearon. Llevaban libros bajo sus brazos. Cruzaron la calle y el camión se alejó. Roberto y yo salimos de nuestro escondite y regresamos a donde estaba Papá. "Tienen que tener cuidado", nos advirtió.

Después del almuerzo volvimos a trabajar. El calor oliente y pesado, el zumbido de los insectos, el sudor y el polvo hicieron que la tarde pareciera una eternidad. Al fin las montañas que rodeaban el valle se tragaron el sol. Una hora después estaba demasiado obscuro para seguir trabajando. Las parras tapaban las uvas y era muy difícil ver los racimos. "Vámonos", dijo Papá señalándonos que era hora de irnos. Entonces tomó un lápiz y comenzó a figurar cuánto habíamos ganado ese primer día. Apuntó números, borró algunos, escribió más. Alzó la cabeza sin decir nada. Sus tristes ojos sumidos estaban humedecidos.

Cuando regresamos del trabajo, nos bañamos afuera con el agua fría bajo una manguera. Luego nos sentamos a la mesa hecha de cajones de madera y comimos con hambre la sopa de fideos, las papas y tortillas de harina blanca recién hechas. Después de cenar nos acostamos a dormir, listos para empezar a trabajar a la salida del sol.

Al día siguiente, cuando me desperté, me sentía magullado; me dolía todo el cuerpo. Apenas podía mover los brazos y las piernas. Todas las mañanas cuando me levantaba me pasaba lo mismo hasta que mis músculos se acostumbraron a ese trabajo.

Era lunes, la primera semana de noviembre. La temporada de uvas se había terminado y ya podía ir a la escuela. Me desperté temprano esa mañana y me quedé acostado mirando las estrellas saboreando el pensamiento de no ir a trabajar y de empezar el sexto grado por primera vez ese año. Como no podía dormir, decidí levantarme y desayunar con Papá y Roberto. Me senté cabizbajo frente a mi hermano. No quería mirarlo porque sabía que él estaba triste. Él no asistiría a la escuela hoy, ni mañana, ni la próxima semana. No iría hasta que se acabara la temporada de algodón, y eso sería en febrero. Me froté las manos y miré la piel seca y manchada de ácido enrollarse y caer al suelo.

Cuando Papá y Roberto se fueron a trabajar, sentí un gran alivio. Fui a la cima de una pendiente cerca de la choza y contemplé a la "Carcanchita" en su camino hasta que desapareció en una nube de polvo.

Dos horas más tarde, a eso de las ocho, esperaba el camión de la escuela. Por fin llegó. Subí y me senté en un asiento desocupado. Todos los niños se entretenían hablando o gritando.

Estaba nerviosísimo cuando el camión se paró delante de la escuela. Miré por la ventana y vi una muchedumbre de niños. Algunos llevaban libros, otros juguetes. Me bajé del camión, metí las manos en los bolsillos, y fui a la oficina del director. Cuando entré oí la voz de una mujer diciéndome: "May I help you?" Me sobresalté. Nadie me había hablado inglés desde hacía meses. Por varios segundos me quedé sin poder contestar. Al fin, después de mucho esfuerzo, conseguí decirle en inglés que me quería matricular en el sexto grado. La señora entonces me hizo una serie de preguntas que me parecieron impertinentes. Luego me llevó a la sala de clase.

1. ¿Por qué cree que se escondieron los muchachos cuando pasó el camión de la escuela?
2. ¿Por qué cree que se le humedecieron los ojos al papá después de hacer los cálculos de las ganancias del día?
3. ¿Ha desempeñado algún trabajo físico similar al que describe el niño? Explique.
4. ¿Por qué cree que el hermano mayor no va a la escuela mientras que él, Pancho, sí va?
5. ¿Qué preguntas cree que le hicieron al niño?
6. ¿Ha tenido alguna experiencia similar en la escuela? Explique.

El maestro Lema

El señor Lema, el maestro de sexto grado, me saludó cordialmente, me asignó un pupitre, y me presentó a la clase. Estaba tan nervioso y tan asustado en ese momento cuando todos me miraban que deseé estar con Papá y Roberto pizcando algodón. Después de pasar la lista, el señor Lema le dio a la clase la asignatura de la primera hora. "Lo primero que haremos esta mañana es terminar de leer el cuento que comenzamos ayer", dijo con entusiasmo. Se acercó a mí, me dio su libro y me pidió que leyera. "Estamos en la página 125", me dijo. Cuando lo oí, sentí que toda la sangre me subía a la cabeza; me sentí mareado. "¿Quisieras leer?", me preguntó en un tono indeciso. Abrí el libro a la página 125. Mi boca estaba seca. Los ojos se me comenzaron a aguar. El señor Lema entonces le pidió a otro niño que leyera.

Durante el resto de la hora me empecé a enojar más y más conmigo mismo. Debí haber leído, pensaba yo.

Durante el recreo me llevé el libro al baño y lo abrí a la página 125. Empecé a leer en voz baja, pretendiendo que estaba en clase. Había muchas palabras que no sabía. Cerré el libro y volví a la sala de clase.

El señor Lema estaba sentado en su escritorio. Cuando entré me miró sonriéndose. Me sentí mucho mejor. Me acerqué a él y le pregunté si me podía ayudar con las palabras desconocidas. "Con mucho gusto", me contestó.

El resto del mes pasé mis horas de almuerzo estudiando ese inglés con la ayuda del buen señor Lema.

1. ¿Por qué cree que se le aguaron los ojos al niño cuando el maestro le pidió que leyera?
2. ¿Ha sentido algo similar? Explique.
3. ¿Por qué cree que durante el descanso Pancho se puso a leer en el baño?
4. ¿Por qué cree que después dedicó tanto tiempo al estudio?
5. ¿Qué cualidades valiosas ya demuestra tener el niño?

La trompeta

Un viernes durante la hora del almuerzo, el señor Lema me invitó a que lo acompañara a la sala de música. "¿Te gusta la música?", me preguntó. "Sí, muchísmo", le contesté entusiasmado, "me gustan los corridos mexicanos." El cogió una trompeta, la tocó un poco y luego me la entregó. El sonido me hizo estremecer. Me encantaba ese sonido. "Te gustaría aprender a tocar este instrumento?", me preguntó. Debió haber comprendido la expresión en mi cara porque antes que yo le respondiera, añadió: "Te voy a enseñar a tocar esta trompeta durante las horas de almuerzo."

Ese día casi no podía esperar el momento de llegar a casa y contarles las nuevas a mi familia. Al bajar del camión me encontré con mis hermanitos que gritaban y brincaban de alegría. Pensé que era porque yo había llegado, pero al abrir la puerta de la chocita, vi que todo estaba empacado en cajas de cartón.

1. ¿Qué piensa del maestro Lema? Explique.
2. ¿Ha tenido algún maestro así? Explique.
3. ¿Cómo se sintió Pancho al abrir la puerta de su casa y ver las cajas de cartón? Explique.
4. ¿Le gustó el cuento? Explique.

Actividad 5. **Ahora le toca a Ud.** Imagine que Ud. es el muchacho del cuento. Escríbale una carta al maestro Lema, explicándole por qué ya no va más a su clase y agradeciéndole todo lo que hizo por Ud.

____

____

____

____

____

____

ANALIZAR Y DESCUBRIR

Actividad 6. **Tú** versus **usted (Ud.)**. Después de leer sobre el uso de **tú** y **usted**, conteste las preguntas.

En la cultura hispana se pueden usar tres formas para hablar con otra persona:

a. Se puede usar **vos**. Ya vimos que se usa sólo en algunos países para hablarle a amigos y familiares.
b. Se puede usar **tú**, que se usa en la mayoría los países de habla hispana para comunicarnos con personas de confianza, amigos, familiares, niños y compañeros de nuestra misma edad.
c. Se usa **Ud.** para hablar con personas que no conocemos (el dependiente en una tienda, un cliente, etcétera.), personas que tienen un cargo más elevado que el nuestro (el jefe, los profesores, el doctor, el abogado, etcétera.), y también debe usarse para hablar con personas mayores que nosotros.

Hay diferencias en el uso de **tú** y **Ud.** en algunos países. Por ejemplo, en Costa Rica las personas usan casi exclusivamente el **Ud.**, mientras que en Puerto Rico la gente prefiere usar el **tú.** Es muy importante usar el pronombre adecuado al hablar con alguien; si usamos **tú** en vez de **Ud.**, se nos puede calificar de groseros, mal educados o irrespetuosos. Por eso, siempre que tenga duda si debe usar **tú** o **Ud.**, use **Ud.**

1. ¿Qué pronombre usa para hablar con sus padres? ___________
2. ¿Qué pronombre usa para hablar con sus abuelos? ___________
3. ¿Qué debe usar al hablar con...?
   a. una empleada en el banco _________
   b. un compañero de clases mayor __________
   c. el profesor __________
   d. su jefe __________
   e. un hispano de otro país __________
   f. alguien de su edad __________
   g. un niño __________
   h. un desconocido __________

Actividad 7. **Practiquemos el Ud.** Usted desea hacerle varias preguntas a un compañero con el cual casi nunca habla. Su compañero es ya bastante mayor. Como sabe que se debe usar Ud. con las personas mayores, cambie las siguientes preguntas usando Ud.

1. ¿Cómo te llamas? ________________________________
2. ¿De dónde eres? ________________________________
3. ¿Dónde vives? ________________________________
4. ¿Trabajas? ________________________________
5. ¿Te gusta tu trabajo? ________________________________
6. ¿Hiciste la tarea? ________________________________
7. ¿Entregaste la composición? ________________________________
8. ¿Viniste a clase ayer? ________________________________
9. Me gustan tus composiciones. ________________________________
10. ¿Cuándo me podrías ayudar? ________________________________

Actividad 8. **¿Qué cambios fue necesario hacer?** Después de analizar las respuestas de la actividad anterior, explique qué cambios fueron necesario hacer para cambiar las formas de tú a usted.

TÚ	UD.
1. te llamas	________
2. eres	________
3. vives	________
4. trabajas	________
5. te gusta	________
6. hiciste	________
7. entregaste	________
8. viniste	________
9. tus composiciones	________
10. podrías	________

Después de analizar la columna correspondiente a Ud., complete la siguiente regla.
Las formas de Ud. siempre son iguales a las formas de ________ y ________.

MANOS A LA OBRA

Actividad 9. **Preguntas para Francisco Jiménez.** Imagine que tiene la oportunidad de hacerle algunas preguntas al autor de ***Cajas de cartón***. ¿Qué le preguntaría? Vuelva a leer la descripción del autor al principio de esta unidad para evitar preguntarle cosas que ya sabe. Junto con un compañero decida qué preguntas le quieren hacer. Hagan cinco preguntas como mínimo.

1. ________________________________
2. ________________________________
3. ________________________________
4. ________________________________
5. ________________________________

Actividad 10. **Ud. es reportero.** Imagine que trabaja para el periódico *El Sol de Fresno*. Le asignan entrevistar al jefe de un grupo de trabajadores agrícolas que protestan el uso de pesticidas. Le dan una lista de preguntas para hacerle. Recuerde que no conoce a los manifestantes, por lo tanto lo más apropiado sería usar **Ud.** al entrevistar al líder. Cambie cada pregunta a la forma formal.

1. ¿Cómo te llamas?

   ____
2. ¿De dónde eres?

   ____
3. ¿Trabajabas en el campo cuando eras niño?

   ____

4. ¿Cuántos años tenías cuando empezaste a trabajar en el campo?

____

5. ¿Por qué protestas contra el uso de pesticidas?

____

6. ¿Crees que esta protesta servirá para parar el uso de pesticidas?

____

7. ¿Tienes datos científicos que comprueben los efectos negativos del uso de pesticidas?

____

8. ¿Has sufrido alguna enfermedad a causa de los pesticidas?

____

9. Si no se usan los pesticidas, ¿cómo piensas evitar las plagas en la cosecha?

____

10. ¿Estuviste aquí también ayer?

____

11. ¿Te amenazaron en el trabajo si venías a esta protesta?

____

12. ¿Te parece bien que esta protesta se esté televisando?

____

13. ¿Vendrás mañana también?

____

14. ¿Qué harás si los dueños de las cosechas no te hacen caso?

____

15. ¿Te gustaría decirle algo al público que nos escucha?

____

Actividad 11. **¡A la televisión!** Actúe la entrevista con un compañero. Invente las posibles respuestas.

Actividad 12. **A mi profesor.** Francisco Jiménez nos relata la influencia que tuvo el profesor Lema en su vida. Escriba una composición donde describa sus experiencias en la escuela primaria o secundaria. Hable de algún profesor que lo haya influenciado y explique por qué.

____

____

____

____

____

____

____

____

CAPÍTULO

7

LOS ESTUDIOS

PROPÓSITOS

- Analizará sus hábitos de estudio.
- Se familiarizará con algunas técnicas de estudio para aprender más en menos tiempo.
- Hará un resumen de la información aprendida.
- Les dará consejos a personas con problemas en los estudios.

FORMA

- Se familiarizará con el modo verbal del subjuntivo.
- Analizará los cambios ortográficos que sufren algunos verbos en este modo.
- Practicará el modo subjuntivo después de expresiones impersonales y verbos de influencia.

EXPLORACIONES

Actividad 1. **Hablemos de sus estudios.** Conteste las siguientes preguntas.

1. ¿Se considera un buen estudiante? Explique.
2. ¿Cuántas horas a la semana estudia?
3. ¿Cuántas horas por semana ve la televisión?
4. ¿Llega preparado a sus clases? Explique.
5. Describa con detalle lo que hace para prepararse para un examen.

Actividad 2. **Reflexiones sobre el estudio.** Termine las siguientes frases, expresando de una forma lógica sus ideas y sentimientos sobre el tema.

1. Estudio porque
2. Lo que más me gusta de ir a la escuela es
3. Lo que más me molesta de ir a clases es
4. Los exámenes son difíciles porque
5. Salgo bien en los exámenes cuando

Actividad 3. **Problemas con los estudios.** Conteste las siguientes preguntas.

1. ¿Qué le ha ayudado a tener éxito en la escuela?
2. ¿Cuáles son algunas de las dificultades que ha tenido?
3. ¿Cuáles son algunos de los problemas que encuentra al leer sus libros de texto?
4. ¿Qué hace para recordar lo que estudia?
5. ¿Cuáles son algunas de las ventajas y desventajas de estudiar para un examen con un compañero?

Actividad 4. **¿Aprovecha Ud. toda su capacidad?** Responda honestamente a las siguientes preguntas.

	SÍ	NO
a. Subrayo o resalto la información importante cuando leo.	___	___
b. Siempre tomo apuntes en mis clases.	___	___
c. Después de leer, hago un resumen de lo que leí.	___	___
d. Organizo la información nueva en cuadros sinópticos.	___	___
e. Hablo de los conceptos aprendidos con algunos compañeros	___	___
f. Estudio para un examen por lo menos con una semana de anticipación.	___	___
g. Invento claves para ayudarme a recordar la información.	___	___
h. Le pido ayuda a mis profesores si hay algo que no entiendo.	___	___
i. A veces me acuesto con el libro en la cabeza y sueño que la información se me transmitirá por ósmosis.	___	___
j. Me gusta aprender.	___	___

Si contestó no a más de tres aseveraciones, no está usando todo su potencial para el estudio.

LECTURA

Lea la siguiente selección. Después conteste las preguntas.

Aprenda más en menos tiempo; estudie con propósito.

No es lo mismo estudiar que aprender, dice el Doctor Cuentas, autor del libro *Cómo estudiar para aprender*. Ud. puede pasarse largo rato estudiando, sin haber aprendido nada. Aprender es adquirir el conocimiento de algo. Estudiar es ejercitar el entendimiento para comprender algo. Lo primero que Ud. necesita poseer para tener éxito en sus estudios es **MOTIVACIÓN.** Si no hay motivación, no hay nada. Si Ud. no se siente muy motivado para los estudios, motívese solo. Pregúntese a qué vino a esta vida, a sobrevivir, o a triunfar; qué quiere ser, una persona culta o un ignorante. Estar motivado es tener motivos para hacer las cosas, tener metas y objetivos. Póngase metas reales.

Una vez que Ud. se siente motivado para aprender, lo único que necesita es un método eficaz de estudio. A continuación le damos cuatro estrategias para tener éxito en la escuela estudiando menos, pero aprendiendo más.

Primera estrategia: Cómo tomar apuntes.
Más vale menos, pero bueno que mucho y malo.

Una estrategia importante para aprender algún concepto más fácilmente es tomar apuntes en clase o al leer el libro de texto. Para tomar buenos apuntes es importante que Ud. siga los siguientes pasos.

a. No escriba todo lo que lee o todo lo que diga el profesor.
b. Identifique únicamente las ideas importantes y escríbalas.
c. Trate de escribir las ideas principales con sus propias palabras y no con las del libro o del profesor.
d. Organice la información como si Ud. se la fuera a enseñar a otra persona.
e. Haga un resumen de la información aprendida.

Segunda estrategia: Cómo leer eficazmente.
No pierda su tiempo, lea con propósito.

No es suficiente leer los libros de texto. Ud. puede leer algo muchas veces y no sacar provecho de la lectura. La lectura es un proceso activo en el que Ud. inicia un diálogo con la palabra escrita.

a. No empiece a leer un texto nuevo sin antes haberle echado un vistazo a los subtítulos del texto, las fotografías o cualquier otra información adicional para darse una buena idea de lo que se va a tratar la lectura.
b. Cuando lea, hágalo despacio, asegurándose de que está comprendiendo la lectura.
c. Invente sus propias preguntas usando las siguientes palabras interrogativas: ¿cómo?, ¿por qué?, ¿cuándo?, ¿dónde?, ¿quién? y ¿qué? Contéstelas.
d. Reflexione sobre lo que leyó relacionando la información nueva con algo que Ud. ya sabe y analizando la relación que existe entre la información o los conceptos ilustrados en la lectura.
e. En voz alta, repase la información aprendida. Vuelva a repasar la información aprendida después de varias horas.

Tercera estrategia: Cómo estudiar con un compañero.
Dos cabezas piensan más que una.

Si le gusta estudiar con otra persona, debe hacerlo de una forma estructurada para que ambos saquen el mayor provecho del estudio.

a. Encuentre a un compañero con el que pueda estudiar.
b. Compare la información que Ud. tiene y decida si a alguien le falta información importante.
c. Háganse preguntas entre sí tratando de adivinar lo que el profesor les pudiera preguntar.
d. Organice la información jerárquicamente, interrelacionando todos los conceptos aprendidos.
e. Si hay algún concepto que no le quedó claro, pídale al profesor que se lo aclare.

Cuarta estrategia: Use la mnemotecnia.
¿Cómo anda su memoria?

Desde los tiempos de los griegos han existido estrategias para aumentar la capacidad de la memoria. Repetir la información muchas veces es sólo una forma de memorizar algo, hay otras maneras más eficaces para hacerlo. Siga los siguientes consejos y verá cómo aumenta su capacidad para recordar.

a. Invente claves que contengan la información que necesita recordar. Por ejemplo si Ud. desea aprenderse de memoria los nombres de los planetas del sistema solar, lo que podría hacer es inventar una oración que tenga la primera letra de cada planeta. Mientras más graciosas, extravagantes o raras sean las frases que Ud. inventa, más fácil le será recordar la información.
   Mas **V**ale **T**ener **M**ucho **J**abón **S**i **U**sas **N**uevos **P**latos. Los planetas son: Mercurio, Venus, Tierra, Marte, Júpiter, Saturno, Urano, Neptuno y Plutón.
b. Cree una imagen mental para recordar asociaciones. Por ejemplo, supongamos que en su clase de biología, Ud. necesita aprender y comprender los procesos de división celular "mitosis" y "meiosis". Piense que tiene una manzana y que la parte por la mitad. La acción de cortar por la mitad le puede recordar la "división celular" y la primera parte "**mit-**", de mitad se puede relacionar con la palabra "**mit**osis". "Meiosis" se refiere también a un tipo de división celular que ocurre en células sexuales y su finalidad es la de producir gametos maduros con un número de cromosomas reducido. Para este concepto, imagine que Ud. tiene un melón, lo corta a la mitad y las semillas son los gametos maduros.

c. Cuando necesite recordar algo en serie (un orden específico), piense en una serie de lugares que sean muy familiares para Ud.. Después coloque mentalmente cada palabra en un sitio o lugar específico. Una vez que haga la asociación entre lugar y palabra (objeto o concepto), le será más fácil recordar la serie. Supongamos que en su clase de ciencia Ud. estudia las eras y las épocas por las que ha pasado nuestro planeta Tierra. La era cenozoica abarca siete épocas: la holocena, la pleistocena, la pliocena, la miocena, la oligocena, la eocena y la paliocena. Busque lugares a los que Ud. va con frecuencia en cierto orden. Por ejemplo, yo voy a Winslow, Arizona con frecuencia, siempre paso por San Bernandino, Barstow, Needles, Kingman, Flagstaff y Winslow. El orden de esas ciudades lo sé bien. Entonces voy a relacionar el orden de las ciudades con el orden de las épocas de la era cenozoica. Salgo de Los Angeles y como la **cena** en el restaurante **"Holo"** (**Holocena** es la época más reciente, por eso la relaciono con Los Angeles, la ciudad más cercana). Después paso por San Bernandino y la cena es en **"Pleisto" (Pleistocena)**. Después de unas horas llego a Barstow y la cena es en **"Plio"** y así hasta llegar a Winslow.
d. Invente una historia que contenga la información que quiere aprender.
e. Use algún ritmo melódico para repetir la información que quiere aprender.

1. ¿Qué estrategias usa cuando estudia?

____

2. ¿Qué estrategias piensa poner en práctica la próxima vez que tenga clase o exámenes?

____

3. ¿Hay alguna estrategia que no le parezca necesaria? Explique.

____

Actividad 5. **Un resumen.** Haga un resumen de la lectura.

____
____
____
____
____
____
____
____

ANALIZAR Y DESCUBRIR

Actividad 6. **El subjuntivo (primera parte). Consejos prácticos.** Lea las siguientes oraciones. Después explique qué diferencia de significado hay entre la columna de la derecha y la de la izquierda. Por último conteste las preguntas.

Ud. es muy buen estudiante y siempre sigue las indicaciones de sus profesores.

EL PROFESOR LE PIDE QUE...	POR ESO UD...
encuentre a un compañero para estudiar	**encuentra** a un compañero
comparta la información con un compañero	**comparte** la información aprendida
repase la información aprendida	**repasa** la información
vuelva a escribir la composición	**vuelve** a escribir la composición
lea el texto otra vez	**lee** el texto otra vez
No **escriba** todo lo que lee	no **escribe** todo lo que lee

La raíz del subjuntivo se forma con la raíz del verbo en el presente del indicativo en la forma **yo.** yo **conozco** — que **conozca.**

Es útil saber que...

El modo verbal que se utiliza para expresar la acción o comportamiento que uno desea de otro se llama **modo subjuntivo.** El **subjuntivo** refleja que la acción, situación o comportamiento está fuera del control del hablante y que dicha acción no es todavía una realidad.

MODELO:	**cláusula independiente**	**cláusula subordinada**
	El profesor quiere	que **Uds. repasen la información**
	El profesor quiere, expresa un deseo real.	**que Uds. repasen la información,** no se realiza todavía y está fuera del control del profesor. Por eso se usa el **subjuntivo.**

1. En los verbos del grupo **-ar** (encuentra o repasa), la **a** cambia a ________
2. En los verbos del grupo **-er** (lee o vuelve) la **e** cambia a ____________
3. En los verbos del grupo **-ir** (escribe o discute) la **e** cambia a _________

Actividad 7. **Los consejos del experto.** Lea los consejos que le da un estudiante universitario a su hermano menor que empieza a tomar clases en la universidad. Después conteste las preguntas.

Para que todo te **quepa** en la memoria, es importante que organices la información eficazmente. Es necesario que **averigües** todo lo que necesitas saber, que reconozcas los conceptos difíciles y que **busques** una manera eficaz para recordarlos con facilidad. Te recomiendo que **estés** preparado para tomar buenos apuntes. Es bueno que **llegues** a clase temprano a fin de que siempre **sepas** de lo que se va a tratar la lección.

Es preciso que no sientas vergüenza si hay algún concepto que no entiendes. Dudo que **seas** el único de la clase que no entendió algo. Por eso te pido que le **hagas** preguntas al profesor, sin pena. También es buena idea que siempre **entregues** la tarea; se aprende mucho al hacerla.

Es esencial que **seas** responsable de tu propio aprendizaje. Si tienes alguna duda sobre la materia que se imparte, te aconsejo que **vayas** a la biblioteca y **consultes** las enciclopedias, pero por favor no te **duermas.** Cuando **hayas** terminado de estudiar, te sugiero que escojas alguna actividad divertida para relajarte. ¡Buena suerte!

1. ¿Qué consejos le parecen buenos consejos? ¿Por qué?
2. ¿Sigue Ud. algunos de estos consejos? ¿Cuáles?

Actividad 8. **Las formas del subjuntivo.** Llene la siguiente tabla del subjuntivo usando los ejemplos de la lectura anterior y sus conocimientos de español.

EL INFINITIVO	QUE YO	QUE NOSOTROS	QUE TÚ	QUE UD., QUE ELLA O QUE ÉL	QUE UDS., QUE ELLAS O QUE ELLOS
caber				quepa	
organizar			organices		
averiguar			averigües		
reconocer	reconozca				
buscar			busques		
estar					estén
llegar			llegues		
saber		sepamos			
ser			seas		
ir					vayan
dormir			duermas		
dar				dé	
sentir			sientas		
haber		hayamos			
escoger			escojas		
hacer			hagas		

Actividad 9. **Análisis ortográfico.** Después de estudiar el cuadro anterior, conteste las siguientes preguntas.

1. ¿Qué cambio ortográfico nota en el verbo **buscar**, para conservar el sonido **[k]** del verbo en infinitivo? ____________________

   Todos los verbos que terminan en **-car** sufren este cambio ortográfico. Identifique cuatro verbos más:

   ________ ________ ________ ________

2. ¿Qué cambio ortográfico nota en el verbo **llegar**, para conservar el sonido **[g]** del verbo en infinitivo? ____________________

   Todos los verbos que terminan en **-gar** sufren este cambio ortográfico. Identifique cuatro verbos más:

   ________ ________ ________ ________

3. ¿Qué cambio ortográfico nota en el verbo **escoger**, para conservar el sonido **[x]** del verbo en infinitivo? ____________________

   Todos los verbos que terminan en **-ger** sufren este cambio ortográfico. Identifique cuatro verbos más:

   ________ ________ ________ ________

4. ¿Qué cambio ortográfico nota en el verbo **organizar?** ______________________

   Todos los verbos que terminan en **-zar** sufren este cambio ortográfico. Identifique cuatro verbos más:

   ______________ ______________ ______________ ______________

5. ¿Qué cambio ortográfico nota en el verbo **averiguar** para que la **u** suene como en el infinitivo?

   ____

   Todos los verbos que terminan en **-guar** sufren este cambio ortográfico. Identifique cuatro más:

   ______________ ______________ ______________ ______________

6. ¿Qué irregularidad nota en la raíz de los verbos **dormir** y **sentir** en la forma verbal de nosotros?

   ____

   Todos los verbos con cambio de raíz **(e—ie** y **o—ue)** que terminan en **-ir** sufren un cambio radical en la primera persona del plural (nosotros). Identifique cuatro verbos más: ______________

   ______________ ______________ ______________

7. ¿Qué irregularidad nota en la raíz del verbo **caber** en la forma **yo**? ______________________

   ____

Actividad 10. **Algunos usos del subjuntivo.** Busque la información necesaria en la lectura de la **Actividad 7. Los consejos del experto.**

1. Se usa el subjuntivo después de expresiones impersonales que han sido personalizadas. Explique la diferencia de significado entre:

   Es necesario estudiar y Es necesario que **estudies**

   ____

a. Haga una lista de todas las expresiones impersonales que hay en la lectura anterior.

   ______________ ______________ ______________

   ______________ ______________ ______________

b. ¿Puede identificar otras seis expresiones impersonales?

   ______________ ______________ ______________

   ______________ ______________ ______________

2. Se usa el subjuntivo después de verbos de influencia. Cualquier verbo que se use para tratar de influir en el comportamiento de otra persona es verbo de influencia.

a. Por ejemplo, **te recomiendo que** estés preparado.... Haga una lista de los verbos de influencia que hay en la lectura.

   ______________ ______________ ______________

   ______________ ______________ ______________

b. ¿Puede identificar seis más?

   ______________ ______________ ______________

   ______________ ______________ ______________

3. Se usa el subjuntivo después de **conjunciones** que expresan un propósito o una condición que todavia no se cumple. Haga una lista de las conjunciones que hay en la lectura.

a. Por ejemplo, **Para que** todo quepa...

_______________ _______________

b. ¿Puede identificar cuatro más?

_______________ _______________ _______________ _______________

4. Se usa el subjuntivo después de verbos que expresan duda o incertidumbre.

a. Por ejemplo, **dudo** que seas el único...
Verbos de duda _______________

b. ¿Puede identificar cuatro más?

_______________ _______________ _______________ _______________

MANOS A LA OBRA

Actividad 11. **Consejos para un amigo.** Un buen amigo suyo tiene problemas en las clases. Él sabe que Ud. siempre recibe buenas calificaciones, por eso le pide su ayuda. Dele algunos consejos.

Complete las siguientes frases.

a. Es necesario que _______________
b. Es importante que _______________
c. Te recomiendo que _______________
d. Es bueno que _______________
e. Te aconsejo que _______________

Actividad 12. **Ud. es el profesor.** Imagine que Ud. es el profesor. Hay un alumno en su clase que falta mucho y si continúa así, va a reprobar su clase. Hable con él. Dele algunas indicaciones.

a. No quiero que _______________
b. Es ridículo que _______________
c. Es preciso que _______________
d. Póngase a estudiar antes de que _______________
e. Es una lástima que _______________

Actividad 13. **Ud. es consejero.** Imagine que trabaja para el periódico *Éxito* de Chicago. Cada semana recibe cartas de personas con problemas. Su trabajo es contestar las cartas dando consejos apropiados para cada situación. Recuerde que siempre debe empezar su carta expresando sus sentimientos. Después dé tres o cuatro consejos y finalmente despídase y deséele suerte a la persona. Lea la siguiente carta y contéstela.

Querido Antonio:

Espero que se encuentre bien. Le escribo porque esta vez sí que necesito sus consejos. Estoy saliendo muy mal en mis clases. Creo que voy a reprobarlas todas. No sé qué hacer, trato de estudiar para los exámenes, pero como falto mucho a clase, nunca recibo buenas notas. No es que sea floja, lo que pasa es que tengo muchos problemas con mi pareja. Es demasido posesivo y no me deja ni un minuto libre para estudiar. Se pone furioso cuando le digo que no lo puedo ver porque tengo que estudiar y hasta está celoso de mis compañeros de clase. Yo lo quiero mucho y no quiero terminar mi relación. ¿Qué me recomienda que haga?

Estudiante con problemas

____

____

____

____

____

____

____

____

Actividad 14. **Estrategias de estudio.** En su escuela le han pedido que escriba un artículo para el periódico escolar que hable de la importancia de los estudios. Incluya algunos de los problemas que Ud. tuvo al principio y explique cómo evitar esos problemas. También, debe incluir una guía para aprender mejor y más rápido.

____

____

____

____

____

____

____

____

____

____

CAPÍTULO

8

EN LA UNIVERSIDAD

PROPÓSITOS

- Hablará de sus experiencias como estudiante.
- Describirá las características de profesores buenos y malos.
- Comparará las escuelas públicas y las particulares.
- Descubrirá si le interesa la carrera docente.
- Escribirá cartas dándole consejos a personas en situaciones difíciles.

FORMA

- Se familiarizará con el uso del subjuntivo con verbos "de emoción."

EXPLORACIONES

Actividad 1. **Hablemos de los estudios.** Conteste las siguientes preguntas.

1. ¿Cómo se siente normalmente el primer día de clases? Explique.
2. ¿Qué síntomas tiene cuando se siente muy nervioso?
3. ¿Cómo desea que sean sus profesores? Explique.
4. Piense en su mejor profesor. En su opinión, ¿qué cosas hace un buen profesor? Explique.
5. Piense en su peor profesor. En su opinión, ¿qué cosas hace un mal profesor? Explique.
6. ¿Qué hace para que sus profesores lo aprecien como estudiante? Explique.
7. ¿Cómo cree que se siente el profesor el primer día de clases? Explique.
8. ¿Ha considerado dedicarse a la docencia? Explique.

Actividad 2. **Las escuelas públicas *versus* las particulares.** Conteste las siguientes preguntas.

1. ¿Ha asistido Ud. o alguien que Ud. conoce a escuelas particulares? Explique.

____

____

____

2. Compare las escuelas públicas y las escuelas particulares en el siguiente cuadro.

	ESCUELAS PÚBLICAS	ESCUELAS PARTICULARES
1) Tipo de alumnos		
2) Clases		
3) Disciplina		
4) Ropa		
5) Otras diferencias		

Actividad 3. **El uso del diccionario.** Primero busque las siguientes palabras en un diccionario. Después, escriba las palabras en el lugar que corresponden en el párrafo siguiente:

a. pedagogos ______________________________
b. aulas ______________________________
c. acometer ______________________________
d. desafíos ______________________________
e. moraleja ______________________________

Hoy en día, en nuestras __________ escolares hay muchos ____________ que ____________ la dificultosa tarea de enseñar con gusto y humildad. Esta actitud positiva del profesor evita los ____________ sin sentido por parte de los estudiantes y hace la tarea más placentera para todos. ¿Cuál es la ____________?

Actividad 4. **Usemos las definiciones.** Lea el siguiente párrafo. Después encuentre la definición de cada palabra en negrilla y escríbala en el espacio correspondiente.

> Aquel profesor tan **pedante** siempre nos miraba seriamente desde el **estrado**. Con esas miradas serias y sus constantes **parábolas escabrosas**, intentaba **contrarrestar** nuestras constantes muestras de rebeldía.

a. Una tarima, entablado movible, donde se ponía el trono real o mesa presidencial ____________
b. Hacer frente y oposición, resistir ____________
c. Aspero, duro, de mala condición. Sentido figurativo: misterioso, difícil, retorcido ____________
d. Narración de un suceso fingido del que se deduce una verdad importante o una enseñanza moral ____________
e. Aplícase al que se complace en hacer inoportuno y vano alarde de erudición ____________

LECTURA

Sobre el autor

Enrique Anderson-Imbert nació en Argentina en 1910. A los 17 años publicó sus primeros cuentos. Obtuvo el doctorado en Filosofía y Letras en la universidad de Buenos Aires. Fue catedrático universitario en Argentina y en los Estados Unidos. Enseñó literatura en la Universidad de Michigan y Harvard de donde se jubiló en 1980.

Escuche la cinta siguiendo la lectura con los ojos. Después lea el resto del cuento y conteste las preguntas.

Los ojos del dragón

Al final de la carrera, en la Facultad de Filosofía, nadie se salvaba de rendir "metodología". Uno de los requisitos de la materia consistía en reemplazar a un profesor y durante dos semanas enseñar lo que se pudiese ante estudiantes del ciclo secundario. A mí me tocó un colegio elegante y un compañero me advirtió que allí los muchachos estaban disciplinados para la agresión.

Fui, pues, a mi primera clase con los nervios de punta. Mi cuerpo era una colección completa de síntomas de miedo: nudo en la garganta, palpitaciones en el corazón, peso en la boca del estómago, sudores fríos, fiebre, náusea, diarrea.

En la sala de profesores sólo encontré a un viejo, blanco en canas, apoltronado junto a la ventana. Nos saludamos en silencio con una leve inclinación de cabeza, él siguió leyendo el diario y yo, de pie, me puse a repasar mis apuntes.

De pronto me di cuenta: a pesar de que yo creía estar quieto, mientras leía había estado dando vueltas sobre la alfombra y probablemente recitando en voz alta las frases con que me iniciaría en la carrera docente. ¿Estaría molestando al viejito? Lo miré de reojo. Ahora el diario le tapaba completamente la cara.

Once menos diez. Todavía era temprano. Quizás lo más prudente fuera adelantarme unos minutos y echar una ojeada al aula vacía, aun el más veterano de los actores no representa su papel sin antes familiarizarse con el escenario ¿no?. Por otro lado—me eché atrás—no era prudente mezclarme con la vida del colegio. Después de todo, los estudiantes eran apenas más jóvenes que yo. Al verme andar de un lado a otro por los pasillos, ocioso, indeciso, a lo mejor me creían uno de ellos y me faltaban al respeto. Visualicé la humillación: un grandote del quinto año me toma campechanamente del brazo y haciendo bailar los dedos ante mi cara para pedirme un cigarrillo me grita con un tuteo capaz de destruir la reputación del más pedante:

—¡Qué plato, che! ¿Sabes que hoy tenemos un profesor suplente, fresquito? Si te querés divertir siéntate en la última fila.

Junté fuerzas y deseché mi recelo. Abatatarse en la primera clase es natural. ¿No dicen que hasta el gran Kant[1] se puso tan nervioso que casi no pudo hablar? Pero de ahí a imaginarse escenas embarazosas con estudiantes que no lo reconocen a uno como profesor.... Además, pensé, eso ya debía de haber ocurrido varias veces en la historia de la educación y por tanto estaba en contra las probabilidades de que se repitiera. Y si se repetía, ¿qué había de malo? ¡Si era como un chiste! ¡Vamos! Me resolví, pues, a salir de la sala de profesores. Abrí la puerta y vi que por el corredor, como por una arteria, circulaba caliente y roja la vida juvenil y me asusté de ser joven. Retrocedí, volví a encerrrarme en la sala de profesores, me apoyé de espaldas a la puerta y sentí que el corazón me batía como si acabara de salvarme por un pelo de un peligro de muerte. Cuando levanté la vista comprobé que por encima del diario desplegado los ojos del viejito me estaban observando. Bajó el diario y vi que no se reía de mí; su boca suavizada por la blancura del bigote y la barba, empezó a moverse y entonces advertí que me estaba diciendo algo:

[1]Destacado filósofo alemán. El pensamiento kantiano ha ejercido una influencia poderosa y determinante en la filosofía occidental.

1. ¿Cree que dos semanas de práctica son suficientes para preparar a un profesor? Explique.
2. ¿Por qué cree que el autor dice que los muchachos en escuelas particulares están disciplinados para la agresión?
3. ¿Cómo se portaba Ud. en la escuela secundaria? ¿Y sus compañeros?
4. ¿Ha experimentado los síntomas que describe el narrador en alguna ocasión? Explique.
5. ¿Qué demuestran las acciones del profesor nuevo?
6. ¿Por qué decide no salir a ver el aula en la que iba a dar su clase?
7. ¿Qué cree que le va a decir el viejito?

—Había una vez...

¿Qué? ¿El viejito me iba a contar un cuento? ¡Cómo para cuentos de hadas estaba yo!

—Había una vez un pintor chino que, sin prisa, pintaba un vasto muro. Un día, un trazo, días después, otro; y otro, y otro... La gente se preguntaba: ¿Qué estará dibujando? ¿Una cosa? ¿Varias cosas? Hasta que el chino dibujó unos ojos. Entonces se vio que lo que había estado dibujando era un dragón: y el maravilloso dragón, ya completo, se desprendió del muro y se fue a su cielo. Hubo un silencio.

—¿Le gustó?—me dijo.

—Sí. El cuentito del dragón que se echa a volar... Muy poético -y miré el reloj: faltaban cinco minutos para la clase.

8. Trate de interpretar el cuento del dragón. ¿Qué le quiere decir el viejito al profesor nuevo?
9. ¿Qué cree que va a pasar en la clase? Explique.

—Ese dragón se echó a volar, pero tenga cuidado del otro, del dragón que una vez formado se le echa encima y lo devora.

Comprendí que el viejito, no contento con haberse mandado un cuento, ahora quería convertirlo en una parábola. Así es cómo los pedagogos arruinan los cuentos: en vez de dejarlos a solas los encajan en una situación real y los anulan con una moraleja.

Usted va a dar su primera clase. Usted no tiene experiencia. Usted es joven. Usted es vulnerable. En cuanto entre en el aula los muchachos, como el pintor chino, empezarán a pintar un dragón. Un muchacho le va a preguntar lo que nadie sabe, otro va a discutirle su opinión, hay uno a quien siempre se le caen las cosas con estrépito, y otro a quien le acomete un violento acceso de tos o un súbito deseo de confesarse o un juego de palabras que resulta escabroso. No faltará quien tire una tiza al pizarrón... En fin: tenga cuidado. Si usted no contrarresta esas provocaciones con inteligencia, con buen humor, con firmeza, cada una de ellas va dejando pintados los sucesivos trazos del dragón. Un desafío no contestado queda en forma de garra, de cola, de ala, de hocico... Hasta que de pronto alguien le falta al respeto con un par de chistes: son los ojos del dragón. Ya el dragón está completo. Ahora nada en el mundo podrá salvarlo, amigo.

Entré en el aula, contemplé desde lo alto del estrado al monstruo que engendraría al monstruo y antes de que se le formase un pelo—para que no se le formase un pelo—con el aire de un profesor ya fogueado comencé mi clase:

—Había una vez un pintor chino...

10. ¿Qué recomendaciones le da el profesor experimentado al novato?
11. ¿Por qué cree Ud. que el profesor empezó su clase con el cuento del dragón?
12. ¿Qué aprendió al ver la perspectiva de un profesor al dar una clase?
13. ¿Le gustó el cuento? Explique.

Actividad 5. **En la clase de Sergio.** Imagine que Ud. es Sergio, el profesor joven del cuento. Su primera clase fue muy interesante, todo salió bastante bien, pero por supuesto que hubo algunos estudiantes que intentaron portarse mal. Al regresar a la sala de profesores, el viejito le pregunta cómo le fue. Invente los detalles de su primera experiencia.

ANALIZAR Y DESCUBRIR

Actividad 6. **El subjuntivo (segunda parte): La familia de Sergio.** Sergio, el profesor joven del cuento, regresa a casa agotado pero muy emocionado por haber enseñado su primera clase. En cuanto llegó a casa, les contó a sus padres y hermanos todo lo sucedido en su clase. Los padres se sienten orgullosos de su hijo y le hacen los siguientes comentarios. Léalos y conteste las preguntas.

MAMÁ: Estoy muy orgullosa de que todo **te haya** salido bien, pero siento que **tengas** que manejar tanto para llegar a ese colegio.

PAPÁ: Es una lástima que no **te paguen** por tu labor, pero me alegro de que **te guste** la carrera que escogiste.

ABUELITA: Estoy muy desilusionada de que los chicos de hoy en día **se porten** tan mal. Tengo miedo de que algún día **te hagan** una broma pesada.

HERMANA: Es triste que a tu edad no **tengas** novia. Temo que **te enamores** de alguna alumna y entonces ¡adiós trabajo!

Basándose en los comentarios de la familia, ¿cómo cree que se lleva Sergio con su familia? Explique.

Actividad 7. **Otro uso del subjuntivo: verbos "de emoción".** Conteste la pregunta después de leer la siguiente nota gramatical.

Es útil saber que...

Las emociones también pueden influir en nuestras acciones. Por lo tanto después de expresiones de emoción es necesario usar el modo subjuntivo.

1. Busque las expresiones de emoción usadas por la familia de Sergio en sus comentarios.

____________________	____________________
____________________	____________________
____________________	____________________
____________________	____________________

Actividad 8. **Comentarios.** Piense en cómo Ud. usa las emociones para influir en el comportamiento de otros. Llene las siguientes frases con cosas que les dice a sus amigos o familiares.

MODELO: **Mamá**, no me gusta que **te quedes en casa todo el día**.
Me alegra que **salgas con tus amigas**.

1. ____________, me sorprende que ______________________________
2. ____________, me enoja mucho que ____________________________
3. Me encanta que ____
4. Me irrita que ____
5. Me gusta que ____

MANOS A LA OBRA

Actividad 9. **El chantaje emocional.** Nuestros padres siempre se preocupan por nosotros y a veces tratan de influir en nuestro comportamiento. Piense en lo que les preocupa a sus padres o familiares cuando Ud. sale con sus amigos por la noche. Complete las siguientes frases con lo que le dicen.

1. Tengo miedo de que ______________________________________
2. Me preocupa que ____
3. Nos pone nerviosa que ____________________________________
4. Me molesta que ____
5. Te suplico que ____

Actividad 10. **Estamos orgullosos.** Piense en lo que le dicen su familia y amigos para alentarlo cuando tiene éxito en sus estudios o trabajo.

1. Estamos orgullosos de que _________________________________
2. Me alegra mucho que _____________________________________
3. Me impresiona que no ____________________________________
4. Me gusta que ____
5. Vale la pena que ____

Actividad 11. **La encuesta dice...** El siguiente juego es muy parecido al juego del famoso programa de televisión *Family Feud*. Ud. debe adivinar las respuestas que dieron los 100 entrevistados. Su profesor le dirá si sus respuestas son correctas.

A. Los consejos más comunes que los profesores les dan a los alumnos.

Para salir bien en esta clase es necesario que Uds...

1. ______________________
2. ______________________
3. ______________________
4. ______________________
5. ______________________

B. Las quejas más comunes que una esposa le hace a su marido.

Mi amor, no me gusta que....

1. ______________________
2. ______________________
3. ______________________
4. ______________________
5. ______________________

C. Las prohibiciones más comunes que un padre muy conservador le hace a su hija de 16 años.

Hija, te prohibo que...

1. ______________________
2. ______________________
3. ______________________
4. ______________________
5. ______________________

Actividad 12. **Ud. es consejero.** Imagine que trabaja para el periódico *Éxito* de Chicago. Cada semana recibe cartas de personas con problemas, su trabajo es contestar las cartas dando consejos apropiados para cada situación. Recuerde que siempre debe empezar su carta expresando sus sentimientos. Después, dé tres o cuatro consejos, finalmente despídase y deséele suerte a la persona. Lea las siguientes cartas y contéstelas.

Querido Antonio:

No sabe cuánto disfruto leyendo sus consejos cada semana. Nunca pensé que algún día yo lo fuera a necesitarlo. Fíjese lo que me pasa: tengo una hija de 15 años. Ella era muy buena y estudiosa hasta que conoció a ese patán con el que anda ahora. Mi probrecita hija se ha vuelto grosera, floja y ha dejado la escuela. Cuando la regaño me amenaza con irse de la casa. Tengo mucho miedo de que quede embarazada o que vaya por mal camino. ¿Qué puedo hacer para hacerla entender?

Madre con problemas

____
____
____
____
____
____
____
____

Querido Antonio:

No quería escribirle, pero ya estoy desesperada. Tengo muchos problemas con mi hijo. Se ha vuelto muy rebelde desde que su papá se fue y nos abandonó.
El otro día fue arrestado por la policía porque escribió malas palabras en las paredes de las casas de los vecinos. ¿Se imagina la vergüenza que pasé? Yo creo que él me culpa a mí por la pérdida de su papá. Pero no puedo explicarle, ya que sólo tiene 14 años, que su papá era un mujeriego y yo ya no podía tolerar esa situación. ¿Cómo puedo ayudar a mi hijo?

Madre entristecida

___

___

___

___

___

___

___

CAPÍTULO

9

LAS CARRERAS DEL FUTURO

PROPÓSITOS

- Reflexionará acerca de sus metas profesionales.
- Se familiarizará con algunas carreras con futuro.
- Analizará las ventajas y desventajas de algunas carreras populares.
- Propondrá un plan vocacional para las escuelas secundarias.

FORMA

- Se familiarizará con el uso del subjuntivo después de antecedentes indefinidos o desconocidos para el hablante.

EXPLORACIONES

Actividad 1. **¿Qué piensa estudiar?** Conteste las siguientes preguntas.

1. ¿Qué clases está tomando este semestre? ¿Por qué?
2. ¿Qué carrera desea seguir? Explique por qué escogió esa carrera.
3. ¿Qué otras clases necesita tomar? ¿Cuánto tiempo le falta para recibirse?
4. Imagine que terminó su carrera y ya está trabajando. Describa su día típico. Diga qué hace y cuáles son sus responsabilidades en el trabajo.

Actividad 2. **Los profesionales.** Entreviste a una persona que ejerza la profesión que Ud. escogió. Pregúntele cuáles son las ventajas y desventajas de la profesión, cómo son los sueldos y qué demanda hay por dicha profesión. Pídale que le describa su día típico y sus responsabilidades. Si puede, grabe la entrevista. Después comparta la información con la clase.

Actividad 3. **Algunas carreras populares.** A continuación le damos una lista de posibles carreras. Enumérelas de acuerdo al interés que tenga en ellas. Escriba 1 al lado de la que más le interesaría seguir, y así hasta llegar a 15, la que no le interesaría en absoluto. Después comparta sus respuestas con un compañero.

_____ Abogados en medio ambiente
_____ Agentes de viajes
_____ Auxiliar de vuelos
_____ Contadores
_____ Especialistas en bancos y finanzas
_____ Expertos en mercadeo internacional
_____ Ingenieros en computadoras
_____ Ingenieros en medio ambiente
_____ Médicos
_____ Oficiales de prisión
_____ Pasteleros
_____ Profesores de idiomas
_____ Técnicos en computadoras
_____ Vendedores profesionales
_____ Veterinarios

Actividad 4. **¿Qué se necesita para ser...?** ¿Cuáles cree Ud. que sean los requisitos académicos, las ventajas, las desventajas y el sueldo en las siguientes profesiones? Escriba lo que Ud. piensa en el siguiente cuadro. Después de leer el artículo, compare sus respuestas con las del autor.

PROFESIÓN	REQUISITOS ACADÉMICOS	VENTAJAS/ DESVENTAJAS	SUELDO
Auxiliar de vuelos			
Especialistas en bancos y finanzas			
Expertos en mercadeo internacional			

Higíenísta dental			
Pasteleros			
Profesores de idiomas			
Técnicos en computadoras			
Técnico veterinarío			

Lea el siguiente artículo que apareció en la revista *Hombre,* que se publica en este país. Después conteste las preguntas.

Las mejores profesiones del futuro

Si le preguntamos a un joven qué proyectos tiene en mente para una vez finalizados sus estudios universitarios, probablemente contestará: "¡Un buen trabajo y ganar mucho dinero!" Hasta hace poco, cualquier universitario con un diploma hallaba un buen puesto en el mercado laboral. Pero, ahora es diferente: ¡hay decenas de profesionales para un mismo puesto! Y a medida que la población siga aumentando, el problema será mayor. Entonces, ¿cuál es la solución? Estudiar, si se es joven, o especializarse, si ya se es universitario, en carreras con futuro", es decir, aquellas donde los empleos nunca faltarán... o donde habrá menos posibilidades de despidos masivos. Tomando como ejemplo a los Estados Unidos (líder en innovaciones laborales), entrevistas con docenas de consejeros vocacionales permiten establecer varias carreras no tradicionales con futuro; carreras que tarde o temprano deberán expanderse por todo el mundo, aunque con distintas escalas de salarios (dependiendo del país).

Auxiliar de vuelo es una de esas carreras. A pesar de que las líneas aéreas insisten en que sus balances están en rojo, hay una creciente demanda de azafatas. La mayor corriente de turismo ha obligado a agregar más aviones y más personal a las flotas. Desde 1989, el número de auxiliares contratados (ya sea mujeres como hombres) en las 60 aerolíneas estadounidenses subió de 86.176 a 101.258, y se presume que aumentará 60% en los próximos 10 años. Por lo general, se les exige diploma de educación secundaria, y entre 4 y 6 semanas de entrenamiento. El sueldo inicial oscila entre los 11.000 y 15.800 dólares. Quienes llevan volando más de 14 años, ganan 43.000 (todos los salarios mencionados en este artículo son para Estados Unidos; ganancias por año de trabajo).

Higienista dental. Los progresos en odontología cosmética (el 75% de los estadounidenses tiene algún tipo de dolencia dental) han creado una necesidad tanto de especialistas como de dentistas generales. El salario para empezar: entre 31.000 y 36.000 dólares. Para obtener la licencia, un higienista necesita aprobar un curso de 2 años.

Técnico veterinario. En la próxima década la demanda de veterinarios subirá 38%, dado el incremento de la población animal, y a la tendencia de sus propietarios a vacunarlos. En estos días los dueños de animales acuden a una clínica veterinaria 2 veces más que hace 10 años. En búsqueda de personal idóneo, las empresas farmacéuticas ofrecen un sueldo inicial de 27.000 dólares.

Pasteleros. Su demanda es cada día más evidente en panaderías, hoteles y restaurantes. El salario inicial varía entre 16.000 y 20.000 dólares. Con un certificado de entrenamiento en mano, el recién contratado puede escalar rápidamente. Técnicos que egresan tras un programa de 4 meses del Instituto Americano de Pastelería, en Nueva York, reciben salarios de entre 25.000 y 30.000 dólares.

Técnico en computación. Una de las carreras de rápido ascenso. El número de empleos para un técnico capaz de instalar, mantener y reparar computadoras crecerá más de 50% durante los próximos 12 años. Los fabricantes los necesitan. A pesar de la proliferación de cursos de capacitación en institutos privados, las grandes empresas prefieren formar a su propio personal. Sueldo inicial: 22.000 dólares.

Ejecutivos globales. La unificación de Europa, el Tratado de Libre Comercio de América del Norte y una economía en constante crecimiento han creado un clima de negocios internacionales que constituyen la tendencia clave dentro del mercado de empleo de profesionales. Las grandes compañías multinacionales están en la búsqueda de individuos potenciales que abran las puertas de un gran mercado para una compañía de refrescos, computadoras, telecomunicaciones, etc. El salario: de 100.000 a ¡800.000 dólares! Los candidatos son profesionales que puedan desempeñarse en ambientes con culturas distintas, y que posean amplios conocimientos en negocios internacionales y con el dominio de más de 2 idiomas, ya sean español, alemán, francés, japonés y obviamente inglés.

Según los especialistas en asesoría laboral, las compañías buscan cada vez más:

- Expertos con doctorados, con experiencia, que sepan de los últimos avances en computadoras.

- Ingenieros ambientalistas, dadas las nuevas y estrictas leyes en torno a la defensa del medio ambiente.
- Gerentes de transportación y tráfico con conocimientos de leyes extranjeras, de aduana de otros países que conozcan el transporte rápido y seguro de mercancía.
- Gerentes de Ventas y Mercadeo. Ya no se contrata a cualquier vendedor, sino a profesionales con entrenamiento avanzado. "Los profesionales del año 2000 tendrán que concentrarse en calidad, innovación, computadoras, negocios internacionales y aprender 2 ó 3 idiomas para nunca estancarse y ...¡no perder el empleo!", comenta un asesor laboral.

Las 15 carreras de más brillante futuro son: contadores, especialistas en bancos y finanzas, técnicos en computadoras, expertos en marketing, profesores de idiomas, ingenieros en computadoras, ingenieros en medio ambiente, técnicos de laboratorios médicos, abogados en medio ambiente, médicos, expertos en relaciones públicas, vendedores profesionales, químicos, agentes de viajes y oficiales de prisión... porque, desafortunadamente, también habrá más delincuentes y más cárceles para alojarlos.

1. ¿En qué se basa el artículo para decir que **auxiliar de vuelo** es una carrera con futuro?
2. ¿En qué se basa el artículo para decir que **higienista dental** es una carrera con futuro?
3. ¿En qué se basa el artículo para decir que **técnico veterinario** es una carrera con futuro?
4. ¿En qué se basa el artículo para decir que **pastelero** es una carrera con futuro?
5. ¿En qué se basa el artículo para decir que **técnico en computadoras** es una carrera con futuro?
6. ¿En qué se basa el artículo para decir que **ejecutivo global** es una carrera con futuro?
7. ¿Le pareció interesante el artículo? Explique.

Actividad 5. **¿Tiene futuro mi carrera?** Vuelva a analizar las respuestas que dio en la **Actividad 1. ¿Qué piensa estudiar?** ¿Hay alguna carrera que ahora le interese más, o menos, después de haber leído el artículo? Explique.

____

____

____

____

ANALIZAR Y DESCUBRIR

Actividad 6. **El subjuntivo (tercera parte): Buscando trabajo.** Lea los siguientes anuncios que aparecieron en un periódico. Después conteste las preguntas.

Necesitamos pastelero que tenga certificado de entrenamiento. Es necesario que esté disponible los fines de semana. Salario entre $20 y 30 mil dólares. Para más información llame al (305) 944-7858

Anuncio # 1

SE SOLICITA EXPERTO EN RELACIONES PÚBLICAS QUE PUEDA DESENVOLVERSE EN DIFERENTES CULTURAS.
SE REQUIERE QUE DOMINE, POR LO MENOS, EL INGLÉS Y EL ESPAÑOL.
MANDE SU CURRICULUM VITAE AL
APARTADO POSTAL # 1298
NUEVA YORK, N.Y 02032

Anuncio #2

Se busca oficial de prisión que haya cursado por lo menos dos años de universidad. Es indispensable que esté dispuesto a recibir un curso de capacitación sin goce de salario. Se requiere experiencia previa. Interesados favor de presentarse el día 8 de marzo en el 488 de la calle Balboa Sur a las 9 de la mañana.

Anuncio #3

1. ¿Le interesa el trabajo de pastelero? Explique.
2. ¿Le interesa el trabajo de experto en relaciones públicas? Explique.
3. ¿Le interesa el trabajo de oficial de prisión? Explique.

Actividad 7. **Otro uso del subjuntivo: antecedentes indefinidos o inexistentes.** Anteriormente vimos que el modo subjuntivo se usa para expresar la acción o comportamiento que uno desea de otros (Quiero que **busques** otro trabajo). La acción de **buscar trabajo** está fuera del control del que habla. El modo subjuntivo refleja que esa acción no es una realidad todavía.

1. Examine los siguientes ejemplos y explique la diferencia de significado entre:
   a. Busco a la secretaria que **habla** francés.
   b. Busco una secretaria que **hable** francés.
   c. ¿Conoces al ingeniero que **gana** más de 100,000 dólares?
   d. ¿Conoces a algún íngeniero que **gane** más de 100,000 dólares?
2. Ahora explique porqué se usó el modo subjuntivo después de **se busca**, **se solicita** y **necesitamos** en los anuncios del periódico.

____

____

Es útil saber que...

El subjuntivo se usa cuando el hablante no tiene conocimiento directo de la persona o cosa que busca.

Actividad 8. **Los sueños pueden hacerse realidad.** Lea las siguientes descripciones y complete cada frase según sus deseos e intereses. Después comparta sus respuestas con un compañero para identificar diferencias y cosas en común.

1. Piense en el tipo de trabajo que desea tener en el futuro; el trabajo de sus sueños. Complete la siguiente frase.
   Busco un trabajo que...

   ______________________ ______________________

   ______________________ ______________________

   ______________________ ______________________

2. Piense en la pareja que le gustaría tener algún día; la pareja de sus sueños.
   Deseo conocer a una persona que...

   ______________________ ______________________

   ______________________ ______________________

   ______________________ ______________________

3. Piense en cómo debería ser el mundo para que todos pudiéramos ser felices; el mundo perfecto.
   Quiero vivir en un mundo donde...

   ______________________ ______________________

   ______________________ ______________________

   ______________________ ______________________

MANOS A LA OBRA

Actividad 9. **La encuesta dice...** El siguiente juego es muy parecido al del famoso programa de televisión *Family Feud*. Ud. debe adivinar las respuestas que dieron 100 personas. Su profesor le dirá si sus respuestas son correctas.

A. Lo que los hombres desean en la mujer ideal para el matrimonio. El hombre dice:

BUSCO UNA MUJER QUE...

1. ______________________
2. ______________________
3. ______________________
4. ______________________
5. ______________________

B. Lo que los jefes desean en la secretaria perfecta. El jefe dice:

NECESITO UNA SECRETARIA QUE...

1. ______________________
2. ______________________
3. ______________________
4. ______________________
5. ______________________

C. Lo que las mujeres desean en el hombre ideal. La mujer dice:

QUIERO CASARME CON UN HOMBRE QUE...

1. ______________________
2. ______________________
3. ______________________
4. ______________________
5. ______________________

D. Lo que algunos estudiantes perezosos prefieren en los profesores. Los estudiantes dicen:

PREFERIMOS PROFESORES QUE...

1. ______________________
2. ______________________
3. ______________________
4. ______________________
5. ______________________

Actividad 10. **El consejero universitario.** Imagine que es consejero universitario. Ud. está al tanto de las carreras del futuro. Un estudiante (otro compañero) viene a pedirle ayuda porque no sabe qué carrera debe seguir. Pregúntele lo que le gusta hacer y después, según los gustos del estudiante, aconséjele qué carrera debe seguir. Escriba el diálogo entre Ud. y su compañero en su cuaderno.

____
____
____
____
____
____
____
____

Actividad 11. **Hoy y mañana.** Escriba un párrafo donde compare lo que tiene ahora con lo que busca y desea tener en el futuro. Piense en el trabajo, la casa, la familia y los amigos.

Actividad 12. **Cursos vocacionales.** Imagine que ha sido contratado para decidir qué cursos vocacionales deben ofrecerse en las escuelas secundarias. Seleccione algunos cursos vocacionales y escriba un informe en el que explica por qué deben ofrecerse estos cursos.

CAPÍTULO

10

USTED COMO PROFESIONAL

PROPÓSITOS

- Hablará sobre la importancia de tener un testamento.
- Actuará como juez en el caso de un testamendo ambiguo.
- Escribirá su propio testamento.
- Escribirá lo que le gustaría que dijera su epitafio.

FORMA

- Se familiarizará con el uso del subjuntivo después de expresiones de duda o incertidumbre.
- Hará un resumen de todos los usos del subjuntivo aprendidos.

EXPLORACIONES

Actividad 1. **Las herencias**. Conteste las siguientes preguntas.

1. ¿Qué es una herencia?
2. ¿Qué cosas dejan de herencia los padres?
3. ¿Qué pasa si alguien muere sin hacer testamento?
4. ¿Qué pasa si el testamento no está claro?
5. ¿Quién se queda con los bienes si una persona no dejó testamento?

Actividad 2. **Reflexiones personales.** Conteste las siguientes preguntas.

1. ¿Tiene Ud. un testamento? Explique.
2. ¿Sabe si sus padres o abuelos han hecho testamento? Explique.
3. ¿Cree que sea absolutamente necesario hacer un testamento? Explique.
4. ¿Conoce a alguien que haya muerto intestado (sin testamento)?
5. ¿A quién dejaría sus bienes si no tuviera familia?

Actividad 3. **Su epitafio.** Escriba lo que le gustaría que apareciera en su epitafio.

____

____

____

____

Actividad 4. **Ud. es el juez.** El señor Alvarez, un personaje del siguiente cuento literario, dejó un testamento, pero es muy difícil interpretar a quién le quiso dejar su herencia porque no puso ningún signo de puntuación. Lea el testamento, después ponga los signos de puntuación necesarios para indicar quién va a recibir la herencia: el hermano, el sobrino, el sastre, o los mendigos. Trabaje con un compañero (ver Capítulo 2). Cuando terminen, vuelvan a escribir el testamento y contesten la pregunta.

Es útil saber que...

Los signos de puntuación son:

- Signos de interrogación (¿?)
- Punto seguido (No es necesario empezar un párrafo nuevo).
- Comas (,)
- Dos puntos (:)
- Punto y coma (;)
- Punto y aparte (Se empieza otro párrafo.)

Testamento

Dejo mis bienes a mi sobrino no a mi hermano tampoco jamás se pagará la cuenta del sastre nunca de ningún modo para los mendigos todo lo dicho es mi deseo yo

Federico Álvarez

En su papel de juez, ¿a quién le va a dar la herencia? ____________________

Sobre el autor

Luis C. Infante nació en Perú. Su disertación para la Universidad de San Marcos en Lima fue un estudio completo sobre los derechos del niño. Fue director del Instituto Pedagógico Nacional por muchos años. Infante escribió textos sobre la historia del Perú y la naturaleza. También publicó tres volúmenes de antologías para los profesores de castellano, titulados *Cinco cincuentas* (1941, 1942). ***Signos de puntuación*** se encuentra en uno de estos volúmenes.

En grupos de seis personas, lean la siguiente selección. Cada estudiante representará a un personaje del drama. Después conteste las preguntas.

SIGNOS DE PUNTUACIÓN

PERSONAJES

EL JUEZ
EL SASTRE
EL MAESTRO
EL MENDIGO
EL SOBRINO
EL HERMANO

ESCENA

(Una sala. Los personajes están sentados delante de una mesa. Hay una pizarra colocada frente al público.)

EL JUEZ: Y ya, señores, para que todos aprecien las diversas interpretaciones del testamento que dejó nuestro buen amigo, el señor Álvarez, vamos a copiar en esa pizarra la forma en que lo dejó. (al maestro) Hágame el favor de copiarlo usted, señor maestro, que sabe usar la tiza con más soltura que cualquiera de nosotros...

EL MAESTRO: Permítame el original, señor juez.

EL JUEZ: (dándoselo) Sírvase.

(EL MAESTRO COPIA EN LA PIZARRA EL TESTAMENTO QUE DICE:)
Dejo mis bienes a mi sobrino no a mi hermano tampoco jamás se pagará la cuenta del sastre nunca de ningún modo para los mendigos todo lo dicho es mi deseo yo

Federico Álvarez

EL HERMANO: Señor juez, como hermano, quisiera hacer la primera interpretación.

EL JUEZ: Puede hacerla, señor.

EL HERMANO: (Puntúa el testamento y lo lee en la siguiente forma:)
¿Dejo mis bienes a mi sobrino?
No: a mi hermano.
Tampoco jamás se pagará la cuenta del sastre.
Nunca, de ningún modo para los mendigos.
Todo lo dicho es mi deseo. Yo, Federico Álvarez.
Ésta fue la única y verdadera intención de mi hermano.

EL SOBRINO: Está equivocado, completamente equivocado, señor juez. La verdadera intención de mi tío fue otra, como les puedo demostrar. (Puntúa el testamento y lee.)
Dejo mis bienes a mi sobrino, no a mi hermano.
Tampoco jamás se pagará la cuenta del sastre.
Nunca de ningún modo para los mendigos.
Todo lo dicho es mi deseo. Yo, Federico Álvarez.
No puede haber mayor claridad, ¿no es eso?

EL SASTRE: Sí que puede haber otra interpretación y ya voy a demostrarle a Ud. cuando el señor juez me dé su permiso.

EL JUEZ: Ya lo tiene usted.

EL SASTRE: (Puntúa el testamento y lo lee.)
¿Dejo mis bienes a mi sobrino? No.
¿A mi hermano? Tampoco, jamás.
Se pagará la cuenta del sastre.
Nunca de ningún modo para los mendigos.
Todo lo dicho es mi deseo. Yo, Federico Álvarez.
No creo que se puede dudar que esta fue la intención de mi cliente, el Sr. Álvarez.

EL MENDIGO: Permítame, señor juez, puntuar el testamento como lo quería el señor Álvarez. (Puntúa el testamento y lo lee.)
¿Dejo mis bienes a mi sobrino? No.
¿A mi hermano? Tampoco jamás.
¿Se pagará la cuenta del sastre? Nunca, de ningún modo.
Para los mendigos todo.
Lo dicho es mi deseo. Yo, Federico Álvarez.
Esto nada más es lo que quiso mandar el señor Álvarez. Téngalo por seguro.

EL MAESTRO: Yo no lo creo y rechazo todas las puntuaciones precedentes. El señor Álvarez habría querido que yo como maestro puntuara el testamento para él. (Lo hace y lee el testamento en esta forma.)
¿Dejo mis bienes a mi sobrino? No.
¿A mi hermano? Tampoco.
Jamás se pagará la cuenta del sastre.
Nunca, de ningún modo para los mendigos.
Todo lo dicho es mi deseo.
Yo, Federico Álvarez.

EL SASTRE: En esa forma el señor Álvarez no habría dejado herederos.

EL HERMANO: Y el estado se llevará la herencia.

EL SOBRINO: ¡Claro, porque es una herencia vacante!

EL MAESTRO: Ésa es la realidad. En este testamento no hay herederos.

EL JUEZ: Así es, en efecto, y, visto y considerando que esta última interpretación es correcta, declaro terminado el juicio, incautándome de esta herencia en nombre del estado.

1. ¿Está de acuerdo con la decisión del juez? Explique.
2. ¿Le dejó la herencia en la **Actividad 4. Ud. es el juez.**, a la misma persona que el juez del cuento? Explique.
3. ¿Qué importancia tienen los signos de puntuación? Explique.

Actividad 5. **Al teatro.** En grupos de siete personas, representen la obra. Cada personaje interpreta sus líneas. La clase escoge la mejor representación.

ANALIZAR Y DESCUBRIR

Actividad 6. **El indicativo *versus* el subjuntivo: Opiniones de los posibles herederos.** Lea la discusión que tienen los posibles herederos sobre el testamento del señor Álvarez. Después conteste las preguntas.

HERMANO: **Es claro que** la herencia es para mí, soy el pariente más cercano. **No creo que** sea para el sobrino y mucho menos para el sastre o los mendigos.

SOBRINO: **Estoy seguro de que** estás equivocado. **Dudo que** la herencia te corresponda, **es obvio que** tu hermano no te quería.

SASTRE: **Es verdad que** Uds. son familia y yo no, pero **es evidente** que el señor Álvarez, siendo tan cumplido, quiso pagarme lo que me debía con su herencia. **No pienso que** se haya olvidado de mí.

MENDIGO: **Creo que** todos Uds. están equivocados. El señor Álvarez era tan generoso y Uds. ya son tan ricos que **es dudoso que** no me haya dejado ni un centavo, sabiendo lo pobre que soy.

MAESTRO: Opino que la herencia le debe ser dada al estado. No niego que el testamento es difícil de interpretar, pero **es improbable que** el señor Álvarez haya querido dejarles algo ya que nunca hablaban con él.

JUEZ: Estoy de acuerdo con el maestro. **Es imposible que** el señor Álvarez les haya dejado la herencia a Uds. **No es verdad que** Uds. sean los herederos. La herencia es del estado y les niego la oportunidad de apelar mi decisión.

1. Los herederos expresan sus opiniones usando afirmaciones de certeza y de duda. Busque y escriba las frases que expresan certeza y las que expresan duda. Subraye el verbo en subjuntívo.

EXPRESIONES DE CERTEZA	EXPRESIONES DE DUDA
____________	____________
____________	____________
____________	____________
____________	____________
____________	____________
____________	____________
____________	____________

2. Diga qué modo verbal, indicativo o subjuntivo, se usa después de las expresiones de duda o incertidumbre.

Es útil saber que...

- En los capítulos anteriores hemos visto que el subjuntivo se usa después de expresiones de influencia para expresar la acción o comportamiento que uno desea de otro. El subjuntivo indica que la acción o comportamiento está fuera del control del que habla (**Quiero que estudies** más.) También vimos que el subjuntivo se usa después de expresiones de emoción, ya que las emociones también pueden servir para influir en el comportamiento de otros (**Siento que** no *encuentres* trabajo.) Por último vimos que el subjuntivo también se usa para expresar la carencia, al momento de hablar, de algo que se busca o se desea (**Busco un trabajo que** *pague* muy bien.) pero que no se tiene todavía.
- El subjuntivo se usa para expresar que el que habla no cree o duda la realidad de una acción, situación o comportamiento. (**Dudo** que te **haya** dejado a ti el dinero.)

3. Trate de explicar por qué es necesario usar el modo subjuntivo después de expresiones de duda o incertidumbre. ______________________________

4. Trate de explicar por qué no es necesario usar el modo subjuntivo después de expresiones de certeza.

____

Actividad 7. **¿Miente o no?** Diga tres cosas que ha hecho o aún hace que a veces son difíciles de creer (o puede echarnos una mentirita). Sus compañeros van a aceptar o poner en duda lo que Ud. dice usando expresiones de certeza o de duda.

MODELO: Un compañero dice:
Cuando fui a España corrí delante de los toros en Pamplona.

Si no le cree, le puede decir:

No creo que
Dudo que
Es improbable que
{ hayas corrido delante de los toros

Si le cree, le puede decir:

Sí, estoy seguro que
Sí, no dudo que
Si, es verdad que
{ corriste enfrente de los toros.

1. Escriba tres cosas para compartir con sus compañeros.

____

____

____

2. Trabaje con un compañero. Use expresiones de duda o de certeza para expresar si cree o no lo que le están diciendo.

Actividad 8. **Algo acerca de los autores de este libro.** Los autores han escrito algo para que Uds. sepan un poco más de sus vidas. En los siguientes párrafos comparten con Ud. algunas cosas personales y algunas mentiritas. ¿Puede adivinar cuáles son las mentiritas? Su profesor sabe la verdad.

1. Deana Alonso tiene una licenciatura en matemáticas, pero ahora es profesora de español. Ha estudiado cinco idiomas: el inglés, el francés, el italiano, el farsi y el griego. Ahora está casada con un griego casi tan rico como Onasis. La Sra. Alonso maneja 65 millas todos los días para llegar a su trabajo.

   a. Dudo que ______________________________
   b. No creo que ______________________________
   c. Es posible que ______________________________
   d. Es verdad que ______________________________

2. Brandon Zaslow es soltero, se dedica a la docencia de adolescentes. Habla español con acento cubano porque de niño lo cuidaba una nana cubana. Aunque ha destruido dos coches en menos de un año, insiste en que es un conductor excelente.

   a. No estoy seguro de que ______________________________
   b. Dudo que ______________________________
   c. Es imposible que ______________________________
   d. Es obvio que______________________________

3. Hildebrando Villarreal nació en las Filipinas donde aprendió el español como segunda lengua. Tiene un hermano gemelo que también es profesor de lenguas. Tiene 54 años y nunca bebe alcohol ni fuma.

   a. Es dudoso que ______________________________
   b. No creo que ______________________________
   c. Es poco probable que ______________________________
   d. Es cierto que ______________________________

Actividad 9. **Un resumen: el subjuntivo presente después de verbos de influencia, emoción, incertidumbre o duda y expresiones impersonales.** Llene el cuadro sinóptico con todas las expresiones aprendidas que requieren el uso del modo subjuntivo en la cláusula dependiente (Capítulos 7, 8, 9 y 10).

VERBOS QUE EXPRESAN INFLUENCIA

1. ____________________	7. ____________________
2. ____________________	8. ____________________
3. ____________________	9. ____________________
4. ____________________	10. ____________________
5. ____________________	11. ____________________
6. ____________________	12. ____________________

VERBOS QUE EXPRESAN EMOCIÓN

1. ____________________	4. ____________________
2. ____________________	5. ____________________
3. ____________________	6. ____________________

VERBOS QUE EXPRESAN DUDA O INCERTIDUMBRE

1. ____________________ 3. ____________________
2. ____________________ 4. ____________________

EXPRESIONES IMPERSONALES DE INFLUENCIA, EMOCIÓN, DUDA O INCERTIDUMBRE

1. ____________________ 7. ____________________
2. ____________________ 8. ____________________
3. ____________________ 9. ____________________
4. ____________________ 10. ____________________
5. ____________________ 11. ____________________
6. ____________________ 12. ____________________

Actividad 10. **Es su decisión.** Los herederos del Sr. Álvarez han apelado la decisión del juez a la corte suprema. Ud. ha sido asignado para resolver este caso. Escríbales una carta a los supuestos herederos explicando su decisión final. Incluya toda la evidencia y las razones que lo llevaron a tomar dicha decisión.

____
____
____
____
____
____

Actividad 11. **Mi testamento.** Escriba su testamento. No olvide mencionar todo lo que posee y a quién se lo quisiera dejar.

____
____
____
____

CAPÍTULO

LA COMUNIDAD MEXICO-AMERICANA EN LOS ESTADOS UNIDOS

PROPÓSITOS

- Aprenderá la historia de la inmigración mexicana a los Estados Unidos.
- Hablará sobre los efectos de los indocumentados en la economía americana.
- Se familiarizará con la política inmigratoria de California y otros estados.
- Reflexionará sobre sus sentimientos acerca de la inmigración.
- Escribirá sobre el futuro de la sociedad norteamericana.
- Le leerá la mano a algún compañero prediciéndole el futuro.

FORMA

- Se familiarizará con las formas verbales del futuro.
- Analizará los verbos con irregularidades en este tiempo.

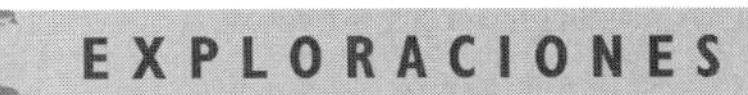

LOS HISPANOS EN LOS ESTADOS UNIDOS

Según el Almanaque mundial de 1994, hay más de veintidós millones de hispanos en los Estados Unidos, de los cuales, trece millones y medio son de origen mexicano, casi tres millones de origen puertorriqueño, un millón de origen cubano y cinco millones de otros países hispanos. La población hispana es mayoritariamente joven y está en edad productiva. Aunque los hispanos vienen de diferentes países, son de razas distintas, y difieren en muchas de sus costumbres, en los Estados Unidos, los hispanos están unidos por el idioma, muchas tradiciones familiares, la religión predominantemente católica, y también por la esperanza de tener una vida mejor.

Actividad 1. **¿Cómo andan sus conocimientos de historia?** Primero, indique si las siguientes aseveraciones son **Ciertas** o **Falsas** marcando una X en la columna apropriada. Después, escuche la información histórica y por último, verifique sus respuestas y corrija sus errores.

		C	F
1.	México fue colonizado por los españoles en el siglo XVI.	_____	_____
2.	Los estados de California, Nuevo México, Texas, Arizona, Colorado, partes de Nevada y de Utah eran parte del territorio mexicano hasta 1848.	_____	_____
3.	Cuando Estados Unidos anexó Texas a su territorio, los residentes mexicanos fueron expulsados.	_____	_____
4.	El gobierno norteamericano cumplió con su palabra de respetar las propiedades, la religión y la lengua de los mexicoamericanos.	_____	_____
5.	En 1910 hubo una ola de inmigrantes que huían de la Revolución mexicana.	_____	_____
6.	Durante la primera y segunda guerra mundial, los EE.UU. permitieron la entrada de muchos mexicanos porque necesitaban mano de obra barata.	_____	_____
7.	Durante la depresión económica de 1929 a 1941 casi 3,000 residentes mexicanos fueron repatriados a México.	_____	_____
8.	Los braceros eran mexicanos ilegales que cruzaban por el Río Bravo para entrar a los Estados Unidos.	_____	_____
9.	Los mexicoamericanos iban a escuelas segregadas.	_____	_____
10.	Los niños que hablaban español en las escuelas públicas eran castigados.	_____	_____
11.	En 1968 hubo una gran manifestación pública organizada por estudiantes y profesores de origen mexicano en la que denunciaban el abuso, la discriminación y el racismo en el sistema educativo.	_____	_____
12.	**La Raza Unida** fue un partido político en la década de los 70.	_____	_____

UN POCO DE HISTORIA: LA INMIGRACIÓN MEXICANA

En el siglo XVI los españoles colonizaron la mayor parte del continente americano. En México, la población nativa era numerosa y por eso se ve la confluencia de la cultura española y de la indígena en la población mexicana actual. Cuando México se independizó de España en 1810, los territorios al norte de México, colonizados por España, pasaron a ser parte del territorio nacional. En 1821 un grupo de 300 colonos anglosajones, pidió permiso a México para establecerse en Texas. El gobierno mexicano aceptó bajo la condición de que juraran fidelidad a México. Casi quince años después, los colonos anglosajones, que eran ya una mayoría, se opusieron al control de México declarando su independencia en 1836. Texas se declaró una república independiente, pero en 1845 pasó a ser parte de los Estados Unidos. Lógicamente, México rechazó esta anexión y esto dio lugar al comienzo de la Guerra mexicoamericana, que duró de 1846 a 1848. México perdió la guerra y con ella la mitad de su territorio. Este mismo año, 1848, se firmó el tratado de Guadalupe Hidalgo en el que México aceptó la pérdida de Texas, Arizona, Nuevo México, California y parte de Colorado, Utah y Nevada. Una de las estipulaciones del tratado fue que se respetarían las propiedades, la religión y la lengua de los mexicanos que se quedaran en estos territorios. Sin embargo, los que permanecieron en esta región, aunque se hicieron ciudadanos estadounidenses, pasaron a ser "mexicoamericanos" sufriendo un cambio drástico de posición social. Se convirtieron en "los ciudadanos olvidados" o "los inmigrantes en su propia tierra". La mayoría perdió sus propiedades y poco a poco tuvieron que alquilar o trabajar las tierras que antes les pertenecían.

La primera ola de inmigrantes mexicanos vino a los Estados Unidos por razones políticas. Querían escaparse de la Revolución mexicana que comenzó en 1910. Poco después, los Estados Unidos entró en la Primera guerra mundial y por lo tanto necesitaban más obreros para trabajar en las fábricas y en los campos. Como consecuencia de la necesidad económica, el gobierno autorizó la entrada de miles de mexicanos. En 1920 hubo una segunda ola de inmigrantes mexicanos. Casi medio millón de mexicanos, la mayoría con visas permanentes, entró a Estados Unidos huyendo de la guerra de los Cristeros (personas que se oponían al anticlericalismo del gobierno mexicano). Los mexicanos se convirtieron en una fuente inagotable de mano de obra barata.

En la década de los 30, durante la gran depresión económica, el gobierno estadounidense cambió su política hacia los inmigrantes y empezó a expulsar a mexicanos del país. De 1930 a 1940 más de 30,000 mexicanos fueron deportados por no poder comprobar su residencia legal, aunque muchos habían nacido en los Estados Unidos. Al entrar los Estados Unidos en la Segunda guerra mundial, el país otra vez necesitó obreros para apoyar el esfuerzo bélico. El gobierno estadounidense permitió entonces que se contratara a obreros mexicanos llamados **braceros.** Estos obreros venían con visas temporales y no tenían los mismos derechos que los ciudadanos. Los anglosajones, en su mayoría, no hacían distinciones entre los braceros y los mexicoamericanos legales en el país. Esto dio lugar a que ambos grupos sufrieran la discriminación, el abuso y el racismo. Los hijos de estos trabajadores mexicanos y los mexicoamericanos, tenían que asistir a escuelas segregadas donde eran castigados si hablaban español.

A pesar de que el programa de braceros terminó en 1960, la inmigración de mexicanos aún continúa debido a las malas condiciones económicas en México.

Los mexicoamericanos tuvieron que luchar mucho para conseguir la igualdad de derechos. En marzo de 1968, se dio la primera gran manifestación contra el abuso, la discriminación y el racismo del sistema. Miles de estudiantes de origen mexicano abandonaron las clases y salieron a las calles llevando letreros y pidiendo reformas en el sistema educativo. Más de 10,000 estudiantes se unieron a la protesta, la cual terminó semana y media después. Este fue el primer intento público de los mexicoamericanos de ser reconocidos como grupo. De la noche a la mañana, se formaron grupos activistas y empezó así un interés por parte de los mexicoamericanos de participar más en la política de los Estados Unidos. En el campo de las artes también salieron a la luz poetas, artistas y escritores chicanos. Se crearon periódicos y revistas en español por toda la nación, así como asociaciones estudiantiles de jóvenes chicanos. En la década de los 70, se formó un partido político llamado **La Raza Unida** con base en Texas. Este partido tenía como objetivos principales: representar a todos los grupos étnicos, terminar con las causas de la pobreza, miseria e injusticias perpetradas contra las minorías, abolir el racismo en el sistema educativo, económico y político, y crear un gobierno que atendiera a las necesidades individuales de cada comunidad, y al bien de todos. Aunque el partido político no llegó lejos, sus ideales sí lo hicieron. Se crearon programas para fomentar la educación superior entre los mexicanos y MEChA (Movimiento Estudiantil Chicano de Aztlán) hizo un notable esfuerzo para incrementar el número de estudiantes de origen mexicano en las universidades del país y hacer sentir su presencia y riqueza cultural en las mismas.

Las contribuciones de los mexicoamericanos al desarrollo de los Estados Unidos han sido y siguen siendo numerosas. Construyeron ferrocarriles y hoy día trabajan en los campos y en las minas. Muchos son profesionales, propietarios de negocios, artistas de cine y de música, deportistas y figuras importantes en la política. Cada año más y más mexicoamericanos ejercen su derecho a votar en elecciones locales y nacionales.

Aunque los mexicoamericanos han superado muchas dificultades, todavía hay mucho más por lograr. En general esta comunidad tiene un futuro prometedor.

Actividad 2. **Trabajo de investigación.** En grupos de 4 personas, escojan cuatro de los siguientes temas. Presenten el resultado de su investigación a sus compañeros.

a. Traer un poema de un poeta mexicano o mexicoamericano.
b. Traer un cuento corto de un escritor mexicano o mexicoamericano.
c. Traer una canción mexicana (debe poder tocarla a la clase).
d. Traer una receta de cocina mexicana.
e. Traer un recorte de periódico con una noticia reciente de México, o los mexicoamericanos en los Estados Unidos.
f. Hablar de una persona importante en los Estados Unidos que sea de origen mexicano (de política, arte, medicina, literatura, etc.).
g. Grabar una entrevista con un inmigrante mexicano donde éste relate cómo y por qué llegó a los Estados Unidos.
h. Grabar una entrevista con un inmigrante mexicano que haya venido como bracero a los Estados Unidos.

Actividad 3. **Los indocumentados.** Conteste las siguientes preguntas.

1. ¿Hay muchos indocumentados en su comunidad? ¿De qué países son?
2. ¿Qué tipo de trabajos desempeñan estas personas?
3. ¿Conoce a alguna persona indocumentada? Describa cómo llegó esa persona a este país.
4. ¿Cómo puede legalizarse una persona indocumentada?
5. ¿Qué programas de legalización ha iniciado el gobierno para ayudar a los indocumentados que han vivido en este país por mucho tiempo?
6. ¿Qué piensa de la creciente ola de indocumentados que entran a este país? Explique.
7. ¿Cuáles cree que sean algunos de los beneficios que los indocumentados aportan a este país? Explique.
8. ¿Cuáles cree que sean algunos de los problemas que causan los indocumentados? Explique.
9. ¿Conoce a alguna persona que haya sido deportada por no estar legalmente en el país? Explique.
10. ¿Cómo cree que podría resolverse el problema de la entrada ilegal de miles de personas a este país?

Actividad 4. **Reflexiones.** Termine las siguientes frases, expresando de una forma lógica sus ideas y sentimientos sobre el tema.

1. Los indocumentados son personas que ______________________________

2. Hay discriminación contra los indocumentados porque ______________________________

3. Un sentimiento anti-inmigrante afecta a los hispanos porque ______________________________

4. El hispano que es residente legal es diferente al hispano recién llegado en que ______________________________

   ____

5. Los indocumentados vienen a los Estados Unidos a ______________________________

El siguiente artículo apareció en la revista mensual *Hispanic* que se publica en los Estados Unidos. Ha sido traducido por los autores. Lea cada sección. Después conteste las preguntas.

CÓMO DETENER LA CRECIENTE CORRIENTE DE INDOCUMENTADOS

Algunos incidentes

Imagine la siguiente situación: un hombre de veinte años, que nació y se crió en los Estados Unidos está arreglando el techo de la casa de sus padres cuando unos agentes federales llegan, le hacen unas preguntas y se lo llevan a México.

Al mismo tiempo unos agentes siguen a un distinguido ciudadano que va manejando por su pueblo. Lo detienen y un agente le explica, "Tu físico corresponde a nuestra descripción de un inmigrante ilegal. Si no nos muestras los documentos de identidad, te metemos con aquéllos", señalando un autobús lleno de hispanos con rumbo a México.

Aunque parece que pudiéramos leer algo semejante en la novela *1984* de George Orwell esto occurió en California en 1994.

El hombre de veinte años es Ralph Lepe, un joven netamente americano, de un pueblo pequeño cerca de la comunidad costera de Santa Bárbara, California. Hacía como un año que estaba trabajando en la casa de sus padres cuando llegaron unos agentes de la Patrulla fronteriza de los Estados Unidos. Doce horas después se encontraba a 300 millas de su casa en las calles de Tijuana, México sin un centavo en el bolsillo.

Lepe, que habla inglés sin acento alguno, fue deportado porque se parecía a un inmigrante ilegal que andaba buscando la Patrulla Fronteriza. "Les dije que era ciudadano americano, pero no me creyeron", les dijo Lepe a los reporteros del periódico *San Francisco Chronicle*. "Me dijeron que parecía mexicano y que por eso me habían detenido. Ahora, creo que tengo que llevar mi acta de nacimiento cuando salgo. Eso es lo que el agente dijo que tenía que hacer. Jamás había tenido que hacerlo antes".

No fue hasta el día siguiente, cuando el padrastro de Lepe viajó seis horas hasta llegar a Tijuana con el acta de nacimiento que Lepe pudo volver a su propio país.

¿Y el distinguido ciudadano que detuvieron los agentes federales? Es Eddie Cortez, el alcalde de Pomona, California, dueño de Cortez Automotive, un taller de reparación de autos. Un día de verano del año pasado, dejó su traje y Cadillac en casa, se puso el mono de mecánico y salió en un camión viejo que maneja cuando recoge piezas automotrices para su taller. Se dio cuenta de que un auto de la agencia de Servicios de Inmigración y Naturalización (INS) lo venía siguiendo, así que se hizo a un lado para que pasara. En vez de seguir adelante, los agentes se detuvieron y le pidieron a Cortez sus documentos de identidad. Aunque Cortez les dijo a los oficiales que era ciudadano americano, ellos insistieron en que les mostrara los documentos, si no, tendrían que deportarlo. A estas alturas Cortez estaba tan alterado que sacó su cartera y les mostró su licencia de manejar. Al abrir la cartera, la credencial de alcalde quedó a la vista de los oficiales, quienes quedaron asombrados, dijo Cortez. Los oficiales le pidieron mil disculpas y le explicaron que su camión y manera de vestir corresponden a la descripción que la INS emplea para identificar a inmigrantes ilegales y que por eso lo habían detenido.

Otro caso es el de Linda Chávez, directora de personal para la *U.S. Comission on Civil Rights* durante la administración de Reagan y antigua líder del movimiento: Sólo inglés. Hace más de 300 años que su familia vive en el suroeste de este país. El año pasado, la detuvieron en la frontera entre Estados Unidos y Canadá porque la Patrulla fronteriza no creyó que era una residente legal de los Estados Unidos aunque les presentó la licencia de conducir.

Organizaciones hispanas que trabajan para proteger los derechos de los inmigrantes como la MALDEF (*Mexican American Legal Defense and Educational Fund*) han experimentado un aumento en cartas y llamadas de odio. También han atacado al personal de MALDEF. Una empleada de la MALDEF de la oficina en Sacramento, que no quiso identificarse, fue atacada dos veces en o cerca de la Universidad de California, en Davis donde se especializa en ingeniería y es activa en el gobierno estudiantil. Nació en México pero se legalizó en 1986 bajo la Ley de Naturalización y Reforma Inmigratoria. Esta joven fue atacada por un grupo de hombres en un campo al caminar a la universidad. Le cortaron el pelo con una navaja y usaron un bolígrafo agudo para escribir "vuelve a tu país" en los brazos y las piernas.

Unos días después, la asaltaron otra vez en la escalera de un edificio de la universidad.

1. ¿Qué piensa de estos incidentes? Explique.
2. ¿Conoce a alguien que haya sufrido algo similar? Explique.
3. ¿Cuál cree que sea la descripción que la INS emplea para buscar a indocumentados? Explique.
4. ¿De qué manera cree que los oficiales de inmigración deberían proseguir para detener a los indocumentados?

Cómo reaccionan los hispanos

A causa de incidentes como los de Lepe, Cortez, Chávez y la empleada de MALDEF, los hispanos por toda California ahora toman medidas preventivas. Aún en Sacramento, la capital, algunos empleados hispanos y asiáticos del cuerpo legislativo que llevan trajes y cargan maletines, ahora llevan su pasaporte o su partida de nacimiento en todo momento, por si las dudas.

Los hispanoamericanos que corresponden a la descripción estereotípica de los inmigrantes ilegales se han convertido en los chivos expiatorios por el creciente aumento de la presión pública y política para reducir la inmigración ilegal. Incitado por la recesión y las altas tasas de desempleo, el asunto de la inmigración, especialmente de la inmigración ilegal, es un tema candente en California y se aproxima a ese nivel en otras partes del país.

Según una encuesta que llevó a cabo el periódico *Los Angeles Times* en noviembre de 1993, un 70% de los californianos dice que es casi imposible distinguir entre residentes legales e ilegales. "La opinión anti-inmigrante no se dirige solamente en contra de los inmigrantes. Se dirige en contra de todos los latinos", dice Cecilia Muñoz, investigadora principal en la política de la inmigración en la *National Council of La Raza* (NCLR).

De los treinta millones de hispanos en los Estados Unidos, sólo unos dos millones son ilegales y sólo uno de cada tres es un inmigrante reciente. Sin embargo los casos, que varían desde lo insignificante hasta lo violento, que convierten a los hispanoamericanos en víctimas propiciatorias, abundan.

"Toda nuestra comunidad corre ese riesgo. No podemos descuidarnos. Nos podría suceder a cualquiera de nosotros", dice Claudia Martínez, investigadora de política estatal para la MALDEF, comentando sobre lo que le sucedió a la joven ya mencionada.

En California, el 70% de los hispanos dice que la controversia de la inmigración ilegal está creando un ambiente que fomentará la discriminación y el racismo en contra de toda la comunidad hispana, según una encuesta que llevó a cabo en 1993 NALEO (*National Association of Latino Elected Officials*).

Mientras California está a punto de estallar en cuanto a la cuestión de la inmigración, otras partes del país que también tienen muchos inmigrantes, han tomado un camino más tranquilo.

Rodolfo de la Garza, uno de los autores de la encuesta de NALEO y profesor de gobierno en la Universidad de Texas, en Austin, dice: "La intensidad de la discusión nacional se incita en California. Sin embargo no es un asunto tan importante en Texas."

Cuando Chávez, ahora investigadora en el *Manhattan Institute* en Washington, D.C., viaja a su casa en Nuevo México, dice "Se oyen los mismos comentarios anti-inmigrantes entre los hispanos como entre los anglos. Mi propia evidencia personal de lo que dice la gente, sin ser científica, indica que hay mucho sentimiento anti-inmigrante en lugares como Nuevo México, que tienen una población establecida, que ven al inmigrante como una amenaza a su propia aceptación por los anglos". Irónicamente, la conservadora Chávez se ha alineado con grupos hispanos progresistas para apoyar los mismos o superiores niveles de inmigración legal, y lucha contra las propuestas que exigirían que todo ciudadano estadounidense y residente legal llevara tarjetas de identidad nacional.

En Nueva York, Dennis de León, un comisionado por los derechos humanos en la ciudad de Nueva York, dice "Por algún motivo el odio anti-inmigrante no ha cobrado vigor aquí. Nueva York tiene una base inmigrante tan fuerte... Hay un sentimiento pro-inmigrante aquí". El hecho es que todos los alcaldes de Nueva York, desde Edward Koch, han respetado una orden ejecutiva que prohibe que las autoridades de la ciudad entreguen indocumentados a la INS, excepto en casos de crimen.

Pero Angelo Falcón, presidente del Instituto Para la Política Puertorriqueña y autor del *Latino National Political Survey*, dice: "Lo que se observa en California se estudia con cuidado en Nueva York, Miami y otros lugares con muchos inmigrantes".

5. ¿Está de acuerdo con Cecilia Muñoz cuando dice que la opinión anti-inmigrante no se dirige solamente a los inmigrantes, sino a todos los latinos? Explique.
6. ¿Cree que la controversia sobre la inmigración fomentará la discriminación y el racismo en contra de la comunidad hispana? Explique.
7. ¿Cree que los hispanos son tan anti-inmigrantes como los anglos? Explique.
8. ¿Le gusta la idea de tener que llevar un documento de identidad nacional en todo momento para comprobar que está legalmente en el país? Explique.
9. ¿Por qué cree que en Nueva York no hay un sentimiento anti-inmigrante? Explique.

Propuestas políticas para detener a los indocumenados

El número de propuestas que se discuten en esferas políticas para controlar la frontera sureña podría llenar el Río Grande. Las que se han reportado más en las noticias y las más controvertidas son las del gobernador de California, Pete Wilson, que propone medidas que les negarían atención médica y educación pública a los inmigrantes ilegales. También hay propuestas que enmendarían la Constitución para que los hijos de inmigrantes ilegales que nacen en los Estados Unidos no pudieran ser ciudadanos y además, pondría en circulación un documento nacional de identidad para distinguir a los ciudadanos y residentes legales de los indocumentados.

La senadora demócrata de California Dianne Feinstein sugiere que se le cobre un dólar a toda persona que entra a Estados Unidos. Este dinero se destinaría al presupuesto de la Patrulla Fronteriza. Barbara Boxer propone que se use la Guardia Nacional en la frontera con México para apoyar a la abrumada Patrulla Fronteriza. Y la tesorera del estado, Kathleen Brown, que fue candidata opositora de Wilson para el puesto de gobernador del estado, resucita una idea vieja: deportar a los criminales indocumentados a su país de origen y así ahorrar 500 millones de dólares por año en gastos para las prisiones. Al nivel federal, el plan de salud del Presidente Clinton no incluye a inmigrantes indocumentados entre los que reúnen los requisitos para recibir los beneficios.

Aún algunos políticos hispanos quieren medidas más estrictas. El ministro de Vivienda y Desarrollo Urbano, Henry Cisneros dice, "Hay algunos beneficios que los indocumentados no deben tener incluso los de salud y asistencia social y otros que son como imanes que atraen a gente de otros países". Sin embargo, se opone a la propuesta de Wilson que prohibiría que los hijos de indocumentados fueran ciudadanos.

Wilson también cita estudios que indican que dos tercios de todos los niños que nacen en los hospitales públicos del condado de Los Angeles son de padres indocumentados y que hay más de un millón y medio de tarjetas verdes falsificadas en circulación. Dice que los indocumentados le cuestan al estado más de dos mil millones de dólares cada año. Feinstein hace notar que hay 1.3 millones de californianos sin empleo, mientras que hay el mismo número de indocumentados en el estado.

Otras organizaciones se han unido para proteger a la comunidad hispana de la reacción negativa. "Queremos mostrar que los números que personas como Wilson citan no son datos correctos ni científicos", dice Karen Escalante, directora ejecutiva temporal de NALEO. Por ejemplo, la investigación sobre lo que le cuestan los indocumentados a San Diego se basó en una encuesta de sólo 25 personas.

10. ¿Qué opina de la propuesta de Pete Wilson de negarles la ciudadanía a los hijos de inmigrantes ilegales? Explique.
11. ¿Está de acuerdo con la deportación de criminales indocumentados? Explique.
12. ¿Cree que más del 60% de los niños que nacen en Los Angeles sean hijos de ilegales, como sugiere Pete Wilson? Explique.

¿Afectan realmente los indocumentados al país?

Los grupos hispanos presentan cifras tan imponentes como las anteriores. Una investigación de 1992 del Centro de Estudio de la Salubridad Latina de UCLA contradice la aseveración de que los indocumentados vienen a los Estados Unidos a recibir asistencia social. Descubrió que sólo el 6% de los hispanos reciben asistencia social en comparación con el 12% de los blancos y el 35% de los negros. Más del 80% de los hombres hispanos trabajan, mientras sólo el 67% de los hombres negros y el 76% de los hombres blancos forman parte de la fuerza laboral. "En vez de considerar [la inmigración hispana] una amenaza, debería considerarse una potencia que fortalece nuestra economía y valores sociales", dice el autor del estudio, David Hayes-Bautista.

Los activistas a favor de los derechos de los indocumentados refutan las declaraciones de economistas como Donald Huddle de la Universidad Rice, que dice que los indocumentados desplazaron a más de un millón de obreros en 1992 y los beneficios sociales para ellos costaron más de 6 mil millones de dólares. [Los activistas] señalan investigaciones que muestran que los inmigrantes activan la economía y crean más trabajos.

María Encháutegui, que ha estudiado los efectos económicos de la inmigración para el Instituto Urbano, un centro de estudios en Washington, D.C., dice, "Para cada incremento de 100 personas de la población nativa, se crearon 26 puestos. Para cada incremento de 100 personas en la población de inmigrantes se crearon 46 puestos. Los inmigrantes son los responsables de que haya fábricas que requieren personal con destrezas básicas en Miami, Los Angeles y Nueva York."

Otros estudio en el condado de Los Angeles también descubrió que los indocumentados generaron 4,300 millones de dólares en impuestos para los años 1991 y 1992 y el costaron al condado 947 millones de dólares. El impacto neto: una contribución positiva de 1,850 millones de dólares.

13. ¿Qué opina de los datos que presenta el Centro de Estudio de la Salubridad Latina de UCLA sobre la asistencia pública y el porcentaje de hispanos que trabajan? Explique.
14. ¿De qué manera cree que los inmigrantes activan la economía?
15. ¿Cómo cree que se pueden explicar estas estadísticas tan contradictorias? Explique.
16. ¿Cree que el gobierno debería invertir dinero en perseguir a los ilegales que ya están en este país o que debería invertirlo para evitar la entrada de nuevos inmigrantes ilegales, o no apoya ninguna de las dos políticas? Explique.

Posibles soluciones y algunas reacciones

En febrero entraron en discusión la ministra de justicia, Janet Reno y la Comisionada del INS (Servicio de inmigración y naturalización) quienes revelaron un plan para controlar la frontera entre Estados Unidos y México y poner más de mil oficiales y modernos equipos electrónicos en San Diego y El Paso, Texas. Además, el plan exige que se observen con más cuidado las multas para compañías que no verifican la legalidad de sus trabajadores, que se reduzca la burocracia al solicitar asilo político, que se deporten a criminales indocumentados y que se facilite la naturalización.

La base de este programa nuevo es *Operation Hold the Line* (Operación proteger la frontera), un aspecto sumamente eficaz de la Patrulla Fronteriza de El Paso, que se esfuerza en eliminar la entrada de indocumentados en vez de perseguir a los que ya están en los Estados Unidos. Desde que se inició el programa en septiembre, la INS dice que la entrada de indocumentados se redujo de 1,200 por día en julio a unos 150 a 175 por día en noviembre. Ha habido menos quejas de violencia en contra de la Patrulla Fronteriza desde que se inició el programa y las encuestas indican que un 95% de los ciudadanos, en su mayoría hispanos de El Paso, están satisfechos con el programa.

La mayoría de los grupos defensores hispanos apoyan el programa de Janet Reno, especialmente la parte que indica que sería más fácil para los indocumentados hacerse ciudadanos estadounidenses. "Apoyamos con reserva el programa y vamos a observarlo con cuidado para asegurarnos de que se aplique como se debe", dice Muñoz de la NCLR. "A la comunidad latina le interesa el control de los indocumentados. Es decir, vigilar la frontera hará innecesarias medidas más severas que afectarían a la comunidad latina".

Los que apoyan el programa se preocupan de la disposición que pondrían en circulación tarjetas computarizadas que comprueban que el portador tiene empleo. Raúl Izaguirre, presidente de la NCLR, dice: "Nos preocupa en particular que la administración quiera en el futuro exigir una tarjeta de identificación nacional. Como ciudadano de ascendencia mexicana, yo tuve que cargar una tarjeta cuando era joven en Texas para comprobar que era ciudadano estadounidense. Puedo atestiguar, por experiencia personal, que el camino por el que va la administración nos llevará a la discriminación."

Otros hispanos consideran las tarjetas de identidad nacional, que podrían comprobarse electrónicamente como tarjetas de crédito, sería una manera de proteger a los hispanos y no equivocarlos por indocumentados. "Aunque me opongo a las tarjetas de identidad nacional, tal vez reducirían la discriminación en contra de los hispanos porque los hispanos nativos no tendrían que sufrir de la discriminación que causa la reacción anti-inmigración", dice Linda Chávez del Instituto Manhattan.

No es ésta la primera ni será la última vez en nuestra historia que el fervor en contra de la inmigración se propaga como un incendio en el país. Los Estados Unidos encarcelaron a los ciudadanos de ascendencia japonesa en campamentos de concentración durante la Segunda guerra mundial y forzaron la deportación de mexicanos durante la Gran depresión económica. "Ahora nos encontramos en una situación en la que podríamos hacer algo parecido y otra vez, será algo de lo que nos arrepentiremos después", dice Arturo Vargas, vicepresidente de educación comunitaria y política pública para MALDEF. ¿Aguantarán los hispanos la reacción creciente del público o se esforzarán por detener la corriente de indocumentados? Sólo el tiempo lo dirá.

17. Conteste, según su opinión, la pregunta final que se hace el autor.
18. ¿Le pareció interesante el artículo? Explique.

Actividad 5. **Un resumen.** Haga un resumen del artículo.

____

____

____

____

____

____

ANALIZAR Y DESCUBRIR

Actividad 6. **El futuro de California.** Las personas que han sufrido incidentes como los que relata el artículo esperan lo peor. Lea las predicciones que ellos hacen de lo que pasará si continúa el sentimiento anti-inmigrante en California. Después conteste las preguntas.

a. **Habrá** más discriminación. **Vendrán** menos turistas por miedo a ser detenidos.
b. Los oficiales **podrán** detener a cualquiera que parezca latino o hispano, por eso todos los hispanos **tendremos** que llevar siempre nuestra tarjeta de identidad.
c. El gobierno **pondrá** más restricciones para poder recibir servicios sociales. Como consecuencia, miles de hispanos **perderán** el derecho a asistir a las escuelas públicas y no **recibirán** asistencia médica.
d. Además, **querrán** negar la ciudadanía a los hijos de indocumentados nacidos en los Estados Unidos.
e. Los hispanos **harán** manifestaciones de protesta, **saldrán** a las calles a denunciar las injusticias, como lo hicieron en 1968. La policía no **sabrá** como responder y **dirán** que los hispanos somos subersivos.
f. **Expulsarán** del país a familias enteras.
g. El resultado **será** que todos los hispanos **viviremos** con miedo.

1. ¿Está de acuerdo con algunas de estas predicciones? ¿Cuáles?

____

____

2. ¿Con cuáles no está de acuerdo? Explique por qué.

____

____

Es útil saber que...

El tiempo verbal que se usa para hacer predicciones es el **futuro.** También se usa para expresar eventos o acciones futuras. Es más común usar la estructura "ir a + infinitivo" (Mañana voy a sacar mi tarjeta de identidad) en el español hablado, que el futuro (Mañana sacaré mi tarjeta de identidad). En muchas partes del mundo hispano, el futuro se usa únicamente en situaciones formales (textos escritos) o cuando se habla de un futuro muy lejano. Sin embargo, se usa el tiempo futuro con mucha frecuencia para expresar comentarios o preguntas especulativas. Por ejemplo, ¿Habrá sentimientos anti-inmigrantes en otros países del mundo?

Actividad 7. **Las formas del futuro.** Use los ejemplos de la **Actividad 1** y sus conocimientos del español para llenar el siguiente cuadro con todas las formas del futuro. Después conteste las preguntas.

INFINITIVO	YO	NOSOTROS	TÚ	UD., ÉL O ELLA	UDS., ELLOS O ELLAS
haber			habrás		
venir					vendrán
poder					podrán
tener		tendremos			
poner			pondrás		
perder					perderán
querer					querrán
ser	seré				
salir	saldré				
saber				sabrá	
decir			dirás		
expulsar					expulsarán
hacer					harán
vivir		viviremos			

1. ¿Cómo se forma el futuro de verbos regulares como **expulsar, perder** y **vivir**?
   ____
2. ¿Qué irregularidades nota en la raíz de los verbos **tener, poner, salir** y **venir**?
   ____
3. ¿Qué irregularidades nota en la raíz de los verbos **querer, saber, haber** y **poder**?
   ____
4. ¿Qué irregularidades nota en la raíz de los verbos **hacer** y **decir**?
   ____
5. ¿Cuál es la única forma verbal en el futuro que no lleva acento?
   ____

Actividad 8. **Mi futuro.** Escriba cuando menos 10 cosas importantes que hará en los próximos diez años.

____
____
____
____
____
____

MANOS A LA OBRA

Actividad 9. **El futuro está en sus manos.** Imagine que puede leer el futuro en la palma de la mano. Use la siguiente información para predecir el futuro de sus compañeros. Trate de predecirles el futuro en cuestiones de: amor, hijos, dinero, trabajo, salud, accidentes

La línea de la vida

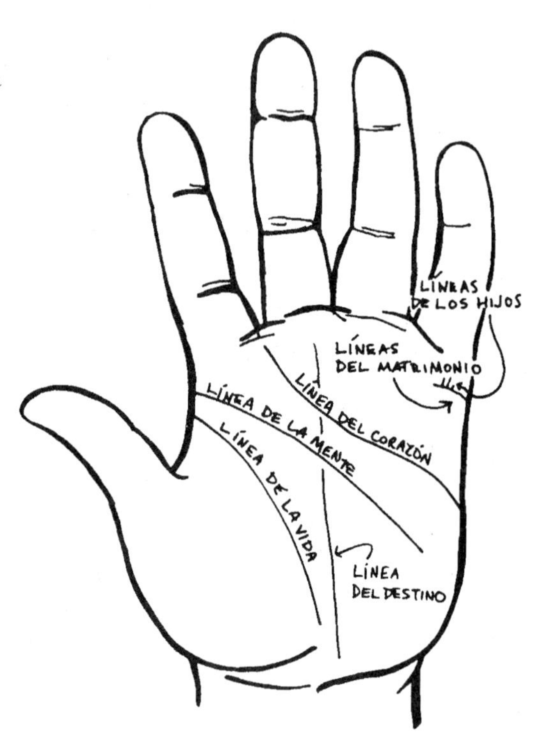

- Si la línea de la vida está cortada, no siempre significa enfermedad o muerte; puede significar también un cambio brusco en el curso de la vida en cuanto a trabajo, lugar de residencia o matrimonio.
- Si la línea de la vida y la de la mente empiezan juntas, significa que la persona tiene buen juicio y es precavida.
  Cuando estas líneas empiezan separadas, significa independencia y confianza en uno mismo.
- Si la línea hace una curva bien pronunciada cerca de la base del pulgar, sugiere emociones fuertes y una vida larga. Si la línea es más bien recta, sugiere emociones controladas.
- Si la línea es muy larga pero delgada, sugiere buena disposición pero poca vitalidad. Si la línea es corta y tiene pocas líneas adyacentes, sugiere una vida plácida, pero sin muchos eventos importantes.
- Si la línea es muy larga y llega casi hasta la muñeca, significa una vida larga.

La línea de la mente

- Si la línea de la mente empieza un cuarto de pulgada por arriba de la línea de la vida, significa un carácter impaciente e impulsivo.
- Si la línea parece una cadena en alguna parte, significa agitación mental.
- Si la línea es muy delgada y difícil de ver, sugiere falta de visión. Si es gruesa, sugiere un carácter estable.
- Si la línea se separa en dos líneas hacia abajo, sugiere una capacidad mental inmensa.
- Si hay ramas hacia arriba en la línea, sugiere optimismo.
- Si la línea del corazón está conectada con la línea de la mente, sugiere un buen balance entre la mente y las emociones.

La línea del corazón

Se lee en dirección opuesta a las otras líneas.

- Si la línea es larga y profunda, indica confianza, fidelidad y sinceridad. Si la línea es corta, indica celos, inestabilidad emocional y desconfianza.
- Si la línea está cerca de los dedos, indica emociones fuertes y una persona cariñosa. Si la línea está cerca de la línea de la mente, indica que se es reservado en las emociones.
- Si la línea es larga y termina entre los dedos, indica pasión

- Si la línea es muy rojiza, sugiere violencia y mal carácter. Si la línea es muy delgada y pálida, sugiere egoísmo y demasiado amor por uno mismo.
- Si la línea se rompe en varios puntos, sugiere desilusiones e inconsistencia en el amor.
- Si la línea tiene ramitas que salen hacia arriba, indica éxito en el amor.

La línea del destino

Esta línea se lee de la palma de la mano hacia los dedos.

- Si la línea es más gruesa y notoria que las demás líneas principales, sugiere que la vida es llevada por el destino. Si la línea es pálida y débil en comparación con las otras líneas, sugiere que uno hace su propio destino.
- Si la línea empieza bien abajo y continúa hasta la base del dedo medio, indica seguridad en la vida.
- Si la línea se junta con la línea de la vida, significa sacrificio por alguien.
- Si la línea del destino se junta con la línea de la vida, pero después se separa, sugiere que la familia y los amigos son muy allegados y juegan un papel importante en la vida de uno.
- Si la línea se rompe en la línea de la mente, pero después continúa en otro punto, indica un cambio de carrera exitoso.
- Si la línea se rompe en varios lugares, indica periodos de mala suerte y dificultades en la vida.
- Si la línea tiene muchas ramitas hacia arriba y hacia abajo, indica altibajos en la vida.

Líneas del matrimonio

El número de líneas horizontales abajo de meñique, indica el número de amores o matrimonios importantes en la vida.

Líneas de los hijos

El número de líneas que atraviezan las líneas del matrimonio indica los hijos que uno tendrá.

Actividad 10. **Nuestra sociedad en el año 2050.** Describa cómo se imagina el mundo en el año 2050. Escriba tres párrafos. En el primer párrafo hable de la vida diaria. Incluya la ropa que usaremos, la comida que comeremos, los trabajos que realizaremos y la vida familiar que tendremos. En el segundo párrafo hable del medio ambiente y los problemas sociales que habrá. En el tercer párrafo hable de cómo será la situación de los hispanos en los Estados Unidos.

____

____

____

____

____

____

____

____

____

____

____

____

Actividad 11. **Las máquinas del futuro.** ¿Qué tipo de máquinas y tecnología habrá en el año 2050? Conteste la pregunta lo más detalladamente posible.

____
____
____
____
____
____

Actividad 12. **¡Escríbale a su representante!** Algunas de las medidas que proponen los gobernantes tendrán repercusiones serias para nosotros los hispanos. Escriba una carta a algún representante hispano expresando su opinión y sentimientos acerca de la política y el futuro de los inmigrantes.

____
____
____
____
____
____
____
____
____
____

CAPÍTULO

12

LAS TRADICIONES NAVIDEÑAS

PROPÓSITOS

- Hablará de sus costumbres navideñas.
- Explorará tradiciones como poner nacimientos e ir de posadas.
- Reflexionará sobre el significado de las tradiciones.
- Comparará costumbres de diferentes países y culturas.

FORMA

- Se familiarizará con algunas palabras típicas del español mexicano.
- Repasará las reglas de acentuación.
- Aprenderá lo que es un diptongo y cómo se acentúa.

EXPLORACIONES

Actividad 1. **Las costumbres navideñas.** Conteste las siguientes preguntas. Después comparta sus respuestas con un compañero.

1. ¿Cómo celebra la Navidad? Explique.

____

2. ¿Cuáles de sus costumbres navideñas son de origen hispano?

____

3. ¿Cuáles de sus costumbres navideñas son de origen angloamericano?

____

4. Describa lo que es una posada. Si no sabe, encuentre a alguien que se lo pueda explicar.

____

5. Describa qué es y cómo se celebra el Día de los Santos Reyes en los países hispanos. Si no sabe, encuentre a alguien que se lo pueda explicar.

____

Actividad 2. **Los nacimientos.** En el siguiente esquema escriba todo lo que se relacione con los nacimientos.

Actividad 3. **Las posadas.** Una costumbre muy mexicana es la de hacer posadas antes de la Navidad. Escuche el siguiente canto que es común oír en las posadas. Conteste las preguntas.

El grupo de la calle canta los versos de San José y
el grupo dentro de la casa canta los versos de respuesta.

San José:
En el nombre del cielo
os pido posada.
Pues no puede andar
mi esposa amada.

Respuesta:
Aquí no es mesón
sigan adelante.
Yo no puedo abrir,
no sea algún tunante.

San José:
Venimos rendidos
desde Nazaret.
Yo soy carpintero
mi nombre es José.

Respuesta:
No me importa tu nombre
déjenme dormir,
pues que ya les digo
que no hemos de abrir.

San José:
Mi esposa es María.
Es reina del cielo,
y va a ser la madre
del Divino Verbo.

Respuesta:
Eres tú José
Tu esposa es María
Entren, peregrinos
no los conocía.

Al abrirse la puerta, todos cantan:
Entren santos peregrinos, peregrinos.
Reciban este rincón,
no de esta pobre morada, pobre morada,
sino de mi corazón.

1. Explique el significado de los versos.

____

____

Actividad 4. **Reflexiones sobre las tradiciones.** Termine cada frase de una forma lógica, expresando sus ideas y sentimientos sobre el tema.

1. La Navidad es importante para mí porque...

   ____

2. Los mejores regalos de Navidad son...

   ____

3. El último día del año siempre...

   ____

4. Lo que más me gusta de la época navideña es...

   ____

5. Lo que no me gusta de esta época es que...

   ____

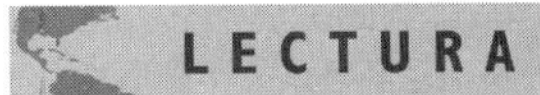

LECTURA

Sobre la autora

Verónica González-Mena de LoCoco nació y se crió en un ambiente mexicano rural. Ahora es profesora en la Universidad de Santa Clara. Sus cuentos y poesías reflejan una visión positiva de la experiencia bicultural en Los Estados Unidos.

Lea ***La Navidad de Miguelito***. Después conteste las preguntas.

La Navidad de Miguelito

La Navidad se acercaba. La calle de San Juan se había convertido en un mercado. Para Miguelito la llegada de los mercaderes anunciaba la llegada de las posadas, y poco después de los Santos Reyes. En cuanto sabía que habían llegado no dejaba a su mamá en paz hasta que ella lo llevaba. ¡Había tanto que ver!, ¡tanto que oler y oír! Cada puesto tenía diferente mercancía. A Miguelito le gustaban más los que vendían objetos para los nacimientos. Había arbolitos con polvo de plata cuyos troncos eran de alambre flexible como un resorte. Cuando Miguelito los tocaba, los arbolitos mecían la copa diciéndole "llévame" "llévame" y las ramas plateadas le guiñaban un ojo. También había animalitos: borregos, becerros, burros... Había casitas, lagos con patos. Pero ningunos se movían ni le hablaban como los arbolitos. En un puesto vendían montones de paxtle. Miguelito estaba seguro que era el pelo y las barbas de los árboles del bosque. Pobrecitos que precisamente para las fiestas los despojaran de ellos. Cada vez que el chiquitín pasaba en ese puesto se tocaba el pelo, ¡qué bueno que a él nadie se lo quitaba!

Otro puesto tenía los dulces, las frutas y las nueces para las piñatas. Miguelito no era malo, pero cuando pasaba por ahí no podía resistir robar un dulce o un cacahuate. Tenía suerte, el mercado estaba lleno de estatuillas de ángeles, de José y María, y del niño Jesús. Y así, inmediatamente después de su robo y mientras se lo comía, podía pedirles perdón a los santos. Estaba seguro que ellos le perdonaban, porque hasta ahora nada malo le había pasado.

Lo que menos atraía a Miguelito eran las piñatas. No es que no le gustaran, al contrario, le parecían muy elegantes, tan arregladitas y de alegres colores. Ellas también se movían, aunque diferente a los arbolitos. Eran más torpes. Sería por la panzota que se traían. El pensamiento de esa panza era lo que molestaba al chiquillo, era por lo que no le gustaba verlas. La gente nada más las compraba para romperles la panza. Era mejor no verlas, así no le daban tanta lástima.

A Miguelito nunca se le ocurría comprar algo, nada más veía y veía, ¡era tan bonito ver! Y cuando llegaba a casa y hasta el día de los Santos Reyes soñaba con lo que había visto. Pero en Santos Reyes pensaba en otras cosas. El padrecito le había dicho que tenemos que estar contentos en la Navidad por el nacimiento del niño Jesús. A Miguelito le alegraba que hubiera nacido, a quién no le gusta tener un cumpleaños, pero aunque no se lo decía a nadie, le alegraba más que los Santos Reyes le trajeran regalos.

Había unos niños en la ciudad, a los que los Santos Reyes no les traían nada. Decían que un santo llamado Clos se los traía. Era un señor muy impaciente, ni podía esperar hasta enero, siempre venía en diciembre. Ese señor nada más visitaba las casas de los niños güeros. Miguelito no comprendía por qué los maltrataba así, sólo por ser güeros. A él lo venían a visitar tres, y eran reyes, y eran ricos. Tenían coronas de oro y plata, y muchas joyas. Venían en camellos y tenían pajes que les servían. Pero el pobre San Clos no tenía nada. Miguelito casi lloraba cuando se imaginaba lo triste que hubiera sido para él si en lugar de los tres reyes, un santo pobre le trajera los regalos. Quizás pudiera ayudarle a un güerito para que siquiera una vez lo visitaran los Santos Reyes. Miguelito pensó y pensó, ¿qué hacer? Y entonces le vino la idea. Una mentirita chiquita no podía ser mala si era para ayudar. Con las letras más bonitas que podía hacer escribió en un cartel: "San Clos, no vengas a esta casa, aquí vive un niño moreno". Muy quedito, cuando nadie podía verlo, fue a colgar el cartel en la puerta de la casa de un vecino güerito. ¡Se sentía tan contento esa noche! ¡Ahora sí que era Navidad! Casi no pudo dormir pensando en lo contento que estaría el güerito al ver que San Clos no le había traído regalos, y que los Santos Reyes se los traerían.

Miguelito se levantó temprano, antes que su mamá y su papá. El sol apenas empezaba a salir. Era difícil decir qué brillaba más, si los rayos del sol o los ojos del chiquillo, tal era su felicidad. Se vistió de prisa y corrió a la casa del güerito para ver su alegría. ¡La ventana estaba tan alta! Miguelito no alcanzaba, se estiraba y estiraba lo más que podía, pero eso no servía. Por fin, cogiéndose de la repisa, empezó a dar de saltos; apenas alcanzó a ver la cabeza del güeritoo... ¡Estaba riéndose! ¡Estaba feliz! De pura alegría, Miguelito se dejó caer, y también riendo corrió a su casa. Mientras Miguelito corría, en la casa del güerito un nuevo tren de juguete corría a sus pies. Los transeúntes, al asomarse por la ventana, podían ver la cabecita de un niño rubio que sonreía feliz.

1. ¿Hay mercados como el que describe Miguelito, en su comunidad? Si los hay, describa cómo son. Si no los hay, explique por qué.
2. ¿Está de acuerdo con la interpretación que le da Miguelito a Santa Clos? Explique.
3. Miguelito piensa que él es más afortunado que sus vecinos güeritos por tener a los Santos Reyes. ¿Hay alguna tradición hispana que lo hace sentirse más afortunado que los angloamericanos? ¿Y viceversa?
4. ¿Cómo cree que el niño güerito interpretaría el letrero que dejó Miguelito en su casa? ¿Qué va a pensar él de Miguelito?
5. ¿Le gustó el cuento? Explique.

Actividad 5. **A pedir disculpas.** La mamá del niño güerito se puso furiosa cuando se enteró de lo que decía el cartel que Miguelito había colgado en su casa porque lo tomó como un insulto. Imagine que Ud. es la mamá (o el papá) de Miguelito. Con un compañero, invente un diálogo entre Ud. y su vecina donde le explica por qué su hijo puso ese cartel. Después lea su diálogo al resto de la clase. Hablen sobre lo que más les gustó de cada diálogo.

____

____

____

____

____

____

____

____

____

ANALIZAR Y DESCUBRIR

Actividad 6. **El español mexicano.** A continuación le damos una lista de palabras típicas del español mexicano. Pregunte por lo menos a cinco personas de diferentes países o estados, cómo les dicen ellos a las mismas cosas. Escriba también el país donde lo dicen. Después comparta sus respuestas con un compañero y decidan cuál de todas es la palabra más **internacional.**

1. carro ______________________
2. cobija ______________________
3. güero ______________________
4. chamaco ______________________
5. zacate ______________________
6. lentes ______________________
7. recámara ______________________
8. chamarra ______________________
9. huaraches ______________________
10. aretes ______________________
11. guajolote ______________________
12. quedito ______________________
13. pararse ______________________
14. veliz ______________________
15. mecate ______________________

La riqueza del español es tan grande que permite que una misma idea se pueda expresar de muchas maneras. Como el español es la lengua oficial de veinte países, a veces hay más de veinte palabras para una misma cosa u objeto. Lo bueno es que siempre hay una palabra que es más **internacional**, o sea que se reconoce en casi todos los países de habla hispana. En cambio, hay otras palabras que son más **regionales**, y sólo se conocen en alguna región específica. Por ejemplo, en el español mexicano, le decimos **camión** al **autobús**. Sin embargo, en los países caribeños se le dice **guagua** y en Argentina **colectivo**.

Actividad 7. **¿Y tú, cómo lo dices?** Haga una lista de 10 palabras que se usan en su país o estado. Después pregúnteles a sus compañeros si ellos usan las mismas palabras. Si no lo hacen, escriba las que ellos usan.

____
____
____
____
____
____
____
____

Actividad 8. **Los anglicismos.** Escriba el equivalente en español de los siguientes anglicismos. Después compare las respuestas con un compañero.

Es útil saber que...

Los **anglicismos** son palabras en inglés que han sido hispanizadas debido al contacto intenso del inglés y el español en los Estados Unidos. Aunque es muy común oírlos, el problemas de usar anglicismos es que solamente personas que viven en los Estados Unidos los reconocen y aceptan como parte de la lengua, ya que en realidad no son palabras del idioma español. Por lo tanto, en situaciones formales, al escribir y al hablar con personas que sólo hablan español, es mejor evitar su uso.

1. un bil ____________________
2. un bloque ____________________
3. las brecas ____________________
4. la marqueta ____________________
5. la yarda ____________________
6. guachar ____________________
7. parquear ____________________
8. polución ____________________
9. puchar ____________________
10. la yarda ____________________
11. lonchear ____________________
12. mopear ____________________

Actividad 9. **La acentuación y los diptongos.** Vuelva a estudiar las reglas de pronunciación del español (**Capítulo 4**). Después lea la definición de diptongos y conteste las preguntas.

1. Cada palabra tiene **una sílaba** que se pronuncia con más fuerza al hablar. Esta sílaba se llama **sílaba tónica.** Hay dos reglas principales para saber cuál es la sílaba tónica:

   a. Si la palabra termina en **n, s** o **vocal**, se pone más fuerza al pronunciar la penúltima sílaba. Si esta regla se rompe, entonces necesitamos indicarlo con el acento escrito.

po**sa**da	naci**mien**tos	**can**tan
na**ció**	Je**sús**	me**són**

b. Si la palabra termina en **consonante**, menos **n**, o **s**, se pone más fuerza en la última sílaba. Si esta regla se rompe, necesitamos indicarlo con el acento escrito.

Navi**dad**	au**daz**	car**tel**	pas**tor**
árbol	**lá**piz	di**fí**cil	**Héc**tor

2. Se forma un **diptongo** cuando hay una vocal fuerte (**a**, **e**, **o**) y una débil (**i**, **u**) en una misma sílaba.

fa-mi-**lia** **bue**-na

a. Subraye el diptongo en las siguientes palabras:

nuestra	puesto	fiesta	nueces
estatuillas	anunciaba	cielo	reina

3. Cuando el acento, al hablar, cae en la vocal débil (i, u) se tiene que indicar con el acento escrito. El acento deshace el diptongo.

río actúan país oídos

a. Póngales acento a las palabras que lo necesitan.

Maria	Mario	actuar	buho
mercancia	contrario	transeunte	

Actividad 10. **Práctica con los acentos.** Lea cada oración. Después póngales acento a las palabras que lo necesitan.

1. Hoy en dia, muchas familias no continuan las tradiciones.
2. En nuestra casa, pusimos un arbol que media dos metros.
3. El cura del barrio anuncio que la posada seria a las seis y media en punto.
4. Pero el anuncio del periodico dice que la presentacion de La pastorela se cancelo.

MANOS A LA OBRA

Actividad 11. **¿Cuál es la diferencia?** Con cada palabra haga una oración que exprese claramente la diferencia entre cada par.

1. a. averigüé ____________________
   b. averigüe ____________________
2. a. evaluó ____________________
   b. evalúo ____________________
3. a. río ____________________
   b. rió ____________________
4. a. hacia ____________________
   b. hacía ____________________
5. a. secretaria ____________________
   b. secretaría ____________________

Actividad 12. **Ud. es el experto.** Imagine que es vecino de Miguelito. Explíquele de dónde viene la tradición de Santa Clos. Si no la sabe, busque la información en la biblioteca o pregúntele a sus amigos anglosajones.

Actividad 13. **Los Reyes Magos.** En una carta, Miguelito le explica a su vecino güerito la tradición de los Reyes Magos. Imagine que Ud. es Miguelito. Escriba la carta.

Actividad 14. **Mis costumbres y tradiciones.** Escriba una composición analizando sus costumbres y tradiciones. Explique por qué es importante para Ud conservarlas. Después compárelas con las de sus parientes y amigos.

CAPÍTULO

13

LA COMUNIDAD PUERTORRIQUEÑA EN LOS ESTADOS UNIDOS

PROPÓSITOS

- Estudiará la historia de la inmigración puertorriqueña a los Estados Unidos.
- Reflexionará sobre la importancia de nuestra identidad cultural.
- Aprenderá sobre uno de los desafíos políticos más grandes que enfrenta Puerto Rico.
- Formulará un plan para mejorar el sistema educativo tomando en cuenta las diferencias culturales del estudiantado.

FORMA

- Se familiarizará con las formas verbales del condicional.
- Analizará los verbos irregulares en este tiempo.

EXPLORACIONES

Actividad 1. ¿Cómo andan sus conocimientos de historia? Primero, diga si las siguientes aseveraciones son **Ciertas** o **Falsas**. Después, escuche la información histórica siguiendo la lectura con los ojos. Por último, verifique sus respuestas y corrija sus errores.

	C	F
1. Puerto Rico fue descubierta por Colón en su primer viaje en 1492.	_____	_____
2. La cultura puertorriqueña es una mezcla de las culturas indígena (taínas), española y la negra.	_____	_____
3. Puerto Rico forma parte de las islas llamadas Las Grandes Antillas.	_____	_____
4. En 1898 Puerto Rico se liberó de España, pero no pasó a ser territorio norteamericano hasta 1952.	_____	_____
5. Durante algunos años en Puerto Rico se impuso el inglés como lengua oficial.	_____	_____
6. Los puertorriqueños son ciudadanos norteamericanos.	_____	_____
7. Los puertorriqueños no pagan impuestos federales.	_____	_____
8. Los puertorriqueños son el grupo más próspero de hispanos en los Estados Unidos.	_____	_____
9. Puerto Rico es uno de los lugares más poblados del mundo.	_____	_____
10. Muchos puertorriqueños humildes abandonaron la isla a causa del desempleo.	_____	_____
11. La segunda ola de inmigrantes puertorriqueños, durante los 70 estuvo compuesta por campesinos (jíbaros).	_____	_____
12. Una puertorriqueña ocupó el puesto de Primera Cirujana General de los Estados Unidos.	_____	_____

UN POCO DE HISTORIA: LA INMIGRACIÓN PUERTORRIQUEÑA

El segundo grupo de hispanohablantes en número y antigüedad en los Estados Unidos es el de los puertorriqueños. Tradicionalmente se han concentrado en los centros urbanos de Nueva York, Nueva Jersey, Connecticut y Massachusetts. En 1898 los Estados Unidos anexó a Puerto Rico como territorio después de vencer a España en la Guerra hispano-americana. Al apoderarse de Puerto Rico, el gobierno quiso implantar la cultura norteamericana e imponer el inglés como lengua oficial. En 1917 los puertorriqueños recibieron la ciudadanía americana y Puerto Rico pasó a ser Estado Libre Asociado, lo cual permitió que los puertorriqueños conservaran su lengua, su cultura y tuvieran más autonomía. Sin embargo no tenían derecho a elegir a sus propios gobernantes. En 1935 el partido nacionalista, bajo el liderazgo de Pedro Albizu Campos, le declaró la guerra a los Estados Unidos. Dos años después el gobernador Winthrop ordenó al ejército disparar contra una manifestación pacífica de los nacionalistas. Después de 15 minutos de disparos, habían muerto 19 personas, había más de 100 heridos y muchos más arrestados. Este hecho pasó a la historia como La masacre de Ponce. Como consecuencia, Albizu fue sentenciado a 52 años de cárcel. Murió unos meses después de haber salido de la prisión en 1965. Debido a la lucha comenzada por Albizu Campos, en 1948 los puertorriqueños obtuvieron el derecho de elegir a sus propios gobernantes.

Puerto Rico forma parte de las Grandes Antillas y es la más pequeña de las cuatro islas principales. Tiene un clima tropical, bellas playas y una geografía diversa. También es uno de los lugares más superpoblados del mundo y, debido a estas circunstancias y al desempleo, muchos puertorriqueños han emigrado. La inmigración puertorriqueña a los Estados Unidos se ha dado en dos grandes olas. La primera, antes de los 70, donde la mayoría de los inmigrantes puertorriqueños eran campesinos pobres, llamados jíbaros. Por consiguiente, cuando obtenían trabajo eran normalmente trabajos de servicio. Desgraciadamente, la falta de preparación, de dominio del inglés y la pobreza los marginó a los barrios pobres de las grandes ciudades. Sin embargo, a partir de los 70, hubo otra ola de inmigración pero esta vez de gente profesional, bilingüe y con buena preparación académica. Como consecuencia de esas dos olas migratorias hoy los puertorriqueños desempeñan una gran diversidad de trabajos, desde camareros hasta médicos, abogados y profesores. Un ejemplo de una puertorriqueña notable es la Dra. Antonia Novello, la primera hispana nombrada Cirujana General de los Estados Unidos.

Hoy en día Puerto Rico se encuentra en una situación controvertida. Desde 1952 se considera un Estado Libre Asociado, condición política difícil de explicar. No es estado de los Estados Unidos ni es un país independiente. Los puertorriqueños mismos no están de acuerdo en cuanto a cuál debe ser el estatus político de su país y se encuentran divididos en tres partidos políticos principales: el Partido Popular Democrático (PPD), que prefiere la autonomía de ser Estado Libre Asociado, el Partido Nuevo Progresista (PNP), que es de corte anexionista y el Partido Independentista Puertorriqueño (PIP), que prefiere la independencia. La relación actual con los Estados Unidos tiene ciertas ventajas y desventajas. Puerto Rico tiene muchos de los poderes de un país autónomo, como su propia Constitución. Goza de buenos programas de educación y de salud pública. Los puertorriqueños no pagan impuestos federales y las industrias estadounidenses han beneficiado a Puerto Rico de diversas maneras: con trabajos y dinero, facilitando la transición a una economía industrial y el desarrollo de una buena infraestructura. En cambio, los puertorriqueños no pueden votar en elecciones presidenciales estadounidenses, dependen de los Estados Unidos para su defensa nacional y la administración de gran parte de la isla. El país ofrece mano de obra barata para las compañías norteamericanas y éstas no pagan impuestos a Puerto Rico.

En los Estados Unidos los puertorriqueños "se sienten menos aceptados y más discriminados" que otros hispanos, a pesar de ser ciudadanos norteamericanos. Para efectuar cambios positivos, la comunidad puertorriqueña ha creado organizaciones sociales y políticas y ha establecido programas educativos con el fin de preparar líderes y romper el ciclo de pobreza y discriminación. Con el fin de recobrar el orgullo cultural y darle esperanza a la comunidad, los puertorriqueños han fomentado un redescubrimiento de sus raíces africanas, europeas e indígenas, que se manifiesta a través de la música, la literatura y las artes.

Actividad 2. **Trabajo de investigación.** En grupos de 4 personas, escojan cuatro de los siguientes temas. Presenten el resultado de su investigación a sus compañeros.

a. Traer un poema de un poeta puertorriqueño o puertorriqueño-americano.
b. Traer un cuento corto de un escritor puertorriqueño o puertorriqueño-americano.
c. Traer una canción puertorriqueña (deben poder tocarla en la clase).
d. Traer una receta de cocina puertorriqueña.
e. Traer una noticia reciente de Puerto Rico o puertorriqueño-americanos en los Estados Unidos.
f. Hablar de una persona importante en los Estados Unidos que sea de origen puertorriqueño (política, arte, medicina, literatura, etc.).
g. Grabar y traer una entrevista con un inmigrante puertorriqueño de la primera ola migratoria donde éste relate por qué y cómo llegó a los Estados Unidos.
h. Grabar y traer una entrevista con un inmigrante puertorriqueño de la segunda ola migratoria donde éste relate por qué y cómo llegó a los Estados Unidos.

Actividad 3. **El boricua.** Escuche el siguiente poema escrito por Manuel A. Alonso, escritor y poeta puertorriqueño, donde describe al puertorriqueño. Después conteste las preguntas.

"El puertorriqueño"
Color moreno, frente
despejada,
mirar lánguido, altivo y
penetrante,
la barba negra, pálido el
semblante,
rostro enjuto, nariz
proporcionada
mediana talla, marcha
compasada,
el alma de ilusiones anhelantes
agudo ingenio, libre y
arrogante
pensar inquieto, mente
acalorada,
humano, afable, justo,
dadivoso,
en empresas de amor siempre
variable,
tras la gloria y placer siempre
afanoso,
y en amor a su patria, insupe-
rable.
Este es, a no dudarlo, fiel diseño
para copiar un buen
puertorriqueño.

1. Haga, en sus propias palabras, una descripción del puertorriqueño, según el poema.
2. ¿Hay algo en el poema que describe algún rasgo de su propia personalidad?
3. ¿Le gustó el poema? ¿Por qué?

Actividad 4. **Reflexiones sobre nuestra identidad.** Termine cada frase de una forma lógica, expresando sus ideas y sentimientos sobre el tema.

1. Nuestra lengua materna es importante porque...
____
2. Debemos mantener nuestras tradiciones culturales para...
____
3. La identidad de una persona consiste en...
____
4. Vivir en un ambiente donde la lengua del país no es la lengua de la casa nos hace...
____
5. Algunas personas luchan por mantener su identidad cultural porque...
____
6. Una persona que olvida sus raíces...
____

LECTURA

El siguiente artículo escrito por Denisse Oller ha sido adaptado de la revista *Más*. Primero lea cada sección. Después conteste las preguntas.

PUERTO RICO: ENTRE LIBRE ASOCIACIÓN, ESTADIDAD O INDEPENDENCIA

En medio de la tranquilidad del Atlántico, en la punta norte del viejo San Juan, yace majestuoso el fuerte de San Felipe del Morro. Sus enormes piedras, colocadas durante la conquista española, continúan erguidas a través de cinco siglos. Sin embargo, quienes custodian hoy el acceso a este monumento histórico del dominio español son guardabosques norteamericanos.

Izadas frente a esta fortaleza, hay dos banderas. Una, con cincuenta estrellas, la otra con sólo una. No importa cuan fuerte soplen los vientos políticos y naturales, las banderas ni se unen, ni se separan, sino ondean paralelas en un movimiento que refleja la vinculación que durante 93 años han mantenido los Estados Unidos y Puerto Rico.

La isla, que desde su primera conquista en 1493 ha sido invadida por piratas y corsarios, que ha sobrevivido a colonizadores y especuladores, hoy encuentra uno de los más grandes desafíos de su historia: definir su futuro político.

Tanto para Puerto Rico como para los Estados Unidos las implicaciones son enormes: el gobierno norteamericano gasta $6 mil millones al año en asistencia federal a la isla; casi 250 corporaciones norteamericanas operan en Puerto Rico bajo un plan de incentivo económico que las exime de impuestos por un máximo de 17 años. La isla es el centro de actividades militares norteamericanas en el Caribe—la base militar Roosevelt Roads es la más grande del mundo.

Hoy, fábricas y centros comerciales, edificios de lujo y cadenas de restaurantes se vislumbran entre sus playas y palmeras. Pero el aparente esplendor de Puerto Rico, la joya del Caribe, tiene sombras que hasta ahora continúan marcando la realidad de sus habitantes.

En la actualidad, Puerto Rico tiene el ingreso per cápita anual más alto de América Latina, $5,635 por persona. Sin embargo, en comparación con los Estados Unidos, los puertorriqueños ganan menos per cápita que los residentes de Mississippi, el estado más pobre de la nación.

En la isla, más de 200,000 familias residen en extrema pobreza, más del 50% de la población recibe asistencia federal. La tasa de desempleo oficial es del 15%, extraoficialmente se estima que sobrepasa el 25%. San Juan es una de las cuatro ciudades de Estados Unidos con mayor índice de delincuencia. Aproximadamente el 50% de los estudiantes no terminan la escuela superior (preparatoria). Aunque Puerto Rico brille ante sus vecinos latinoamericanos como la respuesta capitalista a Cuba, de convertirse en estado norteamericano, Puerto Rico sería el más pobre de la nación.

Dependiendo del cristal con que se mire, el Estado Libre Asociado (ELA) de Puerto Rico o Commonwealth, como también se le conoce, puede considerarse como un audaz experimento en democracia o el último feudo colonial de los Estados Unidos. "Somos una colonia. Si nosotros queremos ser ciudadanos norteamericanos debemos serlo en igualdad de condiciones con Estados Unidos", ha expresado el ex-gobernador de Puerto Rico, Carlos Romero Barceló, propulsor de la estadidad para la isla. Por otro lado, Jaime Benítez, uno de los creadores del ELA, defiende su posición: "El ELA es un punto intermedio que nos permite retener el idioma, nuestra personalidad, además los beneficios y ventajas de la relación con Estados Unidos".

1. ¿Por qué compara el autor la grandeza de una fortificación española en Puerto Rico, con el hecho de que sea custodiada por norteamericanos?
2. Explique el simbolismo de las banderas.
3. ¿Por qué es importante para los Estados Unidos mantener a Puerto Rico como estado libre asociado?
4. ¿Cuáles son algunos de los problemas que enfrenta Puerto Rico?
5. Explique la opinión de Carlos Romero Barceló y Jaime Benítez. ¿Con quién está de acuerdo? Explique.

En 1898, los Estados Unidos recibió de España un Puerto Rico empobrecido, con desempleo crónico, una creciente mortalidad infantil y escasez de alimentos. Los norteamericanos anunciaron que traerían prosperidad a la isla. El nuevo gobierno fomentó el cultivo del principal producto agrícola: la caña de azúcar. Aun así, aunque para 1929 las empresas azucareras mostraban ganancias de $42 millones anuales, el cultivo de la caña ofrecía trabajo sólo parte del año.

En los años cuarenta el Partido Popular Democrático, encabezado por Luis Muñoz Marín, llegó al poder con el lema de "pan, tierra y libertad". Su meta: levantar la isla del atraso económico por medio de la industrialización. Para lograr esto, la inversión norteamericana era imprescindible.

A partir del 25 de julio de 1952, Puerto Rico se convierte en Estado Libre Asociado. En esta relación, los puertorriqueños, ciudadanos norteamericanos desde 1917, no participan en eleciones nacionales, tienen un solo representante con voz pero sin voto en Washington, reciben servicios de asistencia pública limitados y tienen que cumplir con el servicio militar obligatorio. Sin embargo, no pagan impuestos federales, eligen sus propios gobernantes, envían su propio equipo a las olimpiadas, reciben millones de dólares en asistencia federal y son beneficiarios de un plan económico para atraer industrias norteamericanas.

Según un estudio reciente del congreso norteamericano, de convertirse en estado, la isla perdería el 73% de las industrias norteamericanas y más de 100,000 empleos para el año 2000. Los estadistas (partido que desea que Puerto Rico se convierta en un estado de los Estados Unidos) están en desacuerdo con este pronósitco. "¿Adónde van a ir estas empresas?"—pregunta Romero Barceló,—"¿a la República Dominicana donde no hay electricidad; o a Haití, donde la situación es aún peor?" Un argumento a favor de la estadidad es que como estado 51, los puertorriqueños tendrían los mismos derechos que el resto de los norteamericanos. Sus dos senadores y siete representantes en el Congreso constituirían el grupo hispano más poderoso en Washington. Además, Puerto Rico se beneficiaría con transferencias federales por un total de nueve millones anuales. El analista puertorriqueño, Juan Manuel García Passalacqua, critica esta dependencia: "La estadidad convierte a Puerto Rico en un Bronx tropical. La totalidad de la isla viviría a base de subsidios. Ya el 60% de la población lo hace". Como estado, Puerto Rico tendría que pagar impuestos federales y las empresas no tendrían exención impositiva.

Tal vez el punto de mayor controversia es que, de convertirse en estado el congreso norteamericano no garantizaría el derecho de Puerto Rico a preservar sus tradiciones culturales, ni tampoco el idioma español. Hasta ahora la identidad nacional, lejos de haberse perdido ante la presencia norteamericana, se ha hecho cada vez más fuerte.

6. Explique en qué consiste el estatus de Estado Libre Asociado.
7. Explique las ventajas y desventajas que existen, según el artículo, de convertirse en el estado 51 de la Unión Americana.

A principios del siglo, los Estados Unidos intentaron imponer en vano el inglés en las escuelas. "Llevamos más de cien años luchando por preservar el idioma español, es nuestra lengua materna", dice el historiador puertorriqueño Ricardo Alegría. Junto con el español, Puerto Rico ha mantenido sus tradiciones culturales. El seis chorreao y la plena, los pasteles y el arroz con gandules son más que el folklore; son parte de la vida cotidiana. Estos símbolos han trascendido los límites isleños hasta las calles del Barrio, los sures y el Bronx.

El indiscutible patriotismo boricua no se traduce en votos independentistas: en el pasado plebiscito en noviembre de 1993 solamente un 4% de los puertorriqueños votó por la independencia. "El país se condicionó durante cinco siglos a tener miedo a la independencia y todo lo que suene a eso cierra el cerebro", dice el senador autonomista puertorriqueño Marco Antonio Rigau. "Somos una colonia". El sentir puertorriqueño quedó bien sentado en los resultados del plebiscito. La gran mayoría de los puertorriqueños prefiere el Estado Libre Asociado. Sin embargo, el pueblo de Puerto Rico, sigue esperando y preguntándose qué pasará con la isla caribeña cuya identidad, historia y porvenir enfrentan un futuro un tanto incierto.

8. Investigue qué es el seis chorreao y la plena.
9. Aunque los puertorriqueños parecen ser muy nacionalistas, ¿por qué cree que sólo un 4% votó por independizarse de los Estados Unidos?
10. ¿Por qué cree que votaron por mantener el estatus de Estado Libre Asociado?
11. ¿Cree que Puerto Rico tiene un futuro incierto? Explique.

PARA ESCRIBIR MEJOR

El resumen es una condensación de los puntos más importantes tratados en un escrito. Su propósito es presentar información en forma breve y precisa. Hay principalmente dos tipos fundamentales de resúmenes: el resumen, el cual capta de manera condensada el contenido del artículo, libro, película o conferencia; y la crítica, en la cual no sólo se hace un resumen del contenido, sino también se incluye una evaluación del mismo.

Siga los siguientes pasos para escribir su resumen:

a. Lea varias veces el trabajo que va a resumir hasta que crea haber comprendido perfectamente tanto el significado del texto y como su organización.
b. Resuma la idea principal de cada párrafo. O sea, conteste las preguntas: ¿De qué se trató este párrafo y qué detalles son importantes mencionar?
c. Una todas las ideas importantes de una manera concisa.
d. Dele un título a su resumen e informe al lector qué artículo está resumiendo y quién lo escribió.
e. Si se trata de una crítica, utilice el párrafo final para evaluar la información del artículo.
f. Corrija la puntuación, la ortografía y la gramática.

Algunas frases útiles para escribir resúmenes son:

El autor nos informa que...
Sugiere que...
Explica que...
El propósito fundamental del autor es...

Actividad 5. **Un resumen.** Haga una crítica del artículo que acaba de leer.

____

____

____

____

____

____

ANALIZAR Y DESCUBRIR

Actividad 6. **El condicional.** Las siguientes frases expresan qué pasaría en Puerto Rico (hipótesis), si se convirtiera en estado norteamericano (condición). Léalas y conteste las preguntas.

a. La isla **perdería** el 73% de las industrias norteamericanas.
b. Puerto Rico se **beneficiaría** con transferencias federales.
c. Los puertorriqueños **constituirían** el grupo hispano más poderoso en Washington.
d. Los puertorriqueños **pagarían** impuestos federales.
e. Las empresas no **recibirían** exención impositiva.
f. Muchas de esas industrias **abandonarían** el país.
g. El gobierno estadounidense no **garantizaría** el derecho de preservar el idioma español como lengua nacional.
h. Los puertorriqueños **tendrían** los mismos derechos que el resto de los norteamericanos.

1. Identifique las ideas que considera negativas para los puertorriqueños.

____

____

2. Identifique las ideas que considera positivas para los puertorriqueños.

____

Es útil saber que...

El tiempo verbal **condicional,** se usa para expresar cómo sería algo (una hipótesis) si se cumpliera una condición previa.

Actividad 7. **Las formas del condicional.** Use los ejemplos de la **Actividad 1** y sus conocimientos del español para llenar el siguiente cuadro con todas las formas del condicional. Después conteste las preguntas.

INFINITIVO	YO	NOSOTROS	TÚ	UD., ÉL O ELLA	UDS., ELLOS O ELLAS
perder				perdería	
beneficiar				benficiaría	
recibir				recibiría	
pagar					pagarían
abandonar					abandonarían
garantizar				garantizaría	
saber	sabría				
tener					tendrían
poner	pondría				
venir		vendríamos			
poder			podrías		
querer	querría				
haber				habría	
decir			dirías		
hacer				haría	
salir		saldríamos			

1. ¿Cómo se forma el condicional de verbos regulares como **beneficiar, perder** y **recibir**?
___
2. ¿Qué irregularidades nota en la raíz de los verbos **tener, poner, salir** y **venir**?
___
3. ¿Qué irregularidades nota en la raíz de los verbos **querer, saber, haber** y **poder**?
___
4. ¿Qué irregularidades nota en la raíz de los verbos **hacer** y **decir**?
___
5. ¿Qué tienen en común con las formas del futuro (Capítulo 11)?
___
6. ¿Qué formas verbales llevan acento?
___

Actividad 8. **Hagamos algunas hipótesis políticas.** Use la información aprendida sobre Puerto Rico para especular sobre los cambios que habría en Puerto Rico si los puertoriqueños hubieran votado por independizarse totalmente de los Estados Unidos.

Como país independiente Puerto Rico...

___
___
___
___
___

MANOS A LA OBRA

Actividad 9. **La encuesta dice...** El siguiente juego es muy parecido al del famoso programa de televisión, *"Family Feud"*. Ud. debe adivinar las respuestas más comunes que dieron los entrevistados. Su profesor le dirá las respuestas correctas.

A. Imagine que ganó un millón de dólares en la lotería.

¿Qué haría con el dinero?

1. ______________________ 4. ______________________
2. ______________________ 5. ______________________
3. ______________________

B. Imagine que descubre que sus vecinos están involuncrados en cosas ilícitas.

¿Qué haría?

1. ______________________ 4. ______________________
2. ______________________ 5. ______________________
3. ______________________

C. Imagine que Ud. es elegido presidente de los Estados Unidos.

¿Qué cambios haria?

1. ______________________ 4. ______________________
2. ______________________ 5. ______________________
3. ______________________

Actividad 10. **Un trabajo difícil.** Imagine que es contratado por el Departamento de Inmigración de los Estados Unidos para ayudar a detener la creciente entrada al país de indocumentados. ¿Qué medidas tomaría?

____
____
____
____
____

Actividad 11. **Cómo mantener nuestra identidad cultural.** Imagine que un hijo suyo se niega a hablarle en español y no quiere saber nada de las tradiciones hispanas. ¿Qué haría Ud.?

____
____
____
____
____

Actividad 12. **Cambios educativos.** Imagine que es presidente de su universidad. ¿Qué cambios haría para mejorar la educación y la vida estudiantil?

CAPÍTULO

14

LOS PASATIEMPOS

PROPÓSITOS

- Hablará de diferentes pasatiempos y diferencias culturales en la forma de divertirse.
- Reflexionará sobre la costumbre de ponerles apodos a las personas.
- Analizará la influencia del medio ambiente en el comportamiento de las personas.
- Escribirá una carta protestando la apertura de un centro de adultos en su comunidad.

FORMA

- Se familiarizará con el español puertorriqueño.
- Estudiará algunas diferencias lingüísticas en el español de Puerto Rico.
- Aprenderá lo que es un complemento directo y el uso de la **a** personal.
- Se familiarizará con algunos verbos que necesitan preposiciones específicas.

EXPLORACIONES

Actividad 1. **Los pasatiempos.** Conteste las siguientes preguntas. Después comparta sus respuestas con un compañero.

1. ¿Qué hace cuando quiere divertirse?

2. ¿Qué tipo de actividades prefiere: las no competivas como ir de pesca, ir de campamento o al cine o las competitivas como los deportes, el billar o las charreadas? Explique.

3. ¿Practica alguna actividad competitiva? Explique.

4. ¿Es bueno en esa actividad? Explique.

5. ¿Qué ventajas le rinde ser uno de los mejores en alguna actividad competitiva?

6. ¿Es un buen perdedor? ¿Cómo reacciona un mal perdedor? Explique.

7. ¿Qué diferencias nota en la forma de divertirse de los hispanos y la de otros grupos culturales en su comunidad?

8. ¿Cree que la mujer es tan competitiva como el hombre? Explique.

9. ¿Cree que en una competencia siempre gana el mejor o que a veces la suerte es muy importante? Explique.

10. ¿Qué hace Ud., o las personas que ha visto compitiendo, para tener suerte? ¿Qué cosas hace una persona cuando quiere tener suerte? Explique.

Actividad 2. **¿Sabe jugar billar?** Conteste las preguntas. Después comparta sus respuestas con un compañero.

1. ¿Ha jugado billar alguna vez? Explique.

2. ¿Qué juegos de billar conoce? Explique.

3. ¿Hay salones de billar en su comunidad? ¿Los conoce?

4. ¿Quiénes frecuentan esos salones?

5. ¿Qué otro juego se practica en salones? Explique.

Actividad 3. **Ampliación de vocabulario.** El cuento que leerá a continuación tiene lugar en un salón de billar. Para familiarizarse con la terminología usada en Nueva York por puertorriqueños, compare el vocabulario técnico relacionado con el juego de billar que Ud. conoce con el que le damos a continuación. Dé otras palabras que Ud. sepa para identificar las cosas en la siguiente ilustración.

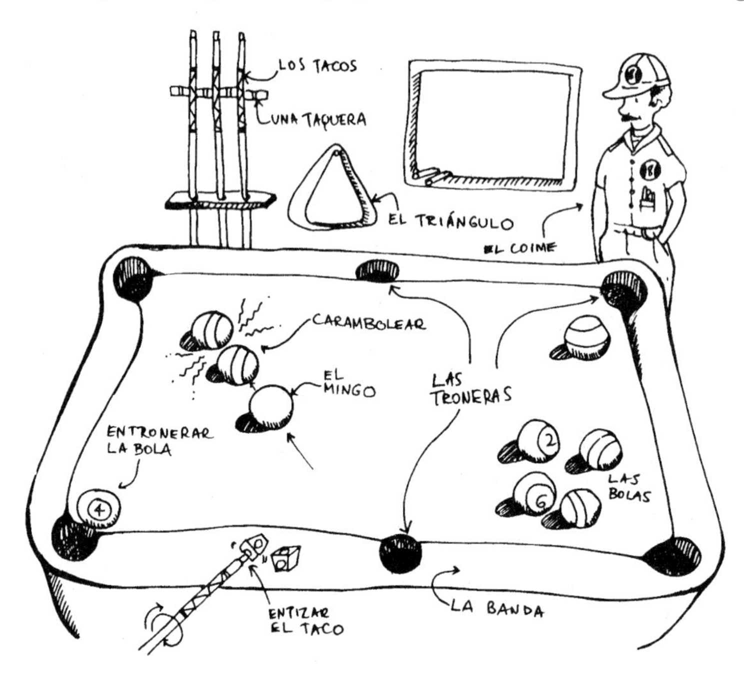

Actividad 4. **Los apodos.** Entre hispanos es muy común usar apodos. Conteste las preguntas. Después comparta sus respuestas con un compañero.

1. ¿Tiene Ud. algún apodo? ¿Cuál es? ¿Quién se lo puso? Explique.

____

____

____

2. ¿Qué apodos conoce? ¿En qué se basa alguien para ponerle un apodo a otra persona?

____

____

3. El autor de Campeones, el cuento que leeremos a continuación, usa solamente apodos para identificar a los personajes. Imagine las características de una persona cuyo apodo es el siguiente:

   Gavilán ______________________________
   Mamerto ______________________________
   Bimbo ______________________________
   Puruco ______________________________

4. ¿Qué opina sobre la costumbre de usar apodos? Explique.

____

____

LECTURA

Sobre el autor

Pedro Juan Soto nació en Puerto Rico en 1928. Fue a Nueva York a estudiar medicina, pero su interés por la literatura lo alejó de ella. Empezó a escribir reportajes, cuentos y entrevistas para algunos periódicos de Nueva York. Soto peleó en la guerra de Corea y al regresar volvió a Puerto Rico donde trabajó por más de diez años en la Editorial de la División de Educación de la Comunidad. Ha escrito tres novelas, dos dramas y un libro de cuentos llamado Spiks (1967). Soto ha logrado una excelente interpretación de los conflictos psicológicos que surgen del choque de dos culturas, la puertorriqueña y la anglosajona.

Campeones, cuento incluído en *Spiks*, refleja la vida de muchos chicos puertorriqueños que frecuentan los salones de billar en Harlem. A través de Puruco, un chico de dieciséis años, Soto nos hace sentir la problemática social que rodea a muchos puertorriqueños en Nueva York.

Escuche la primera parte del cuento y conteste las primeras preguntas. Después lea el resto del cuento y conteste las preguntas.

CAMPEONES

El taco hizo un último vaivén sobre el paño verde, picó al mingo y lo restalló contra la bola quince. Las manos rollizas, cetrinas[1], permanecieron quietas hasta que la bola hizo "clop" en la tronera y luego alzaron el taco hasta situarlo diagonalmente frente al rostro ácnido y fatuo[2]: el ricito envaselinado estaba ordenadamente caído sobre la frente, la oreja atrapillaba el cigarillo, la mirada era oblicua[3] y burlona, y la pelusilla del bigote había sido acentuada a lápiz.

—¿Qui'ubo, men? —dijo la voz aguda—. Ése sí fue un tiro de campión, ¿eh?

Se echó a reír, entonces.

Su cuerpo chaparro, grasiento, se volvió una mota alegremente tembluzca dentro de los ceñidos[4] mahones[5] y la camiseta sudada.

Contemplaba a Gavilán —los ojos demasiado vivos, no parecían tan vivos ya; la barba, de tres días, pretendía enmarañar el malhumor del rostro y no lo lograba; el cigarrillo, cenizoso, mantenía cerrados los labios, detrás de los cuales nadaban las palabrotas— y disfrutaba de la hazaña[6] perpetrada.

Le había ganado dos mesas corridas. Cierto que Gavilán había estado seis meses en la cárcel, pero eso no importaba ahora. Lo que importaba era que había perdido dos mesas con él, a quien estas victorias colocaban en una posición privilegiada. Lo ponían sobre los demás, sobre los mejores jugadores del barrio y sobre los que le echaban en cara la inferioridad de sus dieciséis años —su "nenura"— en aquel ambiente. Nadie podía ahora despojarle[7] de su lugar en Harlem. Era el nuevo, el sucesor de Gavilán y los demás individuos respetables. Era igual. . . No. Superior, por su juventud; tenía más tiempo y oportunidades para sobrepasar todas las hazañas de ellos.

Tenía ganas de salir a la calle y gritar: "¡Le gané dos mesas corridas a Gavilán! ¡Digan ahora! ¡Anden y digan ahora!" No lo hizo. Tan sólo entizó su taco y se dijo que no valía la pena. Hacía sol afuera, pero era sábado y los vecinos andarían por el mercado a esta hora de la mañana. No tendría más público que los chiquillos mocosos y las abuelas desinteresadas. Además, cierta humildad era buena característica de campeones.

1. amarillentas, color amarillo verdoso
2. presunción ridícula
3. sesgada, inclinada, de lado
4. apretados
5. pantalones de mezclilla, blue jeans
6. hecho heroico
7. quitarle

1. Describa físicamente a Puruco sin usar las mismas palabras del texto.
2. ¿Por qué cree que significaba tanto para Puruco haberle ganado dos mesas a Gavilán?

Recogió la peseta que Gavilán tiraba sobre el paño y cambió una sonrisa ufana[8] con el coime y los tres espectadores.

—Cobra lo tuyo —dijo al coime, deseando que algún espectador se moviera hacia las otras mesas para regar la noticia, para comentar cómo, él, Puruco, aquel chiquillo demasiado gordo, el de la cara barrosa y la voz cómica, había puesto en ridículo al gran Gavilán. Pero, al parecer, estos tres espectadores esperaban otra prueba.

Guardó sus quince centavos y dijo a Gavilán, que se secaba su demasiado sudor de la cara:

—¿Vamos pa'la otra?

—Vamos —dijo Gavilán, cogiendo de la taquera otro taco para entizarlo meticulosamente.

El coime desenganchó el triángulo e hizo la piña de la próxima tanda.

Rompió Puruco, dedicándose en seguida a silbar y a pasearse alrededor de la mesa elásticamente, casi en la punta de los tenis.

Gavilán se acercó al mingo con su pesadez característica y lo centró, pero no picó todavía. Simplemente alzó la cabeza, peludísima, dejando el cuerpo inclinado sobre el taco y el paño, para decir:

—Oye, déjame el pitito.

—Okay, men —dijo Puruco, y batuteó su taco hasta que oyó el tacazo de Gavilán y volvieron a correr y chasquear las bolas. Ninguna se entroneró.

—Ay, bendito —dijo Puruco—. Si lo tengo muerto a ehte hombre.

Picó hacia la uno, que se fue y dejó a la dos enfilada hacia la tronera izquierda. También la dos se fue. Él no podía dejar de sonreír para uno y otro lado del salón. Parecía invitar a las arañas, las moscas, a los bolíteros dispersos entre la concurrencia de las demás mesas, a presenciar esto.

Estudió cuidadosamente la posición de cada bola. Quería ganar esta otra mesa también, aprovechar la reciente lectura del libro de Willie Hoppe y las prácticas de todos aquellos meses en que había recibido la burla de sus contrincantes. El año pasado no era más que una chata; ahora comenzaba la verdadera vida, la de campeón. Derrotado Gavilán, derrotaría a Mamerto y al Bimbo... "¡Ábranle paso al Puruco!, dirían los conocedores. Y él impresionaría a los dueños de billares, se haría de buenas conexiones. Sería el guardaespaldas de algunos y amigo íntimo de otros. Tendría cigarrillos y cerveza gratis. Y mujeres, no chiquillas estúpidas que andaban siempre con miedo y que no iban más allá de algún apretón en el cine. De ahí, a la fama: el macho del barrio, el individuo indispensable para cualquier asunto —la bolita, el tráfico de narcóticos, la hembra de Riverside Drive de paseo por el Barrio, la pelea de esta pandilla con la otra para resolver "cosas de hombres".

3. Según Puruco, ¿qué beneficios le rendiría ganarle la tercera mesa a Gavilán?
4. ¿Qué nos dicen las metas que espera alcanzar Puruco del tipo de vida que lleva?
5. ¿Por qué cree que para Puruco son importantes estos beneficios?

8. arrogante, engreído, pretencioso

Con un pujido, pifió[9] la tres y maldijo. Gavilán estaba detrás de él cuando se dio vuelta.

—¡Cuidado con encharme fufú! —dijo, encrespándose.

Y Gavilán:

—Ay, deja eso.

—No; no me vengah con eso, men. A cuenta que estah perdiendo.

Gavilán no respondió. Centró al mingo a través del humo que le arrugaba las facciones y lo disparó para entronerar dos bolas en bandas contrarias.

—¿Lo ve? —dijo Puruco, y cruzó los dedos para salvaguardarse.

—¡Cállate la boca!

Gavilán tiró la banda, tratando de meter la cinco, pero falló. Puruco estudió la posición de su bola y se decidió por la tronera más lejana, pero más segura. Mientras centraba, se dio cuenta de que tendría que descruzar los dedos. Miró a Gavilán con suspicacia[10] y cruzó las dos piernas para picar. Falló el tiro.

Cuando alzó la vista, Gavilán sonreía y se chupaba la encía superior para escupir su piorrea. Ya no dudó de que era víctima de un hechizo.

—No relajeh, men. Juega limpio.

Gavilán lo miró extrañado, pisando el cigarrillo distraídamente.

—¿Qué te pasa a ti?

—No -dijo Puruco—; que no sigas con ese bilongo.

—¡Adió! —dijo Gavilán—. Si éhte cree en brujoh.

Llevó el taco atrás de su cintura, amagó una vez y entroneró fácilmente. Volvió a entronerar en la próxima. Y en la otra. Puruco se puso nervioso. O Gavilán estaba recobrando su destreza, o aquel bilongo le empujaba el taco. Si no sacaba más ventaja, Gavilán ganaría esta mesa. Entizó su taco, tocó madera tres veces y aguardó turno. Gavilán falló su quinto tiro. Entonces Puruco midió distancia. Picó, metiendo la ocho. Hizo una combinación para entronerar la once con la nueve. La nueve se fue luego. Caramboleó la doce a la tronera y falló luego la diez. Gavilán también la falló. Por fin logró Puruco meterla, pero para la trece casi rasga el paño. Sumó mentalmente. No le faltaban más que ocho tantos, de manera que podía calmarse.

6. ¿Quién cree que va a ganar esta mesa? Explique.
7. ¿Por qué cree Puruco que Gavilán le está echando brujería?
8. Diga cuando menos tres cosas que hace Puruco que demuestran que es una persona muy supersticiosa.
9. ¿Hace algo similar cuando quiere asegurar su buena suerte? Explique.

Pasó el cigarrillo de la oreja a los labios. Cuando lo encendía, de espaldas a la mesa para que el abanico no le apagara el fósforo, vio la sonrisa socorrona del coime. Se volvió rápidamente y cogió a Gavilán in fraganti: los pies levantados del piso, mientras el cuerpo se ladeaba sobre la banda para hacer fácil el tiro. Antes de que pudiera hablar, Gavilán había entronerado la bola.

—¡Oye men!

—¿Qué pasa? —dijo Gavilán tranquilamente, ojeando el otro tiro.

—¡No me vengah con eso, chico! Así no me ganah.

Gavilán arqueó la ceja para mirarlo, y aguzó el hocico mordiendo el interior de la boca.

9. golpe en falso con el taco en la bola

10. sospecha, desconfianza

—¿Qué te duele? —dijo.

—No, que así no —abrió los brazos Puruco, casi dándole al coime con el taco. Tiró el cigarrillo violentamente y dijo a los espectadores—: Uhtedeh lo han vihto, ¿veldá?

—¿Vihto qué? —dijo, inmutable Gavilán.

—Na, la puercá esa —chillaba Puruco—. ¿Tú te creh que yo soy bobo?

—Adió cará —rió Gavilán—. No me prégunteh a mí, porque a lo mejol te lo digo.

Puruco dio con el taco sobre una banda de la mesa.

—A mí me tieneh que jugar limpio. No te conformah con hacerme cábala primero, sino que dehpueh te meteh hacer trampa.

—¿Quién hizo trampa? —dijo Gavilán. Dejó el taco sobre la mesa y se acercó sonriendo, a Puruco—. ¿Tú diceh que yo soy tramposo?

—No —dijo Puruco, cambiando de tono, aniñando la voz, vacilando sobre sus pies—. Pero eh qui así no se debe jugar, men. Si ti han vihto.

Gavilán se viró hacia los otros.

—¿Yo he hecho trampa?

Sólo el coime sacudió la cabeza. Los demás no dijeron nada, cambiaron la vista.

—Pero si estabas encaramao[11] en la mesa, men —dijo Puruco.

Gavilán le empuñó la camiseta como sin querer, desnudándole la espalda fofa cuando le atrajo hacia él.

—A mí nadie me llama tramposo.

En todas las otras mesas se había detenido el juego. Los demás observaban desde lejos. No se oía más que el zumbido del abanico y de las moscas, y la gritería de los chiquillos en la calle.

—¿Tú te crees qui un pilemielda como tú me va a llamar a mí tramposo? —dijo Gavilán, forzando sobre el pecho de Puruco el puño que desgarraba la camiseta—. Te dejo ganar doh mesitah pa que tengas de qué echartelah, y ya te creeh el rey. Echa p'allá, infelih —dijo entre dientes—. Cuando crezcah noh vemo.

El empujón lanzó a Puruco contra la pared de yeso, donde su espalda se estrelló de plano. El estampido llenó de huecos el silencio. Alguien rió, jijeando. Alguien dijo: "Fanfarrón que es."

—Y lárgate di aquí anteh que te meta tremenda patá —dijo Gavilán.

10. ¿Acertó en la pregunta 6? Compare su respuesta con lo que pasó.
11. ¿Cómo sabemos que Gavilán realmente hizo trampa y no son invenciones de Puruco?
12. ¿Cree que Gavilán realmente dejó ganar a Puruco en las primeras dos mesas? Explique.
13. ¿Por qué cree Ud. que Gavilán no puede aceptar perder?
14. ¿Qué nos muestra la reacción de Puruco ante la pregunta de Gavilán: ¿Tú dices que yo soy tramposo?
15. ¿Qué cree que va a hacer Puruco ahora?

—Okay, men —tartajeó Puruco dejando caer el taco.

Salió sin atreverse a alzar la vista, oyendo de nuevo tacazos en las mesas, risitas. En la calle tuvo ganas de llorar, pero se resistió. Esto era de mujercitas. No le dolía el golpe recibido; más le dolía lo otro; aquel "cuando crezcah noh vemo". Él era un hombre ya. Si le golpeaban, si lo mataban, que lo hicieran olvidándose de sus dieciséis años. Era un hombre ya. Podía hacer daño, mucho daño, y también podía sobrevivir a él.

11. subido

Cruzó a la otra acera pateando furiosamente una lata de cerveza, las manos pellizcando, desde dentro de los bolsillos, su cuerpo clavado a la cruz de la adolescencia.

Le había dejado ganar, decía Gavilán. Embuste. Sabía que perdería todas con él, ahora en adelante, con el nuevo campeón. Por eso la brujería, por eso la trampa, por eso el golpe. Ah, pero aquellos tres individuos regarían la noticia de la caída de Gavilán. Después Mamerto y el Bimbo. Nadie podía detenerle ahora. El barrio, el mundo entero iba a ser suyo.

Cuando el aro del barril se le enredó entre las piernas, lo pateó a un lado. Le dio un manotazo al chiquillo que venía a recogerlo.

—Cuidao, men, que te parto un ojo —dijo, iracundo.

Y siguió andando sin preocuparse de la madre que le maldecía y corría hacia el chiquillo lloroso. Con los labios apretados, respiraba hondo. A su paso, veía caer serpentinas y llover vítores de las ventanas desiertas y cerradas.

Era un campeón. Iba alerta sólo al daño.

16. ¿Por qué cree, que era tan importante para Puruco ser considerado un hombre?
17. ¿Cree que la gente dirá que Puruco derrotó a Gavilán? Explique.
18. ¿Por qué le dio un manotazo al chiquillo?
19. ¿Cómo interpreta la frase final del cuento? **Era un campeón. Iba alerta sólo al daño.**
20. ¿Le gustó el cuento? ¿Por qué?

Actividad 5. **Hablemos con Puruco.** Imagine que Ud. es amigo de Puruco. Después de que Puruco le contó todo lo que pasó en el salón de billar, Ud. decide hablar con él porque se da cuenta de que va por mal camino. Escriba lo que le va a decir.

____

____

____

____

____

ANALIZAR Y DESCUBRIR

Actividad 6. **Diferencias dialectales.** En ***Campeones***, Ud. notó que el autor escribe algunas palabras de manera distinta para captar la pronunciación del español puertorriqueño. Escuche las siguientes frases sacadas de ***Campeones*** e identifique las diferencias de pronunciación que Ud. nota en cada frase.

1. Que no sigah con ese bilongo.

____

2. ¡Adió!. Si éhte cree en brujoh.

____

3. Pero si ehtabah encaramao en la mesa, men.

____

4. No me pregunteh a mí, porque a lo mejol te lo digo.

____

5. Y lárgate di aquí anteh que te meta tremenda patá.

____

6. ¡No me vengah con eso, chico! Así no me ganah.

____

7. Uhtedeh lo han vihto, ¿veldá?.

____

8. Na, la puercá esa.

____

Actividad 7. **El español puertorriqueño.** Hay cuatro características fonológicas (manera de pronunciar las palabras) típicas del español de Puerto Rico. En la **Actividad 1.** Ud. ya dedujo cuáles son. Ahora busque todos los ejemplos que ilustran cada punto.

1. La aspiración de la **s**.

_______ _______ _______ _______

_______ _______ _______ _______

_______ _______

2. La elisión (eliminación) de la **s** final.

____

3. La elisión de la **d** entrevocálica.

_______ _______ _______ _______

4. El cambio de la **r** por la **l** al final de sílaba.

_______ _______ _______ _______

Actividad 8. **Características en común.** Piense en las personas que conoce que hablan español. Señale qué rasgos fonológicos ha notado en su habla y en qué otros países o regiones ha oído rasgos semejantes. ¿Son similares a los del español puertorriqueño? Piense en el español argentino, venezolano, centroamericano, etcétera.

____

____

____

____

Actividad 9. **El complemento directo y la *a* personal.** Estudie la siguiente definición. Después lea el modelo y conteste las preguntas.

Es útil saber que...

El **complemento directo de un verbo** recibe directamente la acción de ese verbo:
a. El domingo vi **el coche del Mamerto** enfrente del salón de billar.
b. El domingo vi **a Puruco** jugando billar.

El **complemento directo** se reconoce mediante las preguntas hechas al verbo:
¿a quién (vi)? o ¿qué cosa (vi)?

En *a.* **el coche del Mamerto** En *b.* **a Puruco**

MODELO: a. Puruco miró la mesa de billar.
b. Después miró a Gavilán.
c. Puruco golpeó una lata de refresco que estaba tirada.
d. Después golpeó a un niño que corría por la calle.

1. ¿Cuál es el complemento directo en estas frases?

____

2. ¿Qué se necesita escribir cuando el complemento directo de un verbo es una persona?

____

Actividad 10. **Verbos que necesitan preposiciones específicas.**

A. Todos los verbos que expresan movimiento o desplazamiento necesitan la preposición **a.**

MODELO: a. Puruco **fue a** su casa después del juego.
b. No **volvió al** salón porque tenía miedo de encontrarse a Gavilán.
c. En cuanto **llegó a** su casa **se dirigió a** su cuarto.

acercarse a	asomarse a	apresurarse a	dirigirse a
ir a	llegar a	pararse a	salir a
subir a	volver a	venir a	comenzar a

Escoja cinco verbos que no use con frecuencia y escriba una oración con cada uno hablando de sus actividades.

____
____
____
____
____

B. Los siguientes verbos necesitan la preposición **a** seguida de infinitivo.

MODELO: a. Puruco **se acostumbró a** vivir del billar y finalmente se hizo campeón.
b. Cuando su hijo creció **lo puso a** estudiar y le prohibió jugar billar.
c. Aunque él quería que **le enseñara a** jugar.

acertar a	acostumbrarse a	aprender a	aspirar a
atreverse a	ayudar a	comenzar a	decidirse a
dedicarse a	detenerse a	disponerse a	echarse a
enseñar a	invitar a	negarse a	obligar a
ofrecerse a	oponerse a	ponerse a	resignarse a

Escoja cinco verbos que no use con frecuencia y escriba una oración con cada uno hablando de sus actividades.

____

____

____

____

____

C. Los siguientes verbos necesitan la preposición **de.**

MODELO: a. La madre de Puruco **trató de** que su hijo no fuera a jugar billar, pero no lo logró.
b. Sus profesores **se quejaban** mucho **de** él.
c. Puruco ahora **se alegra de** que su hijo no ande por mal camino.

acabar de	acordarse de	alegrarse de	burlarse de
cansarse de	cesar de	darse cuenta de	dejar de
despedirse de	enamorarse de	encargarse de	enterarse de
lamentarse de	olvidarse de	quejarse de	reírse de
salir de	terminar de		

Escoja cinco verbos que no use con frecuencia y escriba una oración con cada uno hablando de sus actividades.

____

____

____

____

____

D. Los siguientes verbos necesitan la preposición **en.**

MODELO: a. Puruco **confía en** que su hijo logre lo que él nunca logró.
b. Por eso se **empeña en** que no repita su historia.
c. Es triste **pensar en** lo que les pasa a los jóvenes que dejan la escuela.

confiar en	consentir en	consistir en	convenir en
convertirse en	creer en	empeñarse en	fijarse en
insistir en	pensar en	persistir en	quedar en
tardar en	vacilar en		

Escoja cinco verbos que no use con frecuencia y escriba una oración con cada uno hablando de sus actividades.

____

____

____

____

____

E. Los siguientes verbos necesitan la preposición **con**.

MODELO: a. Estoy segura de que Puruco no **contaba con** la ayuda de sus amigos.
b. Sin embargo, el **sueña con** que su hijo tenga éxito.
c. Su hijo espera **cumplir con** los deseos de su papá.

acabar con	amenazar con	casarse con	conformarse con
contar con	cumplir con	dar con	encontrarse con
soñar con	tropezar con		

Escoja cinco verbos que no use con frecuencia y escriba una oración con cada uno hablando de sus actividades.

____

____

____

____

____

MANOS A LA OBRA

Actividad 11. Una carta para Puruco. Un amigo le escribe la siguiente carta a Puruco. Ayúdele a terminarla escribiendo las preposiciones que hacen falta.

Querido amigo:

Acabo ____ recibir tu carta y siento mucho enterarme ____ lo que te pasó. Mi hermano, yo te aconsejo ____ que dejes de jugar billar. Piensa ____ tu futuro y el de tu familia. ¿Qué tipo de vida vas a llevar si insistes ____ juntarte con esa bola de criminales? ¿Te quieres quedar ____ ese barrio toda tu vida? ¿Te vas a conformar ____ jugar billar y estar rodeado de esa gente sin oficio ni beneficio? La única salida es cumplir ____ tus obligaciones en la escuela. Tú eres muy inteligente. No te opongas ____ la autoridad de tu mamá y tus

maestros. Ellos, como yo, queremos lo mejor para ti. Ya es hora de que empieces _____ pensar _____ qué carrera vas a seguir, cómo vas _____ ganarte la vida. Tú sabes que cuentas _____ mi ayuda y mi cariño. Evita volver _____ jugar billar aunque te guste mucho. Olvídate _____ esos tramposos y demuéstrales que tú eres más inteligente que ellos: estudia y ten éxito en tu carrera. Estoy seguro _____ que tú puedes convertirte _____ un gran triunfador.
Escríbeme en cuanto puedas,

Pepe

Actividad 12. **La influencia del ambiente.** Explique la influencia que tiene el ambiente que rodea a Puruco en su comportamiento. Considere las metas de Puruco a los 16 años. Compare sus propias metas a los 16 años y contraste la diferencia.

____

____

____

____

____

____

____

____

Actividad 13. **Un caso real.** Describa un caso que conozca, donde el comportamiento de una persona se ve claramente afectado por el ambiente en el que se encuentra. Diga cómo cambió el comportamiento de la persona, qué circunstancias lo llevaron a eso y cómo terminó la situación.

____

____

____

____

____

____

____

____

Actividad 14. **Los centros de diversión para adultos.** En su comunidad acaban de abrir un salón de billar. Los dueños piensan dejar entrar a jugar a mayores de 14 años. Ud. no desea que sus hijos adolescentes vayan ahí, por eso quiere que los dueños cambien la edad a mayores de 18 años. Escríbales una carta a los dueños, donde les explica cuáles son los peligros de permitir que menores de edad entren a los centros de diversión para adultos.

___

___

___

___

___

___

___

___

CAPÍTULO

15

LA COMUNIDAD CUBANA EN LOS ESTADOS UNIDOS

PROPÓSITOS

- Estudiará la historia de la inmigración cubana a los Estados Unidos.
- Se familiarizará con los logros de esta comunidad.
- Leerá sobre la situación económica y política de Cuba.
- Escribirá un ensayo comparativo explicando las similitudes y diferencias sociales, económicas y políticas entre los tres grupos de hispanos más numerosos en los Estados Unidos.

FORMA

- Se familiarizará con el tiempo verbal del presente perfecto y el futuro perfecto.
- Analizará algunos participios irregulares.

EXPLORACIONES

Actividad 1. **¿Cómo andan sus conocimientos de historia?** Primero, diga si las siguientes aseveraciones son **Ciertas** o **Falsas**. Después, escuche la información histórica siguiendo la lectura con los ojos. Por último, verifique sus respuestas y corrija sus errores.

	C	F
1. Cuba fue descubierta por Colón en su primer viaje en 1492.	_____	_____
2. La cultura cubana es una mezcla de lo indígena y lo español únicamente.	_____	_____
3. Los Estados Unidos intervinieron para que Cuba se liberara de España.	_____	_____
4. Cuba fue territorio norteamericano por algunos años.	_____	_____
5. Fidel Castro fue apoyado por el pueblo cubano en la revolución contra el dictador Batista.	_____	_____
6. Los Estados Unidos intentaron derrocar a Castro invadiendo a Cuba por la Bahía de Cochinos.	_____	_____
7. Cuba fue el primer país comunista en Hispanoamérica.	_____	_____
8. Los primeros inmigrantes cubanos fueron rechazados por el gobierno de los Estados Unidos.	_____	_____
9. Estos inmigrantes eran personas humildes sin mucha educación que huían de la pobreza.	_____	_____
10. En 1980 Fidel Castro dejó salir de Cuba a quien quisiera. Aprovechó esto para vaciar sus cárceles y manicomios.	_____	_____
11. Las personas que salieron de Cuba en 1980 llegaron a la Florida en el éxodo masivo de "Mariel".	_____	_____
12. Los cubanos son el grupo hispano más próspero en los Estados Unidos.	_____	_____

UN POCO DE HISTORIA: LA INMIGRACIÓN CUBANA

Cuba fue descubierta en el primer viaje que Cristóbal Colón hizo en 1492. La población indígena que encontraron los colonizadores pronto desapareció por el tipo de trabajo que se les forzó a hacer y las enfermedades que trajeron los españoles. Para la mano de obra que se necesitaba en las plantaciones de azúcar que establecieron más tarde, los españoles trajeron de Africa un gran número de negros. Hoy en día, esa mezcla del español con africano se ve en la gente, las tradiciones, la música y la literatura cubanas.

Cuba fue posesión de España por largo tiempo pero, en 1868, se inició la guerra por la independencia. Con la intervención de los Estados Unidos, Cuba se liberó de España en 1898 y pasó a ser territorio norteamericano hasta 1902. Por un período de unos cincuenta años Cuba tuvo regímenes bastante democráticos hasta 1952, cuando Fulgencio Batista estableció una dictadura militar. La reacción a esa dictadura provocó un levantamiento popular que terminó con el triunfo de Fidel Castro. Castro nombró presidente a Manuel Urritia y él asumió la dirección del país como jefe de las fuerzas armadas y más tarde como primer ministro.

Castro impuso entonces sus deseos sobre todos los dirigentes y grupos revolucionarios: instituyó la pena de muerte contra los seguidores del antiguo régimen y los adversarios del nuevo, nacionalizó las inversiones y propiedades extranjeras, e inició una política de expropiaciones y encarcelamientos, lo cual provocó el éxodo de una parte considerable de la población. En abril de 1961 con ayuda del gobierno estadounidense, un número de exiliados cubanos intentó derrocar a Castro invadiendo Cuba, por la Bahía de Cochinos. A causa de un cambio en la política de los Estados Unidos, el atentado no tuvo éxito. Castro se proclamó comunista, declaró a Cuba estado socialista y se colocó bajo la protección soviética. Cuba fue el primer país comunista en Hispanoamérica y aunque al principio Castro logró algunos avances (mejorar la educación, apoyar los avances académios y técnicos, fomentar el deporte y las artes), desgraciadamente, hoy la situación es completamente diferente. La calidad de vida se ha deteriorado a tal punto que el pueblo cubano se encuentra en una situación desesperada.

La inmigración cubana a los Estados Unidos se dio en dos grandes olas. La primera a partir de 1959, cuando Fidel Castro tomó el poder en Cuba. La mayoría de estos inmigrantes eran de clase media con un nivel alto de educación y dominio del inglés. Como refugiados de un sistema comunista, tuvieron el apoyo de organizaciones privadas y del gobierno. Los Estados Unidos recibieron con brazos abiertos a estos refugiados que se escapaban de un país comunista. Otros grupos hispanos no han gozado de una recepción tan acogedora. La segunda ola de inmigrantes cubanos llegó en 1980 cuando Fidel Castro permitió que salieran de Cuba todos los que quisieran. Fidel pensó que pocas personas querrían irse, pero cuando se dio cuenta que miles de cubanos jóvenes, criados en su sistema querían irse del país, aprovechó la oportunidad para expulsar a muchas personas indeseables, criminales y enfermos mentales entre ellos, y así poder decir que sólo la escoria quería salir de Cuba. Mediante este éxodo masivo desde el puerto de Mariel llegaron unos 125.000 cubanos a Key West, Florida. Aunque estos "marielitos" no recibieron la misma acogida que los primeros inmigrantes, los cubanos demostraron su solidaridad donando grandes cantidades de dinero, ropa y comida para ayudar a los recién llegados. No obstante, muchos temían que los nuevos refugiados mancharían el buen nombre y reputación de los cubanos ya establecidos en Miami. Sin embargo, el tiempo ha demostrado que la mayoría de los "marielitos" eran personas honestas y trabajadoras que, como todos los que han llegado a este país, buscaban una mejor vida en un ambiente de paz y libertad.

La comunidad cubana representa alrededor del 4% de la población hispana y se calcula que en 1994 había 1,044,000 de cubanos en los Estados Unidos. En la actualidad, es el tercer grupo hispano en número, pero es el más próspero. Gracias a los primeros inmigrantes cubanos, el gobierno federal se dio cuenta de la necesidad de programas bilingües para enseñarles inglés a los niños de grupos lingüísticos minoritarios. Este programa sirvió de modelo para otros programas, y en 1965 ayudó a que se estableciera la Ley Federal de Educación Bilingüe.

Los logros de los cubanos en los Estados Unidos son impresionantes. En menos de cuatro décadas su presencia se ha hecho sentir de una manera contundente. Su éxito económico se resume bien en las palabras de un profesor de economía, Antonio Jorge, que dijo, "Adán Smith aún vive en los Estados Unidos y se encuentra bien. Pero ahora vive en Miami y habla español". Los cubanos han convertido a Miami en un centro económico y además, en un puente financiero y cultural entre los Estados Unidos y Latinoamérica. Culturalmente este país se ha enriquecido gracias a las contribuciones de esta comunidad en las artes, la literatura y la educación.

Aunque la comunidad cubana en general ha logrado el éxito económico, social y educacional que otros grupos hispanos no han conocido, aún hay problemas. Hay personas viejas y jóvenes, que por diversos motivos no han podido adaptarse a la vida en los Estados Unidos. Muchos de ellos todavía tienen la esperanza y el deseo de volver a Cuba y por lo tanto viven enajenados y frustrados. Algunos no han aprendido inglés y se sienten aislados. También hay otros que dicen que la sociedad norteamericana ha tenido una influencia negativa en la familia y ha contribuido a la desintegración de esta unidad básica de la comunidad cubana.

A pesar de todo esto, de todos los grupos hispanos que se encuentran en los Estados Unidos, los cubanos son los que mejor se han integrado a esta sociedad y los que han prosperado más.

Actividad 2. **Trabajo de investigación.** En grupos de 4 personas, investiguen cuatro de los siguientes temas. Traigan la información obtenida a la clase, para compartirla con sus compañeros.

a. Traer un poema de un poeta cubano o cubano-americano.

b. Traer un cuento corto de un escritor cubano o cubano-americano.

c. Traer una canción cubana (debe poder tocarla a la clase).

d. Traer una receta de cocina cubana.

e. Traer un recorte de periódico con una noticia reciente de Cuba o de cubano-americanos en los Estados Unidos.
f. Hablar de una persona importante en los Estados Unidos que sea de origen cubano. (política, arte, medicina, literatura, etc.)
g. Grabar y traer una entrevista con un inmigrante cubano de la primera ola de inmigrantes donde éste relate cómo y por qué llegó a los Estados Unidos.
h. Grabar y traer una entrevista con un inmigrante cubano de la segunda ola de inmigrantes donde éste relate cómo y por qué llegó a los Estados Unidos.

Actividad 3. **Los desastres naturales.** Conteste las siguientes preguntas.

1. Mencione algunos tipos de desastres.

   ____

2. ¿Ha experimentado alguno de los desastres mencionados en la pregunta anterior? Explique.

   ____

3. ¿Qué medidas ha tomado para estar preparado en caso de un desastre natural?

   ____

4. Escriba los problemas que causa un desastre natural. ¿Qué pasa después de un desastre?

   ____

Actividad 4. **Cuba.** Escriba todo lo que sabe de la situación actual de Cuba. Después comparta sus conocimientos con sus compañeros.

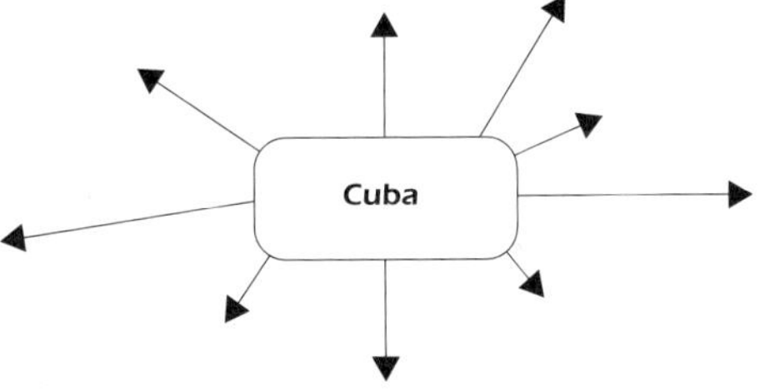

LECTURA

Lea con propósito. Cuando necesita obtener información precisa sobre lo que se leyó, una estrategia para facilitar la lectura es leer las preguntas que hay que contestar, antes de leer el texto. Por lo tanto, lea las siguientes preguntas antes de leer el artículo ***Cuba se derrumba, pero Fidel sigue firme***, que ha sido adaptado de la revista mexicana *Contenido*. Note que hay cinco secciones. Conteste las preguntas de la primera sección antes de continuar con la segunda y así sucesivamente.

1. ¿Qué relación cree que tenga el título de esta lectura con los desastres?
2. ¿Qué cree que sintió Germán al verse en la planta baja del edificio?
3. ¿Por qué se derrumban los edificios en Cuba?
4. ¿Por qué no se emplea el subsidio de las Naciones Unidas para la restauración de los edificios?
5. ¿Por qué el pueblo cubano no habla de los derrumbes?
6. ¿A qué están acostumbrados los cubanos menores de 30 años?

CUBA SE DERRUMBA, PERO FIDEL SIGUE FIRME

Quienes nunca estuvieron en un edificio que se derrumba, piensan que tal catástrofe no puede suceder sin aviso: sordos crujidos, yeso que se desprende del techo, tal vez la sensación de que el piso cede bajo los pies, como la cubierta de una nave pequeña. Germán, un cuarentón robicundo que hasta el pasado 21 de enero vivía con su mujer y 2 hijos en un departamento del tercer piso de un edificio de La Habana Vieja, en el centro de la capital de Cuba, dice que él no percibió nada semejante: la mañana de ese día fue a la cocina a tomar agua y, al llevarse el vaso a los labios, se halló de pronto hundido hasta la cintura en un montón de escombro, a nivel de la calle, bajo el regaderazo de gritos que desde lo alto le lanzaba su esposa, atrapada en el tercer piso, en la parte del edificio que aún quedaba de pie.

Germán y su familia salieron del trance sin heridas graves, y hasta se dieron maña para rescatar muebles y pertenencias. En cambio, 3 de sus vecinos murieron en el derrumbe. Era el segundo derrumbe de esa semana en La Habana: Cuba no sufre movimientos sísmicos, pero debido a que la mayoría de las construcciones no han recibido mantenimiento en las últimas 3 décadas, muchos edificios se caen de viejos, a razón de 2 ó 3 por mes.

El centro histórico de La Habana, la primera ciudad de este continente, ha sido declarado "Patrimonio de la humanidad" por las Naciones Unidas; pero el subsidio que para su cuidado aportan la organización internacional y algunos gobiernos europeos, apenas alcanza para pagar a la burocracia encargada de proyectar la restauración, y poco queda para trabajos de albañilería; de los centenares de construcciones en La Habana declaradas "de interés histórico", apenas una docena han recibido en los últimos años una capa de pintura.

El espectáculo de los derrumbes en La Habana Vieja, suele ser lo primero que llama la atención de los grupos de extranjeros que diariamente son llevados por el Ministerio de Turismo en rutinarias visitas por la ciudad. Pero los cubanos hablan poco de ese tema, no porque el gobierno se los prohiba sino porque tienen preocupaciones más apremiantes, como mantenerse informados sobre los escasos lugares, que cambian de ubicación cada día, donde de pronto y sin previo aviso, apenas por unas horas, es posible hallar comestibles.

Los cubanos menores de 30 años no creen mucho en las historias de abundancia y despreocupación que, como cuentos de hadas, todavía cuentan algunos viejos. Para los jóvenes el racionamiento, las colas, y el maltrato al público en las tiendas de gobierno, forman parte de la vida cotidiana tal como siempre la conocieron, y, hasta el año pasado, lo normal era quejarse de tales molestias con la misma indiferencia con que refunfuñan contra el calor o la lluvia. Todo cambió cuando se implantó un "periodo especial de emergencia", con restricciones aún más severas, y se anunció oficialmente que todo iba a mejorar, pero no sin antes empeorar. La escasez alcanzó tal dimensión sicológica, que se volvió obsesión colectiva. Ahora la gente casi no habla de otra cosa.

BUSCADORES DE MILAGROS

Muchos turistas visitan Cuba. El gobierno no puede prohibir el contacto amistoso entre nacionales y extranjeros, porque necesita desesperadamente las divisas que proporciona el turismo; ni pueden los cubanos ponerse a salvo de la curiosidad extranjera tras la barrera del idioma, porque la mayoría de los turistas que llegan a Cuba son hispanoparlantes; ni pueden impedir las autoridades que cada día sea mayor el número de adolescentes, y adultos, que merodean en la "zona del dólar", alrededor de los hoteles donde se alojan turistas, buscando de todo, desde dádivas hasta milagros.

Estos merodeadores son llamados, despectivamente, "jineteros", y ofrecen amistad, compañia y hasta sexo a los turistas. Los lugares predilectos de los "jineteros" son los bares y las discotecas a las cuales sólo pueden entrar como acompañantes de un extranjero.

Igualmente fabulosos a los ojos de los cubanos, son los restaurantes donde los extranjeros, sin hacer cola, pueden ordenar carne de res o puerco, langosta, camarón, platillos chinos y diversas bebidas nacionales y extranjeras.

—Los cubanos no se atreven a pedir por su cuenta: con los ojos como ascuas, piden lo mismo que el acompañante extranjero, y caen en trance cuando saborean el congri (arroz con frijoles), la carne, los plátanos fritos y el postre de helado Coppelia (con azúcar quemada y merengue), que hasta hace poco no eran cosas del otro mundo pero que, en el actual "período especial" se han vuelto platillos legendarios.

Entre bocado y bocado, los agradecidos invitados hablan, como siempre, del racionamiento y las penurias de su vida.

—Hacía 6 meses que no comía carne— comenta con la boca llena, un estudiante en vacaciones obligatorias, porque su escuela nocturna, suspendió las clases por la escasez de electricidad.

—Los zapatos que traigo me quedan grandes— explica, como si fuera broma, una enfermera pediátrica—,pero eran los únicos que había y si no los compraba, no me tocaría otro par antes del próximo año.

—Lo que a mí me preocupa es que no tengo pañales para mi niña— se queja una oficinista, madre soltera.

—Según las libretas de racionamiento— dice un maestro de literatura rusa, ahora desempleado— a cada familia le corresponde un pollo al mes, pero el año pasado, sólo los recibimos en 3 ocasiones.

—La leche —interviene la enfermera de los zapatos grandes— ahora es sólo para los niños menores de 7 años: un máximo mensual de 6 latitas de leche evaporada. Para adultos, sólo por prescripción médica.

—A mí me cortaron la luz—dice la oficinista madre soltera—: por culpa de mi padre que no puede dormirse sin antes leer largo rato, nos excedimos de la cuota máxima.

En otros países una situación como la que describen estas personas provocaría disturbios incontenibles. Pero aún los cubanos más quejosos no culpan enteramente a su gobierno, buena parte de las penurias, explican, se deben a los dos bloqueos que soporta Cuba: el boicot comercial norteamericano, que —alegan— ha costado a la isla unos 16 millones de dólares en tres décadas, y el "segundo bloqueo" como suelen llamar los cubanos al cambio de postura de los países de Europa oriental, y la fragmentación de la antigua Unión Soviética, naciones con las cuales Cuba venía sosteniendo cerca del 90% de su comercio exterior.

7. ¿Quiénes son los jineteros?
8. ¿A qué lugares los cubanos sólo pueden entrar como acompañantes de un extranjero?
9. ¿Por qué cree que mucha de la juventud cubana se dedica a la jinetería?
10. ¿Por qué muchos cubanos no culpan al gobierno por la falta de recursos?

BLOQUEADOS

¿Explica el bloqueo la escasez de huevos? ¿Qué le impide a los cubanos criar millones de pollos? Los dos bloqueos, dicen convencidos los cubanos, porque la escasez de petróleo impide generar la energía eléctrica que consumirían las incubadoras necesarias para criar tantos pollitos (sin contar que, por errores de planificación, los cubanos se comieron las gallinas y ahora no tienen dinero para importarlas).

Cuba es una de las islas más fértiles del planeta, ¿qué le impide producir fruta, legumbres, verduras para alimentar a su pueblo? Según los cubanos, los dos bloqueos; porque las tierras han sido empobrecidas por décadas de monocultivo, y el país no puede importar fertilizantes (sin contar que, por errores de planificación, tampoco los importó cuando sí podía, ni puso énfasis en la investigación tecnológica para desarrollar sus propios fertilizantes, a partir de sus propios minerales y vegetales, inclusive los que abundan en el mar).

Cuba es una isla, ¿qué le impide alimentarse del mar? Nuevamente los dos bloqueos; porque la flota pesquera cubana está prácticamente paralizada por falta de petróleo y refacciones, al punto que el gobierno parece decidido a vender las embarcaciones a los capitalistas extranjeros (españoles); y aun si dicha flota navegara a todo vapor, la mayor parte de la captura se perdería, por la falta de energía eléctrica para refrigerar tantos pescados (sin contar que, por errores de planificación, muchas embarcaciones e instalaciones para el procesamiento de pescado, están reducidas a chatarra).

A través de la historia, muchos pueblos, más numerosos que el cubano, han logrado vivir del mar con métodos rudimentarios, sin cámaras frigoríficas ni lanchas de motor. ¿Qué impide a los cubanos salir a pescar en veleros? Los dos bloqueos: si el gobierno concediera miles de licencias para que los cubanos se hicieran a la mar en todo tipo de embarcaciones, la mayoría aprovecharían la oportunidad para huir de la isla (sin contar que, por errores de planificación, Cuba es de las pocas naciones isleñas que no ha desarrollado su propia industria de construcción naval, y no tiene técnicos, ni siquiera artesanos, capaces de fabricar en cantidad buenos barquitos).

Para los extranjeros, algunas de las anteriores explicaciones suenan plausibles, pero otras parecen excusas que la burocracia cubana viene repitiendo desde hace 30 años. Por ejemplo, nadie sabe explicar de dónde sale la cifra de los miles de millones de dólares que Cuba dice haber perdido por culpa del bloqueo norteamericano. Lo curioso es que la mayoría de los cubanos, inclusive muchos jineteros, aun toman en serio, al menos en parte, la explicación de los dos bloqueos; lo cual parece reconfortarlos cuando hacen cola.

11. Según el artículo, los dos bloqueos han contribuído a la falta de recursos. ¿Cuales son los efectos de los dos bloqueos y los efectos de la mala planificación del gobierno?
12. En su opinión, ¿quién o qué cree que es responsable de las carencias en Cuba? Explique.

MEMORIAS DEL HEROISMO

Los cubanos tienen el don de no ponerse de malas cuando les va mal. A pesar de su poco éxito como pescador, un obrero se alegró de tener extraños, gente llegada de más allá de los dos bloqueos, con quienes departir, e invitó a los reporteros de Contenido a su casa.

El frustrado pescador ocupa una vivienda de 3 cuartos con sus padres, 4 hermanos veinteañeros, y 2 niñas, de uno y dos años de edad, hijas del hermano mayor. El padre es chofer de camión de carga, ahora también parcialmente desempleado, por el racionamiento de combustible. Tienen un refrigerador de fabricación soviética cuadrado, pintado de azul, y más bien feo, pero que funciona perfectamente. En cambio su televisor, también soviético, produce una imagen que brinca constantemente, por lo cual casi nunca lo encienden. Además, debido al racionamiento de energía, se han reducido las horas de programación. Por falta de refacciones su lavadora soviética no funciona.

Dos de los hermanos estudian mecánica y sueñan con navegar, ver mundo, ensanchar el horizonte de la familia ahora apretujada entre el refrigerador y la lavadora. Esperan hallar trabajo en un barco cuando pase el "periodo especial" y todo mejore. ¿Cómo hará el gobierno para que todo mejore? Ellos no lo saben, pero confían en que Fidel, que hasta ahora nunca ha fallado, encontrará la manera. El padre de los muchachos, un hombre flaco y taciturno, no confía tanto. —Lo mejor sería que Fidel se muriera— dice sombríamente.

De regreso al hotel, los reporteros tropezaron con un taxista, que al igual que los hermanos del pescador, tampoco se quejó de Fidel: cree igualmente que el líder va a hallar el modo de sacar a su país del pantano, una vez más, como en los heroicos años 60: "Cuando los cubanos aplastaron la invasión mandada por la CIA y, por causa de Cuba, estuvo a punto de estallar la tercera guerra mundial", recita el hombre con inocultable orgullo.

Cuando se le hace notar que en aquellos tiempos (que por la edad que aparenta, debe haber conocido en brazos de su madre), Fidel y la revolución eran 30 años más jóvenes, el taxista reconoce que la situación es crítica, peor que nunca, y que el gobierno está lleno de bandidos; pero aún así cree en Castro.

—Y si Fidel se muriera, quedaría su hermano Raúl, a quien Fidel le diría qué hacer: ellos saben lo que hay que hacer —dice varias veces como repitiendo una plegaria.

La mayoría de las personas con quienes los reporteros de Contenido tuvieron oportunidad de platicar, jóvenes entre 17 y 30 años de edad, opinan como los hermanos del obrero que pescaba en el malecón: —Fidel nos va a sacar de ésta. Fidel es bueno. Lo que pasa es que no sabe lo que está pasando acá abajo. La gente que lo rodea lo tiene mal informado.

Una trigueña de 22 años aclara que, aunque la gente quiere a Fidel, si uno se lo topa por la calle, no puede gesticular ni tratar de acercarse para contarle la verdad de lo que pasa en el país: —Los guardias no pueden darse el lujo de esperar para ver si es un inocente saludo, o el inicio de un atentado, y nomás meten bala, ¿qué van a hacer?

13. ¿Cómo vive la familia del pescador del malecón?
14. ¿Cuáles son los sueños de los hermanos del pescador?
15. ¿Qué memorias de heroísmo tiene el taxista? ¿A qué evento se refiere?
16. ¿Por qué cree que los entrevistados no culpan a Fidel?

UN FUTURO INCIERTO

Los detractores del gobierno aseguran que se ha duplicado el número de traficantes del mercado negro, motivados por la idea de abrirse paso con billetes y huir de la isla. Otros, los más patéticos, son los que sueñan con alzar vuelo en alas del amor; casarse con un extranjero tan enamorado que estaría dispuesto a invertir los miles de dólares que cuesta sacar a un novio o novia de Cuba. Generalmente, los turistas que van a la Habana a la caza de jineteros, no desengañan ni prometen, sólo dejan creer. Como dijo un ingeniero michoacano mientras pagaba abultada cuenta en un restaurante en Cuba: —Sale más barato que Cancún, y hay que aprovecharlo mientras dure.

¿Cuánto va a durar? Todavía no se detectan en La Habana ni atisbos de oposición organizada. Algunos murmuran que hay por lo menos 30 grupos clandestinos que ya están acopiando armas y que la ultrasecreta conspiración puede que involucre a más de 1,000 activistas, metidos en todas partes. Pero la gente de la calle no toma en serio estos rumores. Dicen que son delirios, como los de una mujer que ganó macabra notoriedad diciendo que había adolescentes que se inyectaban voluntariamente el SIDA (con jeringas infectadas de los enfermos del hospital Finca Los Cocos, donde los sidosos cubanos son rigurosamente concentrados), para gozar del alojamiento y alimentación especiales que reciben dichos pacientes.

En cambio, no se niega la labor de hormiga que, contra viento y marea, desarrollan algunas organizaciones defensoras de los derechos humanos; pero sus voceros se encuentran tan intimidados, que procuran ni ser vistos cerca de periodistas extranjeros.

Otros pretenden ser más realistas y dicen que cualquier movimiento para reformar el sistema, sólo podrá nacer de las entrañas del régimen, y apuntan a varios posibles disidentes o modernizadores del sistema.

La mayoría, sin embargo, aún piensa que todo cambio repentino podría resultar peor que la enfermedad. Como dijo el joven obrero desempleado que trataba de pescar en el malecón de La Habana:

—Con Fidel estamos mal, pero estamos. Sin él, quién sabe.

17. ¿De qué forma sueñan algunos cubanos lograr salir de Cuba?
18. ¿Qué piensa de lo que dijo el ingeniero michoacano? Explique.
19. ¿Cree que es verdad que algunos adolescentes se inyectaban con jeringas infectadas de SIDA? Explique.
20. ¿Cuál cree que sea el futuro de Cuba?
21. ¿Por qué cree que todavía no haya habido una revolución en Cuba?
22. ¿Qué opina del artículo?

ANALIZAR Y DESCUBRIR

Actividad 5. **El participio pasado.** Use su intuición y conocimientos del español para escribir la forma adecuada de los verbos entre paréntisis. Después conteste las preguntas.

En el "periodo especial", los cubanos han ______________(sufrir) mucho. Muchas personas han ______________ (intentar) salir de la isla pero no han ______________ (poder) hacerlo. Algunos se han ____________ (echar) al mar en balsas pequeñas, sin embargo, pocos han ____________(llegar) vivos a las costas de la Florida. La mayoría de los cubanos no han ______________ (comer) carne ni mariscos por mucho tiempo ni han ______________ (comprar) ropa u objetos necesarios porque los mercados están vacíos.

Es útil saber que...

La forma verbal que Ud. generó se llama **Participio pasado.** Esta forma se usa para formar el **Presente Perfecto** junto con **haber** (No **han llegado** vivos.) y también se usa como adjetivo junto con **estar** para describir algo. MODELO: Los edificios **están** abandonados.

1. El participio pasado de los verbos del grupo **-ar**, termina en ______.
2. El participio pasado de los verbos del grupo **-er**, termina en ______
3. El participio pasado de los verbos del grupo **-ir**, termina en ______

Actividad 6. **Los participio irregulares.** Después de leer lo que Germán dice acerca de las condiciones en las que se encuentra Cuba, llene la tabla con las conjugaciones de **haber** en el presente y los **participios pasados** irregulares.

a. Muchas personas han **muerto** a causa de los derrumbes.
b. Muchos edificios están **abandonados** porque las paredes están **destruídas** y todas las ventanas **rotas.**
c. Las calles están **cubiertas** de escombros.
d. Fidel ha **hecho** nuevos planes para mejorar la situación pero no se ha **resuelto** ningún problema.
e. Se ha **dicho** que la economía mejorará, pero en realidad se ha **puesto** peor.
f. Los cubanos que han **vuelto** a la isla han **descubierto** una burocracia aún más **corrupta** que antes.
g. Nosotros los habitantes, no hemos **visto** carne en meses.
h. Sólo hay tiendas **abiertas** para los turistas, nada para los cubanos.
i. Aunque se han **escrito** libros en Cuba, que describen la situación actual, no han **sido impresos** por razones políticas y falta de recursos.
j. Sólo nos queda esperar el día en que toda esta pesadilla haya **terminado.**

HABER				
YO	NOSOTROS	TÚ	UD., ÉL, O ELLA	UDS., ELLOS, O ELLAS
______	hemos	______	______	han

Verbos irregulares	**Participio pasado**
abrir	
corromper	
cubrir	
decir	
descubrir	
escribir	
hacer	
imprimir	
morir	
poner	
resolver	
romper	
ver	
volver	

Actividad 7. **¡Pon aquí tu nombre!** ¿Qué han hecho sus compañeros últimamente? Busque compañeros en su clase que hayan tenido las experiencias que indican las preguntas de abajo. Tiene 8 minutos para encontrar los más que pueda. No puede usar el mismo nombre más de una vez. Después, cada estudiante comparte con el resto de la clase una respuesta. Por ejemplo, Ud. dice: Roberto ha vivido en Nicaragua y en el Salvador. Otro estudiante le hace entonces una pregunta a Roberto: ¿Cuánto tiempo viviste en Nicaragua? Roberto comparte su experiencia con la clase.

Pregunta	Compañero
1. ¿Has visitado algún país latino?	________________
2. ¿Has comido arroz con gandules?	________________
3. ¿Has visto la película *El Norte*?	________________
4. ¿Te has roto algo alguna vez?	________________
5. ¿Has perdido algo de mucho valor alguna vez?	________________
6. ¿Has recibido una multa de tráfico últimamente?	________________
7. ¿Has comprado algo nuevo esta semana?	________________
8. ¿Te has peleado con alguien a golpes alguna vez?	________________
9. ¿Has chocado recientemente?	________________
10. ¿Has hecho algo hoy que nunca habías hecho antes?	________________
11. ¿Has salido mucho últimamente?	________________
12. ¿Te has mudado este año?	________________
13. ¿Te han robado el coche alguna vez?	________________
14. ¿Has vivido en otros países?	________________

Actividad 8. **El futuro perfecto: ¿Qué habré logrado en mi vida?** Piense en por lo menos diez metas que habrá logrado para cuando sea hora de jubilarse. Escríbalas a continuación.

Es útil saber que...

El futuro perfecto se usa para expresar una acción futura que ocurrirá antes de otra acción también futura.

MODELO: Para el año dos mil Castro ya **habrá muerto** y Cuba se **habrá liberado** del comunismo.

Para cuando me jubile ya...

____

____

____

____

____

MANOS A LA OBRA

Actividad 9. **Los cubanos exiliados en los Estados Unidos.** Use sus conocimientos acerca de la situación de los cubanos en los Estados Unidos para completar de una forma lógica las siguientes aseveraciones.

Los cubanos exiliados (no) han....

(lograr) ______________________________

(construir) ______________________________

(hacer) ______________________________

(aprender) ______________________________

(triunfar) ______________________________

(ver) ______________________________

(olvidar) ______________________________

(escribir) ______________________________

Actividad 10. **Un viaje a Cuba.** Imagine que lleva una semana visitando Cuba. Escríbale una carta a sus familiares donde describe todo lo que ha visto y lo que ha hecho en esa semana.

____

____

____

____

____

____

Actividad 11. **La herencia cubana.** Imagine que Ud. es de ascendencia cubana. Describa todos los logros que su gente ha realizado en este país. Vuelva a leer **La comunidad cubana en los Estados Unidos** para refrescar su memoria.

____

____

____

____

____

____

PARA ESCRIBIR MEJOR

Cuando deseamos presentar las similitudes y las diferencias entre dos entidades para comprender mejor algo, se usa la comparación. La comparación muestra las semejanzas y diferencias entre dos entidades.

Una manera de organizar su ensayo es la siguiente: El primer párrafo es una introducción al tema y donde se expresa la intención del ensayo. El segundo párrafo expone todas las similitudes de las dos entidades en cuestión. El tercer párrafo expone todas las diferencias entre las dos entidades. Finalmente, en el último párrafo concluye resumiendo las ideas expuestas anteriormente.

PARA SEÑALAR SIMILITUDES USE:	PARA SEÑALAR DIFERENCIAS USE:
al igual que	a diferencia de
de la misma manera	al contrario
del mismo modo	en cambio
lo mismo que	en contraste con
se parece a	de distinto modo

Actividad 12. **Los hispanos en los Estados Unidos.** Hemos estudiado los marcos socio-políticos y económicos bajo los que los mexicanos, los puertorriqueños y los cubanos emigraron a los Estados Unidos. En su universidad muchas personas no entienden por qué no todos los grupos hispanos se han integrado al país de la misma manera. Ud. que conoce la historia de los tres grupos hispanos más grandes, escoja los dos grupos que más le interesan y escriba un ensayo, explicando las similitudes y las diferencias entre estos dos grupos que han contribuido a que la situación social, económica y política entre ellos sea diferente. Para terminar, diga por qué cree que los dos grupos se han asimilado de manera diferente.

____

____

____

____

____

____

____

____

____

____

____

____

CAPÍTULO

16

LOS QUINCEAÑOS

PROPÓSITOS

- Hablará de las fiestas de quinceaños y su significado.
- Hablará de los momentos importantes que marcan la transición de una etapa a otra en nuestro crecimiento como seres humanos.
- Analizará la manifestación de estos momentos de transición en diferentes culturas.
- Escribirá sobre un momento de transición importante en su propia vida.
- Escribirá un ensayo donde analizará su herencia cultural.

FORMA

- Se familiarizará con el español cubano.
- Hará un pequeño estudio dialectológico.
- Analizará el uso del subjuntivo después de conjunciones.

EXPLORACIONES

Actividad 1. **Fiestas de quince años.** En el siguiente esquema escriba todo lo que le venga a la cabeza al pensar en una fiesta de quince años.

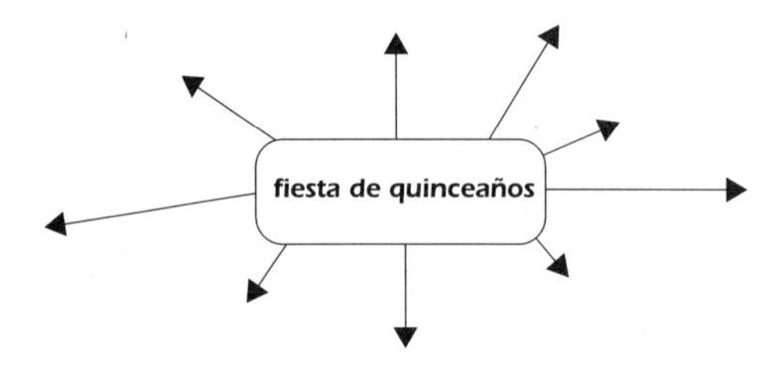

Actividad 2. **Las quinceañeras.** Una de las tradiciones hispanas más importantes, común en los países hispanos es la fiesta que se hace cuando las chicas cumplen los quince años. Conteste las siguientes preguntas.

1. ¿Cuál es el significado de las fiestas de quince años?
2. ¿En su familia, es tradición que las chicas celebren sus quince años? Explique.
3. ¿Ha asistido a alguna fiesta de quince años? Explique.
4. ¿Por qué cree que a los hombres no se les celebran los quince años?
5. ¿Conoce a alguna familia que haya gastado muchísimo dinero en una fiesta de cumpleaños? Explique.
6. ¿Cree que valga la pena endeudarse, o gastar los ahorros de muchos años en una fiesta de quinceaños? Explique.

Actividad 3. **Transiciones en la vida.** En la vida hay varios momentos importantes que marcan la transición de una etapa a otra en nuestro crecimiento como seres humanos. Estas transiciones se manifiestan de diferente manera en diferentes culturas. Lea las siguientes descripciones de cómo la cultura anglosajona manifiesta dichas transiciones. Después escriba una descripción de estas transiciones en la cultura hispana o en su familia.

1. **La separación de los hijos.** En la cultura anglosajona, se aprecia mucho el concepto de la independencia. Por lo tanto, a los 18 años muchos jóvenes dejan su casa, buscan un trabajo y se independizan de los padres.

En cambio, en

____

____

____

2. **La formación de una pareja.** En la cultura anglosajona, es común que los futuros esposos vivan juntos antes de casarse.

En cambio, en

____

____

3. **El nacimiento de los hijos.** Muchas parejas anglosajonas prefieren esperar varios años antes de tener hijos porque quieren establecer primero una carrera. Es común que la mujer vuelva al trabajo al poco tiempo después de haber dado a luz. Es común poner a los hijos en guarderías.

En cambio, en

____

____

____

4. **La madurez.** En la cultura anglosajona generalmente los hijos se desprenden del núcleo familiar al formar su propia familia.

En cambio, en

____

____

____

5. **La vejez.** En la cultura anglosajona, es común que los ancianos vivan solos o en residencias para ancianos.

En cambio, en

____

____

____

Actividad 4. **Aparentar lo que no se es.** Conteste las siguientes preguntas.

1. ¿Qué entiende Ud. cuando oye la expresión "quieren aparentar lo que no son"?

____

____

2. ¿Conoce a personas que tratan de aparentar lo que no son? Explique.

____

____

3. Dé un ejemplo de alguna situación donde alguien trató de aparentar lo que no era.

____

____

4. ¿Ha tratado Ud. de aparentar lo que no era alguna vez? Explique.

____

____

5. ¿Por qué cree que a veces tratemos de aparentar lo que no somos?

____

____

LECTURA

Sobre el autor

Pedro F. Baez nació en Cuba en 1960. Emigró a los Estados Unidos durante el éxodo masivo de Mariel. Hoy en día reside en la ciudad de Los Angeles, donde escribe y trabaja en el campo de la medicina. El siguiente cuento inédito de Pedro Báez habla de una familia cubana que llegó a los Estados Unidos en los años 60. El autor usa el humor para hacer una crítica de las personas que de alguna manera tratan de aparentar lo que no son. Lea el cuento. Después conteste las preguntas.

LOS QUINCE DE FINITA

Finita vive con sus padres en un pequeño apartamento de Hialeah. Vinieron de Cuba cuando lo de Camarioca[1]. Su padre tenía una tintorería en El Cerro, hasta que a Fidel se le metió entre la nariz y barba intervenir los negocios de los pequeños propietarios. Ricardo nunca entendió aquello. Que quieran expropiarle los ingenios a los americanos, decía, era una cosa; que nacionalicen la Compañía de Teléfonos y los bancos privados, era justo; que acabaran con las dinastías de los grandes latifundios diseminados por Las Villas, Camagüey, y Oriente, era razonable; que trajeran a los rusos para levantar la economía e industrializar al país, era beneficioso; pero eso de que le quitaran el negocito que por años se había esforzado en consolidar y que le daba el sustento a su familia de tres...;¡eso era demasiado bandolerismo para una sola Revolución!

1. ¿Por que cree Ud. que Ricardo puede comprender: a) la expropiación de los ingenios (plantaciones) a los americanos, b) la nacionalización de bancos y la compañía de teléfono, c) la desintegración de los grandes latifundios (fincas con grandes extensiones de tierra) y, d) la invitación a los rusos a levantar la economía, pero no puede comprender e) el hecho de quitarle el negocito a un pequeño propietario? Explique cada punto.

Dejaron la isla cuando Finita tenía tres años, y a medida que crecía la niña, crecía en la conversación de los padres con las amistades el valor y la proporción de lo perdido a la rapacidad del comunismo. Cuando la adolescente cumplió doce años, el déficit imaginario de lo poseído en el pasado se remontaba a doscientos mil pesos en el banco convertible a moneda norteamericana (proveniente de las ganancias que una cadena de lavanderías en los cinco mejores repartos de La Habana podían dejar), una mansión en El Vedado[2], una "casita" de veraneo en Boca Ciega con yate anclado al fondo, dos Cadillacs descapotables que ellos apodaban "cola de pato", y un parentesco cada vez más cercano con un senador prominente desde los tiempos de Machado.

Fina no dejaba de quejarse de su suerte, al tiempo que bendecía la hora de haber salido de aquel infierno donde se lo habían quitado todo, hasta el derecho a tener su peluquero privado. Trabajaba ahora en una fábrica de ropa interior para damas, cosiendo encajes e hilvanando perlitas sobre las orlas de las copas de los ajustadores que según ella de nada servirían a las americanas, tan planchadas de busto y escasas de fuego.

1. éxodo masivo desde el Pto. de Camarioca

2. reparto lujoso de La Habana

2. ¿Cómo la tintorería que la familia tenía se convirtió en toda una cadena de lavanderías?
3. ¿Cree que Ricardo de verdad tenía una mansión, una casita de veraneo, un yate, dos Cadillacs y que además era pariente de un senador?
4. Si no lo cree, entonces ¿por qué habrá inventado eso? Explique.

Ricardo era gerente nocturno de un grupo de conserjes, en su mayoría cubanos recién llegados, y negros del país. Diariamente se le oía rezongar, en medio de la madrugada, cuando a la cateada de su inspección no escapaban los grisáceos bulticos del chicle pegado al reverso de las tapas de las mesas de los dibujantes y a las mullidas alfombras en las suites de los funcionarios:

-¡Caballero, qué cosa más grande: mira que son cochinos estos americanos!

Finita parecía ausente a todo suceso que no fuera la rememoración de la fiesta de sus quince años. Dos semanas habían transcurrido, y aún recordaba vívidamente los recortes de la Crónica Social del domingo. "Hermosa y juvenil" la llamaban, junto al distinguido matrimonio que formaban sus padres, "conocida pareja cubana en el ámbito social miamense", agregaba el cronista. Celebraban asimismo el trazo complicado de sus quince diferentes vestidos, todos creación exclusiva de Paolo, el modisto predilecto de las estrellas en Puerto Rico. No podía diluir de su mente los salones lujosos del Yacht Country Club de Miami, exhuberantes de follaje acentuado con exóticas flores importadas de Maui; ni olvidaba su entrada sobre un elefante adornado con motivos egipcios, precedido éste del desfile de catorce parejas coreografiadas (cada una con su pony trotón de por medio, danzando al capricho metrogoldwinmayeresco de los pasos diseñados por Riveyro - con 'y' griega ahora, como correspondía a las exigencias del comercio). Sonreía al revivir la envidia que aquella noche sintieron sus amigas, aquéllos que de veras la querían, y que pasearon luego junto a ella en la limusina blanca, superstretch, bordeando Biscayne Bay, y las principales avenidas de Downtown Miami. Cómo olvidar el comentario de boca en boca: ¡"Coño; ahora sí que tiraron la casa por la ventana!"

5. ¿Qué le impresionó más sobre la descripción de la fiesta de quinceaños?
6. ¿Ha asistido a alguna fiesta así de elegante? Explique.
7. ¿Qué tipo de vida cree que lleva Finita?

Finita aparcó y descendió de su automóvil, un Pinto de segunda mano del año 69. Apoyó contra su pecho los libros del curso nocturno. Sus manos olían a los víveres que vendía en el supermercado. Entró a la salita oscura. Su madre reposaba en la habitación contigua. Sin hacer ruido avanzó, colgando en un perchero de alambre la ropa del uniforme. En refajo ligero volvió a la sala. Acomodó las sábanas y la almohada sobre el sofá descolorido, conocedor de mejores verdes. Bostezó y se quitó las sandalias.

Se acostó a dormir.

8. ¿Imaginó correctamente el tipo de vida que llevaba Finita?
9. ¿Cuál cree que sea el mensaje del autor?
10. ¿Le gustó el cuento? ¿Por qué?

ANALIZAR Y DESCUBRIR

Actividad 5. **El español cubano.** Hemos ya hablado de algunos rasgos especiales del español mexicano y puertorriqueño. Escuche la siguiente pelea, que viene del cuento **Mala pata** de Pedro F. Báez, entre dos esposos cubanos e identifique los rasgos peculiares de su habla, usando el siguiente esquema: Bajo Fonología escriba todo lo que note en cuanto a cómo se pronuncian las palabras, bajo Léxico escriba todas las palabras o expresiones que usan que parezcan ser diferentes a las suyas y bajo Sintaxis escriba lo que nota en cuanto al orden de las palabras. Por último, comparta sus respuestas con un compañero.

FONOLOGÍA	LÉXICO	SINTAXIS
______________	______________	______________
______________	______________	______________
______________	______________	______________
______________	______________	______________
______________	______________	______________
______________	______________	______________

Pelea

-¿Y tú te crees que yo no busco trabajo?, ¿eh? ¿Tú crees que a mí me gusta estar agregao como un piojo en casa de mi hermana, con el pesao de Anselmo sacándome a toda hora las cuentas de cuánto se gasta en comida y la gasolina del auto cada vez que me lleva a algún lugar? Y por si fuera poco, a la semana de llegar aquí tuvimos que ingresar a la vieja con pulmonía, y a los vientidós días se murió, y Lupe y Anselmo no dejan de lamentarse de tol dinero que se gastaron en el entierro. ¿O tú te crees que a mí me gusta verte rompiéndote el lomo?, ¿eh? Y todo porque tú no veías la santa hora de venir pa'ca a gozar de la dulce vida en el Norte... ¿No es eso lo que tú querías?

- ¡Sí, sí! ¡Eso y sentirme libre del puñetero Comité, y no hacer más colas, y no tener que arrojar el café con leche por la mañana, de la mala digestión..., y sacarte de la bobería en que estabas cayendo desde que te intervinieron el negocio...!

-...

-¡Habla algo, coño... Siempre te callas cuando más necesito que digas algo: siempre ahí sentado, como una masa boba!

Actividad 6. **Un estudio dialectológico.** Entreviste por lo menos a tres personas de diferentes países hispanos. Después analice cómo hablan y encuentre la mayor cantidad de rasgos fonológicos, léxicos y sintácticos que pueda. Por último, comparta la infomación con el resto de la clase.

____

____

____

____

____

____

____

____

Actividad 7. **El contrato prenupcial.** El matrimonio es una de las transiciones importantes de la vida. Con un compañero, lea el siguiente diálogo entre Ana y Ron. Después conteste las preguntas.

ANA: -Mi amor, ¡estoy tan contenta! Por fin nos vamos a casar, pero no podemos finalizar los detalles **hasta que** me compres una casa grande y lujosa.
RON: -Pero mi amor, ya compré una casita muy bonita para nosotros dos. No necesitamos una casa grande.
ANA: -¡Qué lastima que hayas comprado una casa pequeña! Yo necesito una casa grande. No podemos hacer fiestas **a menos que** tengamos un jardín enorme con una piscina. Tú sabes que a mí me gusta mucho hacer fiestas.
RON: -Está bien. Tú sabes que yo hago cualquier cosa por ti **con tal que** seas feliz.
ANA: -Gracias, mi cielo. No olvides también que necesitamos dos criadas **para que** yo pueda ir al gimnasio mientras que ellas cocinan y limpian la casa.
RON: -Sí cariño, todo lo que tú quieras. **En cuanto** llegue a casa me pondré a buscarlas. No hay nadie en el mundo que te quiera más que yo.
ANA: -Lo sé. Ah, también necesito dos coches, así, en **caso de que** uno no funcione, puedo usar el otro, ¿verdad?
RON: -Está bien. Pero ya que tú me pides tantas cosas, yo te quiero pedir algo.
ANA: -¿Qué cosa? Lo que tú quieras. ¡Dime!
RON: -Quiero que firmes un contrato prenupcial **antes de que** nos casemos.
ANA: -Un... ¿qué?, pero ¿por qué? ¿No confías en mí? Yo sólo te quiero a ti no a tu dinero.
RON: -Busco a una mujer que me quiera de verdad.
ANA: -Yo te quiero de verdad y te respeto.
RON: -Lo sé. Por eso firma el contrato y no habrá ningún problema.
ANA: -Nos podemos casar **sin que** yo firme ese contrato. No lo necesitamos. Tú y yo nunca nos vamos a separar.

(Termine el diálogo)

RON: ____________________
ANA: ____________________
RON: ____________________
ANA: ____________________
RON: ____________________
ANA: ____________________

1. ¿Cree que Ana ama de verdad a Ron? Explique.

____

____

2. ¿Firmaría un contrato prenupcial si su prometido(a) se lo pidiera? Explique.

____

____

Es útil saber que...

- **Una conjunción** es la expresión que une una cláusula dependiente a una independiente.
  MODELO: Cancelaron la boda **porque** no pudieron ponerse de acuerdo.
  (Cancelaron la boda = claúsula independiente; porque = claúsula dependiente; no pudieron ponerse de acuerdo = claúsula)
- Otras conjunciones de tiempo son:
  después de que **siempre que** **tan pronto como** **luego que** **mientras que**

Actividad 8. **El subjuntivo después de conjunciones que expresan un propósito o una condición.** Examine el diálogo anterior. Después haga una lista de las conjunciones.

Conjunciones

_______________ _______________ _______________ _______________

_______________ _______________ _______________ _______________

Actividad 9. **El subjuntivo después de conjunciones de tiempo.** Lea los siguiente ejemplos cuidadosamente. Después explique por qué se usa el modo subjuntivo en algunos casos, pero no en otros. Explique la diferencia de significado.

1. Me casaré contigo **en cuanto** firmes el contrato prenupcial. (subjuntivo)
   Se casó con ella **en cuanto** lo firmó.

   ____

2. Te compraré una casa más grande **cuando** tengamos hijos. (subjuntivo)
   Siempre te compro las cosas **cuando** las necesitas.

   ____

Es útil saber que...

Se usa el modo subjuntivo después de conjunciones temporales solamente cuando se expresa una acción que todavía no se realiza.

MANOS A LA OBRA

Actividad 11. **Hacer planes.** Complete cada frase de una manera lógica.

1. Terminaré mis estudios con tal que...
2. Buscaré un buen trabajo en cuanto...
3. Quiero ahorrar dinero en caso de que...
4. No me casaré hasta que...
5. Voy a tener hijos cuando...

Actividad 12. **Un caso real.** Describa alguien que Ud. conoce y que pretende ser lo que no es. Explique por qué lo hace, qué piensan los demás y si en realidad logra engañar a alguien.

____

____

____

____

____

____

Actividad 13. **Una transición importante.** Escriba acerca de las transiciones más importantes en su vida. Explique con detalle el comportamiento y las acciones que muestran el paso de una etapa a otra.

Actividad 14. **Una síntesis.** Imagine que Ud. ya es viejo y no quiere que sus nietos olviden sus raíces hispanas. Por eso, les deja una carta donde les cuenta cómo llegó Ud., o sus antepasados, a los Estados Unidos. Incluya qué tradiciones quisiera que ellos conservaran, lo que quisiera que ellos nunca olvidaran y por qué Ud. se siente orgulloso de lo que es.

CAPÍTULO

17

UN PROBLEMA SOCIAL: LA VIOLENCIA

PROPÓSITOS

- Reflexionará sobre la violencia en nuestra sociedad y en cómo le afecta a Ud.
- Identificará los factores que contribuyen a que nuestra sociedad sea cada vez más violenta.
- Propondrá programas de intervención para prevenir la violencia entre los adolescentes.

FORMA

- Se familiarizará con el imperfecto del subjuntivo.
- Analizará las formas irregulares en este tiempo.
- Estudiará las cláusulas hipotéticas.

EXPLORACIONES

Actividad 1. La violencia. Escriba qué tipo de violencia es más común donde Ud. vive y cómo esta violencia afecta su vida personal. Después comparta sus ideas con un compañero.

____

____

____

____

Actividad 2. Los perros. Conteste las siguientes preguntas.

1. ¿Tiene perros en casa? ____________________
2. ¿Cuáles son las ventajas y desventajas de tener perros en casa?

VENTAJAS	DESVENTAJAS
____________	____________
____________	____________
____________	____________
____________	____________
____________	____________

3. ¿Lo ha mordido alguna vez un perro? ¿Conoce a alguien que haya sido mordido por un perro? Explique.

____

____

4. ¿Cómo reaccionaron los dueños del perro? Explique.

____

____

5. ¿Cuál fue su primera preocupación? Explique.

____

____

Actividad 3. La rabia. En el siguiente esquema, escriba todo lo que sabe sobre la rabia. Incluya los síntomas, período de encubación, formas de contagio, etc.

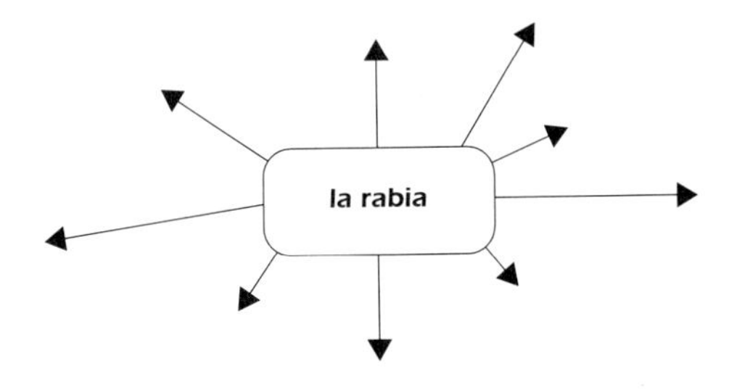

Actividad 4. **Ampliación de vocabulario.** Busque las siguientes palabras en el diccionario. Después, use el dibujo como estímulo para escribir un párrafo e incluya todas las palabras.

1. jadeante ______________________
2. testarudez ______________________
3. mancebo ______________________
4. cazo ______________________
5. renqueantes ______________________
6. canelón ______________________
7. hoz ______________________
8. enzarzada ______________________
9. azada ______________________

____

____

____

____

____

____

LECTURA

Sobre el autor

Gonzalo Suárez nació en Oviedo, España en 1934. Además de ser cuentista, Suárez es novelista y director de cine. Sus últimas novelas incluyen *Doble dos* y *La reina Rosa.* Algunas de las películas que ha dirigido son *Epílogo, Los pasos de Ulloa* y *Rowing with the wind.* ***¿Quiere Ud. rabiar conmigo?*** fue publicada en 1965 como parte de la antología *Trece veces trece.*

¿QUIERE UD. RABIAR CONMIGO?

Al pasar ante una granja, un perro mordió a mi amigo. Entramos a ver al granjero y le preguntamos si era suyo el perro. El granjero, para evitarse complicaciones, dijo que no era suyo.

—Entonces— dijo mi amigo— préstame una hoz para cortarle la cabeza, pues debo llevarla al Instituto para que la analicen.

En aquel momento apareció la hija del granjero y pidió a su padre que no permitiera que le cortáramos la cabeza al perro.

—Si es suyo el perro— dijo mi amigo—, enséñeme el certificado de vacunación antirrábica.

El hombre entró en la granja, y tardó largo rato en salir. Mientras tanto, el perro se acercó y mi amigo dijo:

—No me gusta el aspecto de este animal.

En efecto, babeaba y los ojos parecían arderle en las órbitas. Incluso andaba dificultosamente.

—Hace unos días —dijo la joven— lo apropelló una bicicleta.

El granjero nos dijo que no encontraba el certificado de vacunación.

-Debo haberlo perdido.

-La vida de un hombre puede estar en juego —intervine yo.— Díganos, con toda sinceridad, si el perro está vacunado o no.

El hombre bajo la cabeza y murmuró.

-Está sano.

Noté que mi amigo palidecía, y no era para menos. Aquel animal jadeante no inspiraba ninguna tranquilidad.

—Tiene la lengua fuera y las patas traseras paralizadas— observé.

—¡Ya les he contado lo del accidente de bicicleta, padre!— dijo la joven con sospechosa precipitación.

—Todos los perros tienen la lengua fuera— dijo el granjero—, hace mucho calor.

—¿Usted cree que el animal tendrá sed?— pregunté yo.

—Probablemente.

—Dele de beber— dije.

La joven trajo un cazo lleno de agua. Se acercó al perro y le puso el cazo delante. El animal estaba tumbado y su mirada era vidriosa. No bebió.

—¡Este perro está enfermo!— exclamó mi amigo.

—No tiene sed— dijo el granjero con testarudez.

La mujer del granjero salió de la casa y nos dijo, con muy malos modales, que no estaba dispuesta a pagar el pantalón roto.

—No se trata del pantalón— repliqué yo—, sino de algo más serio.

—¡El perro está rabioso!— acusó mi amigo—. ¡Ustedes acaban de asesinarme!

¿Y por qué se han acercado ustedes al perro?- preguntó la mujer.

— Seguramente habrá creído que ustedes querían robar— dijo la hija.

1. ¿Qué le hizo pensar al amigo del narrador que el perro tenía rabia?
2. ¿Por qué cree que el granjero no fue amable con el narrador y su amigo?
3. ¿Cree que el perro tiene rabia? Explique.

Entonces mi amigo se abalanzó sobre la joven y la mordió brutalmente en el cuello, sin darnos tiempo a impedirlo.

—¡Ahora su hija compartirá mi suerte!— anunció triunfal, y comprendí que estaba a punto de perder el juicio.

La joven se puso a sollozar, y la madre empezó a gritar: -¡Criminal! ¡Criminal!

En vano traté de serenarlos. El granjero cogió un palo y avanzó amenazador hacia mi amigo. Entonces éste lanzó un rugido escalofriante, y el granjero se mantuvo a una distancia prudencial.

—¡Trae la escopeta!— ordenó a su mujer.

Mientras yo intentaba detener a la madre, la hija saltó sobre su padre y le mordió en la muñeca hasta hacerle sangre.

—¿Qué has hecho? ¿Qué has hecho?— clamaba el granjero, mirando horrorizado la mordedura. Soltó el palo y se tiró de cabeza al pozo. Todos lo oímos caer.

Empecé a gritar para que viniera alguien en mi ayuda, y apareció un mancebo de una granja vecina. Al oír los lamentos de la madre, huyó mientras anunciaba a los cuatro vientos:

—¡Están rabiosos! ¡Están rabiosos!

Pronto acudieron algunos vecinos y se instalaron en los tejados próximos para contemplar la escena. Yo traté de acercarme a uno de los tejados y me lanzaron piedras.

Mientras tanto mi amigo había mordido a la madre. Y la hija se arrastraba alrededor del pozo, aullando. La madre venía hacia mí, mostrándome con ferocidad los colmillos. Fui más rápido que ella y salté la valla. Desde el otro lado traté de hacer entrar en razón a mi amigo que se había precipitado enloquecido contra los vecinos del tejado. Estos le recibieron con piedras, pero él, en lugar de refugiarse, empezó a treparse por un canalón, y los vecinos huyeron despavoridos, y algunos cayeron del tejado y escaparon a duras penas, renqueantes.

Les pedí a gritos desgarrados que avisaran a las autoridades. Entonces vi con horror que la mujer empuñaba una azada. La llamé intentando desviar su atención, pero no pude evitar que golpeara la cabeza de mi amigo y se la abriera. Aquel crimen monstroso me enloqueció, y fui al encuentro de la mujer, dispuesto a estrangularla, sin pensar que me hubiera resultado imposible. Por fortuna, la mujer no me vió, pues estaba enzarzada en una labor de destrucción: rompiendo puertas y ventanas de la casa. Entonces apareció el párroco del lugar y, desde el otro lado de la valla, invocó en nombre de Dios y de la Santa Virgen. No tuvo tiempo de más, pues en seguida fue atacado por la joven que lo persiguió un buen trecho, hasta el camino. Al ver al párroco en peligro, algún vecino oculto disparó y mató a la joven.

Llegaron las autoridades y ordenaron que nos entregáramos sin resistencia. Lo hice muy gustoso, pero la madre fue a ocultarse dentro de la granja, y de allí nadie la hizo salir.

—Habrá que esperar a que se muera sola —dijeron.

De pronto vimos que la granja empezaba a arder, y el cura se puso a organizar a los vecinos para que apagaran el incendio, pero nadie se atrevía a aproximarse a la casa.

Al cabo de un año, tuve que volver a aquella aldea porque la viuda de mi amigo quiso celebrar seis misas por el eterno descanso de su marido, en el mismo lugar de su fallecimiento. El cura del lugar nos atendió muy amablemente y, como se diera cuenta de que yo observaba con evidente recelo a su perro, me preguntó:

—¿No le gustan los animales?

—Sí, desde luego — le dije—, pero este perro me recuerda a aquel otro que originó la tragedia. Sin duda es de la misma raza.

—Es el mismo perro—me dijo, y añadió con orgullo: —Es un animal abúlico, pero guarda muy bien la sacristía y nunca muerde a un buen cristiano.

4. ¿Por qué mordió el amigo del narrador a la hija del granjero?
5. ¿Por qué cree que la hija mordió a su propio padre?
6. ¿Por qué se tiró el granjero al pozo?
7. ¿Por qué cree que los vecinos no ayudaron a resolver la situación?
8. ¿Cuál es la ironía del cuento?
9. ¿Qué causó esta tragedia? ¿Quién tuvo la culpa?
10. ¿Le gustó el cuento? ¿Por qué?

Actividad 5. **Evitemos la violencia.** En grupos de cuatro personas, use el mismo conflicto del cuento para inventar un diálogo entre el granjero, su hija, el narrador y el amigo del narrador donde el problema se resuelva de una manera pacífica. Despues, lean sus diálogos al resto de la clase.

____

____

____

____

____

____

ANALIZAR Y DESCUBRIR

Actividad 6. **El imperfecto del subjuntivo.** El narrador quedó tan impresionado con lo que le pasó a su amigo que ha decidido contarle a todo el mundo lo que pasó, tratando así de que los jóvenes se den cuenta que la violencia no conduce a nada bueno. El problema es que cada vez que revive los hechos, va añadiendo sucesos que aunque él cree que pasaron así, no son cien por ciento ciertos. Lea algunos de los hechos que cuenta el narrador e identifique los que no son ciertos.

a. La hija del granjero le pidió a su padre que no **permitiera** que le **cortáramos** la cabeza a su perro.
b. El granjero insistió en que su esposa le **trajera** la escopeta para matarnos.
c. Empecé a gritar para que **viniera** alguien en mi ayuda.
d. Yo le rogué a mi amigo que no **hiciera** más locuras.
e. Los vecinos clamaban para que no **siguiera** la violencia.
f. Les pedí a gritos que **avisaran** a las autoridades.
g. El cura quería que **hubiera** paz.
h. El cura se puso a organizar a los vecinos para que **apagaran** el incendio.
i. Fue increíble que la esposa del granjero no **muriera**, ya que cuando la rescaté estaba toda quemada.
j. Las autoridades ordenaron que nos **entregáramos** sin resistencia.
k. La esposa de mi amigo me suplicó que **volviéramos** a la aldea para celebrar unas misas.
l. El cura nos atendió muy amablemente, como si se **diera** cuenta de que yo observaba a su perro con recelo.
m. Si **pudiera**, mataría a ese perro que causó la tragedia.

1. Escriba los hechos que no son ciertos.

   ____

2. ¿Está de acuerdo con la última idea? Explique.

   ____

Es útil saber que...

Recuerde que. el modo subjuntivo refleja que una acción, situación o evento deseado está fuera del control del que habla. (Es terrible que **haya** tanta violencia hoy en día.). **El imperfecto del subjuntivo** se usa en las mismas estructuras que el subjuntivo presente con la diferencia que la acción, situación o evento ocurrió en el pasado. Compare los siguientes modelos:

Presente: Mi hija no **quiere** que le **corten** la cabeza al perro.
Pasado: Mi hija no **quería** que le **cortaran** la cabeza al perro.

Presente: Te **ruego** que te **calmes.**
Pasado: Te **rogué** que te **calmaras.**

Actividad 7. **Las formas del imperfecto del subjuntivo.** Use los modelos de la actividad anterior y sus conocimientos del español para llenar el siguiente cuadro con las formas del imperfecto del subjuntivo. Después conteste las preguntas.

INFINITIVO	YO	NOSOTROS	TÚ	UD., ÉL O ELLA	UDS., ELLOS O ELLAS
permitir	permitiera				
cortar		cortáramos			
venir				viniera	
traer					trajeran
seguir			siguieras		
avisar		avisáramos			
apagar	apagara				
morir				muriera	
entregar		entregáramos			
volver			volvieras		
dar					dieran
haber	hubiera				
decir			dijeras		

1. ¿Qué forma verbal lleva acento? ______________________
2. ¿Cuáles son las terminaciones de los verbos del grupo **-ar**, como **avisar**, **entregar**, **apagar**?

____

3. ¿Cuáles son las terminaciones de los verbos del grupo **-er**, como **volver**?

____

4. ¿Cuáles son las terminaciones de los verbos del grupo **-ir**, como **permitir**?

____

5. ¿Qué cambió nota en la raíz de los verbos con cambios radicales del grupo **-ir**, como **seguir** y **morir**?

____

6. ¿Qué cambió nota en las terminaciones de **traer** y **decir** a causa de la **j** en la raíz?

____

7. Seleccione la respuesta correcta. El imperfecto de subjuntivo se forma de la siguiente manera: se toma la forma a. él b. ellos del tiempo a. pretérito b. imperfecto, se elimina **-ron** y se añaden las terminaciones **-ra**, **-ras**, **-ramos**, **-aran**.

Es útil saber que...

- Siempre se usa el imperfecto del subjuntivo después de **como si.**

  MODELO: Se portaron como si **estuvieran** locos.
  El cura nos atendió muy amablemente, como si se **diera** cuenta de que yo observaba a su perro con recelo.
  Hoy la gente se porta como si la violencia **fuera** la única forma de resolver los problemas.

- Se usa el imperfecto del subjuntivo en claúsulas hipotéticas después de **si**, cuando la oración condicional expresa una idea, acción o evento que contradicen la realidad.

  MODELO: Si **pudiera** (pero no puedo), mataría (condicional) al perro que causó la tragedia.
  Si la gente **pensara** (pero no piensa) antes de actuar, habría (condicional) menos problemas de violencia.

Actividad 8. **Nuestra infancia.** Piense en cuando Ud. tenía 15 años, para completar las siguientes frases con las prohibiciones y recomendaciones que sus padres o familiares le hacían. Después comparta las respuestas con un compañero.

Cuando yo tenía 15 años, mis padres...

1. me prohibían que _______________
2. no querían que _______________
3. me pedían que _______________
4. me decían que _______________
5. no les gustaba que _______________

Actividad 9. **Los profesores de antes.** Piense en los profesores de la escuela secundaria, para completar las siguientes frases. Después comparta sus respuestas con un compañero.

En la escuela secundaria...

1. nos recomendaban que _______________
2. nos pedían que _______________
3. insistían en que _______________
4. era importante que _______________
5. era necesario que _______________

Actividad 10. **Las cosas serían distintas si...** Complete cada frase con cinco ideas distintas.

Habría menos violencia si... ______________________________

____

____

____

____

La gente se llevaría mejor si... ______________________________

____

____

____

____

MANOS A LA OBRA

Actividad 11. **Un caso real.** Describa una ocasión en la que Ud. o alguien que Ud. conoce ha estado involucrado o visto una situación violenta. Explique cuáles fueron las consecuencias.

____

____

____

____

____

____

Actividad 12. **Justificaciones.** Describa bajo qué circunstancias, sería aceptable responder a una situación de una forma violenta. Explique claramente las circunstancias.

____

____

____

____

____

____

Actividad 13. **Plan de acción.** Ud. es líder en su comunidad y pertenece a un grupo antiviolencia. Una de las tareas de este grupo es identificar y describir los factores principales que contribuyen a que nuestra sociedad sea cada vez más violenta. Escriba sus ideas a continuación.

____

____

____

____

____

____

Actividad 14. **Intervención temprana.** Ud. es miembro de un comité que trabaja para prevenir la violencia entre los adolescentes. El gobierno les ha otorgado una cantidad de dinero para llevar a cabo programas de prevención. Escriba lo que su comité piensa hacer para solucionar los problemas que mencionó en la actividad anterior.

____

____

____

____

____

____

____

____

____

CAPÍTULO

18

UN PROBLEMA SOCIAL: LA DELINCUENCIA

PROPÓSITOS

- Participará en el juicio de personas acusadas de delitos.
- Dictará sentencia y explicará el castigo en cuatro casos diferentes, como si fuera el juez.
- Propondrá diferentes programas de rehabilitación de criminales para que puedan volver a incorporarse a la sociedad.

FORMA

- Se familiarizará con el pluscuamperfecto del subjuntivo.
- Estudiará las cláusulas hipotéticas a el pasado.
- Escribirá un ensayo de persuasión.

EXPLORACIONES

Actividad 1. **El delito.** Conteste las siguientes preguntas.

1. ¿Qué tipo de delitos se cometen en su comunidad?

2. ¿Cree que la mayoría de los criminales reciben el castigo que se merecen? Explique.

3. ¿Qué opina del sistema judicial de los Estados Unidos? Explique.

4. ¿Ha presenciado o visto en la televisión algún juicio? Explique.

5. ¿Cuál es su opinión sobre los abogados? ¿Le gustaría ser abogado? Explique.

Actividad 2. **Los huéspedes.** Conteste las siguientes preguntas.

1. ¿Recibe a huéspedes en su casa con frecuencia? Explique.

2. ¿Cómo espera que se comporten sus huéspedes?

3. ¿Qué actividades hacen en su casa sus huéspedes?

4. ¿Ha invitado alguien de su familia a algún huésped que a Ud. le cayera mal? Explique.

5. ¿Cuánto tiempo cree que es razonable que un huésped permanezca en una casa a la que ha sido invitado? Explique.

6. ¿Qué es lo que más le gusta de tener visitas por largo tiempo en su casa? ¿Qué es lo que más le molesta? Explique.

7. Si un huésped abusara de su confianza, ¿qué haría? Explique.

____

____

Actividad 3. **Ampliación de vocabulario.** El personaje principal del cuento que leeremos a continuación describe a su huésped de la siguiente manera. Trate de adivinar el significado de las palabras en negrilla, basándose en el contexto en que se encuentran. Después escriba cada palabra al lado de su definición.

El huésped que mi marido invitó a la casa era **lúgubre**, su mirada **siniestra** inspiraba **pavor**. Me espiaba con rigor, me **acechaba** en todo momento. Por las noches, se sentaba en el **cenador** del jardín, y yo, desde mi cuarto cerrado con una **tranca**, **desmayada** de miedo, no quitaba la vista de su figura **tenebrosa**.

a. observar cautelosamente con algún propósito ____________
b. espacio redondo del jardín cercado de plantas trepadoras ____________
c. perder el sentido y el conocimiento ____________
d. triste, melancólico ____________
e. temor, miedo profundo ____________
f. malintencionado, malo ____________
g. palo grueso y fuerte ____________
h. que inspira miedo ____________

Actividad 4. **Análisis del título.** Basándose en la descripción anterior y en el título de ***El huésped,*** ¿de qué cree que se va a tratar el cuento que leeremos a continuación?

____

____

LECTURA

Sobre la autora

Amparo Dávila nació en México en 1928. Hoy día es una de las escritoras más imprtantes de México. Empezó a escribir poemas a los 8 años y pubicó una colección de poemas en los años 50. Sin embargo, el cuento corto se ha convertido en su género favorito. Sus cuentos, con frecuencia, reflejan los conflictos sicológicos y temores que experimenta la gente. Tal vez este aspecto de sus historias se deba a causa de la soledad y la mala salud que la autora sufrió de niña en el pueblo de Los Pinos, en Zacatecas. Dávila recibió el premio Villarrutia en 1977 por su obra *Arboles petrificados.* Otras colecciones de cuentos son *Tiempo destrozado* (1959) y *Música concreta* (1964).

Lea el cuento. Después conteste las preguntas.

El huésped

Nunca olvidaré el día en que vino a vivir con nosotros. Mi marido lo trajo al regreso de un viaje. Llevábamos entonces cerca de tres años de matrimonio, teníamos dos niños y yo no era feliz. Representaba para mi marido algo así como un mueble, que se acostumbra uno a ver en determinado sitio, pero que no causa la menor impresión. Vivíamos en un pueblo pequeño, incomunicado y distante de la ciudad. Un pueblo casi muerto o a punto de desaparecer.

No pude reprimir un grito de horror, cuando lo vi por primera vez. Era lúgubre, siniestro. Con grandes ojos amarillentos, casi redondos y sin parpadeo, que parecían penetrar a través de las cosas y de las personas.

Mi vida desdichada se convirtió en un infierno. La misma noche de su llegada supliqué a mi marido que no me condenara a la tortura de su compañía. No podía resistirlo; me inspiraba desconfianza y horror. "Es completamente inofensivo" -dijo mi marido mirándome con marcada indiferencia. "Te acostumbrarás a su compañía y si no lo consigues..." No hubo manera de convencerlo de que se lo llevara. Se quedó en nuestra casa.

No fui la única en sufrir con su presencia. Todos los de la casa -mis niños, la mujer que me ayudaba en los quehaceres, su hijito -sentíamos pavor de él. Sólo mi marido gozaba teniéndolo allí.

Desde el primer día mi marido le asignó el cuarto de la esquina. Era ésta una pieza grande, pero húmeda y oscura. Por esos inconvenientes yo nunca la ocupaba. Sin embargo él pareció sentirse contento con la habitación. Como era bastante oscura, se acomodaba a sus necesidades. Dormía hasta el oscurecer y nunca supe a qué hora se acostaba.

Perdí la poca paz de que gozaba en la casona. Durante el día, todo marchaba con aparente normalidad, yo me levantaba siempre muy temprano, vestía a los niños que ya estaban despiertos, les daba el desayuno y los entretenía mientras Guadalupe arreglaba la casa y salía a comprar el mandado.

La casa era muy grande, con un jardín en el centro y los cuartos distribuidos a su alrededor. Entre las piezas y el jardín había corredores que protegían las habitaciones del rigor de las lluvias y del viento que eran frecuentes. Tener arreglada una casa tan grande y cuidado el jardín, mi diaria ocupación de la mañana, era tarea dura. Pero yo amaba mi jardín. Los corredores estaban cubiertos por enredaderas que floreaban casi todo el año. Recuerdo cuánto me gustaba, por las tardes, sentarme en uno de aquellos corredores a coser la ropa de los niños, entre el perfume de las madreselvas y de las bugambilias. En el jardín cultivaba crisantemos, pensamientos, violetas de los Alpes, begonias y heliotropos. Mientras yo regaba las plantas, los niños se entretenían buscando gusanos entre las hojas. A veces pasaban horas, callados y muy atentos, tratando de coger las gotas de agua que se escapaban de la vieja manguera.

Yo no podía dejar de mirar, de vez en cuando, hacia el cuarto de la esquina. Aunque pasaba todo el día durmiendo no podía confiarme. Hubo veces que, cuando estaba preparando la comida, veía de pronto su sombra proyectándose sobre la estufa de leña. Lo sentía detrás de mí... yo arrojaba al suelo lo que tenía en las manos y salía de la cocina corriendo y gritando como una loca. Él volvía nuevamente a su cuarto, como si nada hubiera pasado.

Creo que ignoraba por completo a Guadalupe, nunca se acercaba a ella ni la perseguía. No así a los niños y a mí. A ellos los odiaba y a mí me acechaba siempre.

Cuando salía de su cuarto comenzaba la más terrible pesadilla que alguien pueda vivir. Se situaba siempre en un pequeño cenador, enfrente de la puerta de mi cuarto. Yo no salía más. Algunas veces, pensando que aún dormía, yo iba hacia la cocina por la merienda de los niños, de pronto lo descubría en algún oscuro rincón del corredor, bajo las enredaderas. "¡Allí está ya, Guadalupe!" gritaba desesperada.

Guadalupe y yo nunca lo nombrábamos, nos parecía que al hacerlo cobraba realidad aquel ser tenebroso. Siempre decíamos: -allí está, ya salió, está durmiendo, él, él, él...

Solamente hacía dos comidas, una cuando se levantaba al anochecer y otra, tal vez, en la madrugada antes de acostarse. Guadalupe era la encargada de llevarle la bandeja, puedo asegurar que la arrojaba dentro del cuarto pues la pobre mujer sufría el mismo terror que yo. Toda su alimentación se reducía a carne, no probaba nada más.

Cuando los niños se dormían, Guadalupe me llevaba la cena al cuarto. Yo no podía dejarlos solos, sabiendo que se había levantado o estaba por hacerlo. Una vez terminadas sus tareas, Guadalupe se iba con su pequeño a dormir y yo me quedaba sola, contemplando el sueño de mis hijos. Como la puerta de mi cuarto quedaba siempre abierta, no me atrevía a acostarme, temiendo que en cualquier momento pudiera entrar y atacarnos. Y no era posible cerrarla; mi marido llegaba siempre tarde y al no encontrarla abierta habría pensado... Y llegaba bien tarde. Que tenía mucho trabajo, dijo alguna vez. Pienso que otras cosas también lo entretenían...

Una noche estuve despierta hasta cerca de las dos de la mañana, oyéndolo afuera... Cuando desperté, lo vi junto a mi cama, mirándome con su mirada fija, penetrante... Salté de la cama y le arrojé la lámpara de gasolina que dejaba encendida toda la noche. No había luz eléctrica en aquel pueblo y no hubiera soportado quedarme a oscuras, sabiendo que en cualquier momento... Él se libró del golpe y salió de la pieza. La lámpara se estrelló en el piso de ladrillo y la gasolina se inflamó rápidamente. De no haber sido por Guadalupe que acudió a mis gritos, habría ardido toda la casa.

Mi marido no tenía tiempo para escucharme ni le importaba lo que sucediera en la casa. Sólo hablábamos lo indispensable. Entre nosotros, desde hacía tiempo el afecto y las palabras se habían agotado.

Vuelvo a sentirme enferma cuando recuerdo... Guadalupe había salido a la compra y dejó al pequeño Martín dormido en un cajón donde lo acostaba durante el día. Fui a verlo varias veces, dormía tranquilo. Era cerca del mediodía. Estaba peinando a mis niños cuando oí el llanto del pequeño mezclado con extraños gritos. Cuando llegué al cuarto lo encontré golpeando cruelmente al niño. Aún no sabría explicar cómo le quité al pequeño y cómo me lancé contra él con una tranca que encontré a la mano, y lo ataqué con toda la furia contenida por tanto tiempo. No sé si llegué a causarle mucho daño, pues caí sin sentido. Cuando Guadalupe volvió del mandado, me encontró desmayada y a su pequeño lleno de golpes y de araños que sangraban. El dolor y el coraje que sintió fueron terribles. Afortunadamente el niño no murió y se recuperó pronto.

Temí que Guadalupe se fuera y me dejara sola. Si no lo hizo, fue porque era una mujer noble y valiente que sentía gran afecto por los niños y por mí. Pero ese día nació en ella un odio que clamaba venganza.

1. Describa la relación de la esposa con su marido.
2. Describa la vida diaria de la mujer.
3. ¿Por qué cree que el marido trajo al huésped a vivir con ellos?
4. Describa las acciones del huésped que indicaban que algo andaba mal.
5. ¿Cree que la conducta del huésped justificaba el pavor que le tenían las mujeres? Explique.
6. ¿Cómo cree que se van a vengar del huésped las mujeres? Explique.
7. ¿Qué haría en una situación así? Explique.

Cuando le conté lo que había pasado a mi marido, le exigí que se lo llevara, alegando que podía matar a nuestros niños como trató de hacerlo con el pequeño Martín. "Cada día estás más histérica, es realmente doloroso y deprimente contemplarte así...te he explicado mil veces que es un ser inofensivo".

Pensé entonces en huir de aquella casa, de mi marido, de él... Pero no tenía dinero y los medios de comunicación eran difíciles. Sin amigos ni parientes a quienes recurrir, me sentía tan sola como un huérfano.

Mis niños estaban atemorizados, ya no querían jugar en el jardín y no se separaban de mi lado. Cuando Guadalupe salía al mercado, me encerraba con ellos en mi cuarto.

-Esta situación no puede continuar -le dije un día a Guadalupe.

-Tendremos que hacer algo y pronto -me contestó.

-¿Pero qué podemos hacer las dos solas?

-Solas, es verdad, pero con un odio...

Sus ojos tenían un brillo extraño. Sentí miedo y alegría.

La oportunidad llegó cuando menos la esperábamos. Mi marido partió para la ciudad a arreglar unos negocios. Tardaría en regresar, según me dijo, unos veinte días.

No sé si él se enteró de que mi marido se había marchado, pero ese día despertó antes de lo acostumbrado y se situó frente a mi cuarto. Guadalupe y su niño durmieron en mi cuarto y por primera vez pude cerrar la puerta.

Guadalupe y yo pasamos casi toda la noche haciendo planes. Los niños dormían tranquilamente. De cuando en cuando oíamos que llegaba hasta la puerta del cuarto y la golpeaba con furia...

Al día siguiente dimos de desayunar a los tres niños y, para estar tranquilas y que no nos estobaran en nuestros planes, los encerramos en mi cuarto. Guadalupe y yo teníamos muchas cosas por hacer y tanta prisa en realizarlas que no podíamos perder tiempo ni en comer.

Guadalupe cortó varias tablas, grandes y resistentes, mientras yo buscaba martillo y clavos. Cuando todo estuvo listo, llegamos sin hacer ruido hasta el cuarto de la esquina. Las hojas de la puerta estaban entornadas. Conteniendo la respiración, bajamos los pasadores, después cerramos la puerta con llave y comenzamos a clavar las tablas hasta clausurarla totalmente. Mientras trabajábamos, gruesas gotas de sudor nos corrían por la frente. No hizo entonces ruido, parecía que estaba durmiendo profundamente. Cuando todo estuvo terminado, Guadalupe y yo nos abrazamos llorando.

Los días que siguieron fueron espantosos. Vivió muchos días sin aire, sin luz, sin alimento... Al principio golpeaba la puerta, tirándose contra ella, gritaba desesperado, arañaba... Ni Guadalupe ni yo podíamos comer ni dormir, ¡eran terribles los gritos...! A veces pensábamos que mi marido regresaría antes de que hubiera muerto. ¡Su resistencia fue mucha, creo que vivió cerca de dos semanas...

Un día ya no se oyó ningún ruido. Ni un lamento... Sin embargo, esperamos dos días más, antes de abrir el cuarto.

Cuando mi marido regresó, lo recibimos con la noticia de su muerte repentina y desconcertante.

8. ¿Adivinó lo que iban a hacer las mujeres?
9. ¿Cree en las justificaciones que la mujer da para no abandonar la casa?
10. El esposo decía que su mujer estaba histérica y que el huésped era inofensivo. ¿Cree que las mujeres interpretaron mal las acciones del huésped y que éste en realidad era inofensivo? Explique.
11. ¿Qué opina de lo que hicieron las mujeres? Explique.
12. ¿Le gustó el cuento? ¿Por qué?

Actividad 5. **El juicio.** La clase debe juzgar a las mujeres por sus acciones. Recuerden que tarde o temprano se descubren nuestras acciones y se sufren las consecuencias. Organicen dos juicios simultáneos donde la clase debe de determinar si las mujeres son culpables de homicidio o inocentes. Si se les encuentra culpables, se debe determinar si son culpables de:

a. Homicidio con todos los agravantes (premeditación, alevosía y ventaja). Este tipo de asesinato puede ser castigado con la pena de muerte.
b. Homicidio en segundo grado. (sólo dos agravantes)
c. Homicidio en primer grado. (sólo un agravante)
d. Homicidio en defensa propia.
e. Locura temporal.

Para llevar a cabo un juicio se necesitan las siguientes personas:

El acusado	El juez
El fiscal y su asistente	El jurado (10 a 12 personas que deben olvidar que leyeron el cuento y basar su veredicto sólo en los hechos que se presentan en el juicio.)
El abogado defensor	
Los testigos	

ANALIZAR Y DESCUBRIR

Actividad 6. **Las recriminaciones: cláusulas hipotéticas.** El esposo de la mujer no cree lo que le contó su esposa, por eso inspecciona el cuarto del huésped y nota los hoyos que dejaron los clavos que usaron las mujeres para clausurar la puerta. Decide confrontar a su mujer. Lea la conversación que tuvieron y conteste la pregunta.

ESPOSO: ¿Pero tú estás loca? ¿Cómo pudiste haber asesinado a mi huésped?

MUJER: Si él no nos **hubiera amenazado** a muerte, no lo **habríamos tenido** que hacer. Y cuidado, yo no lo maté, él se murió. Además, tú eres el culpable: si no lo **hubieras traído** a esta casa, no **habría pasado** nada.

ESPOSO: Y si tú no estuvieras tan histérica, no **habrías reaccionado** como una loca. ¿Por qué no me dijiste nada de lo que ocurría?

MUJER: ¿Cómo te atreves a decir eso? Si me **hubieras escuchado** cuando te rogué que te llevaras a ese hombre de mi casa, no lo **habría dejado** morir de hambre. Además, si ese criminal no **hubiera golpeado** al hijo de Guadalupe, nosotras no lo **habríamos encerrado** en su cuarto. Temíamos que nos matara a nosotras…

ESPOSO: ¡No sigas, asesina!

1. ¿Cree que el esposo es también en parte culpable? Explique.

____

____

Es útil saber que...

El **pluscuamperfecto de subjuntivo (hubiera golpeado)** se usa en oraciones condicionales que expresan un acción, evento o situación, contraria a la realidad ocurrida ya en el pasado. El **condicional perfecto (habría dejado)** o el **pluscuamperfecto del subjuntivo** se pueden usar en la segunda frase.

MODELO: Si me **hubieras escuchado** (pero no me escuchaste), nada **habría sucedido** o
Si me **hubieras escuchado**, nada **hubiera sucedido.**

Actividad 7. **Analicemos la situación.** ¿Cómo hubiera podido evitarse este asesinato? Escriba cinco alternativas.

MODELO: Se hubiera evitado si la mujer y su esposo se hubieran llevado mejor.

____
____
____
____
____

Actividad 8. **¿Qué habría hecho Ud.?** Explique qué habría hecho en la misma situación.

____
____
____
____

Actividad 9. **Comentarios personales.** Piense en cuando menos cinco cosas que le pasaron y que hubiera preferido que no le pasaran. Después analice qué hubiera podido hacer para evitar lo que le pasó.

MODELO: La semana pasada saqué una D en mi examen de química. Si hubiera estudiado más, no lo habría reprobado.

____
____
____
____
____
____

MANOS A LA OBRA

Actividad 10. **Ud. es escritor.** Ud. ha sido contratado para escribir el mismo cuento, pero desde el punto de vista del huésped. Use toda su creatividad como escritor.

Actividad 11. **Justificaciones.** Describa bajo qué circunstancias se justifica un homicidio bajo la defensa de "Locura temporal" y que castigos se les debe imponer a las personas que lo cometan.

PARA ESCRIBIR MEJOR

Cuando deseamos convencer a alguien de algo o justificar una acción o decisión usamos la persuasión. Un ensayo de persuasión debe asumir una postura fundamental. Una manera de organizar el ensayo es la siguiente: En el primer párrafo se hace una introducción a la situación, se aclara la postura que se defiende y el propósito del escrito. En el segundo párrafo se describe la situación en sí y lo que causó dicha situación. En el tercer párrafo se explican las consecuencias que dicha situación provocó. Y en el último párrafo se concluye, repitiendo (con otras palabras) la postura que se defiende. Algunas palabras útiles para un ensayo de persuasión son:

a causa de	debido a que
coincide con	el resultado es
de antemano	así que
es evidente que	originar
es lógico pensar que	por consiguiente
por este motivo	como consecuencia
culpar	implicar
responsabilizar	provocar

Actividad 12. **Si Ud. fuera el juez.** Ud. es el juez en un juzgado de la ciudad de San Antonio, Texas. Esta semana debe dictar la sentencia en cuatro casos. Hable del tipo de castigo que deben recibir cada uno de los siguientes criminales. Justifique su decisión en cada caso.

a. La mujer que mató al huésped, dejándolo morir de hambre.
b. El pandillero que vende droga y mata a un rival a sangre fría.
c. La mujer que mata a su marido de un balazo después de tolerar muchos años de maltrato físico y mental.
d. El hombre que mata a su mujer cuando la descubre en brazos de otro.

Actividad 13. **Plan de acción.** Ud. es asistente del gobernador de Illinois. El gobernador le ha pedido que lo ayude a decidir si debe utilizar su presupuesto para rehabilitar a asesinos convictos o darles la pena capital. Escriba un ensayo donde plantea las ventajas y las desventajas e implicaciones morales de cada alternativa. Por último haga sus recomendaciones.

CAPÍTULO

19

LAS CLASES SOCIALES

PROPÓSITOS

- Hablará de las diferencias que existen entre las clases sociales.
- Reflexionará sobre los factores que influyen para que una persona pase de una clase social a otra.
- Hablará sobre las injusticias que a veces se sufren por pertenecer a un grupo étnico o clase social determinada.

FORMA

- Se familiarizará con los pronombres de objeto directo, indirecto y reflexivos.
- Analizará la colocación de estos pronombres en la oración.

EXPLORACIONES

Actividad 1. **Las clases sociales.** Conteste las siguientes preguntas.

1. ¿Qué entiende por clases sociales? Explique.

   ____

2. ¿Qué características, trabajos y actividades asocia Ud. con la clase baja?

   ____

3. ¿Qué características, trabajos y actividades asocia con la clase media?

   ____

4. ¿Qué características, trabajos y actividades asocia con la clase alta?

   ____

5. ¿Cómo llega una persona a pertenecer a una clase social?

   ____

6. ¿Es importante para Ud. la existencia de clases sociales? Explique.

   ____

7. ¿Cree que en los Estados Unidos existe el mismo concepto de clases sociales que en Latinoamérica? Explique la diferencia.

   ____

8. ¿Cree que en los Estados Unidos es más obvia la discriminación entre las clases sociales o entre los grupos étnicos? Explique.

   ____

9. ¿Ha sido Ud. o alguien que Ud. conoce discriminado por pertenecer a alguna clase social o grupo étnico? Explique.

   ____

Actividad 2. **Algunas expresiones chilenas.** El drama que leeremos en este capítulo se desarrolla en Chile. Lea la lista de expresiones chilenas que le damos a continuación. Después colóquelas en el lugar que corresponden en el diálogo.

no seas tan de rulo - no le tengas miedo al agua
pololo - novio
bolsa de género - bolsa de tela
tenida - vestido, ropa
tenderse de bruces - acostarse boca abajo
poblaciones callampas - barrios bajos

LA SEÑORA: -¿Dónde pusiste la ______________ que te dije que trajeras? No la veo.

LA EMPLEADA: -La tengo en mi ______________. Señora, ¿me permite ir a ver a mi ______________ hoy?

LA SEÑORA: -No. Hoy vamos a la playa. Además no es bueno que visites esas ______________ donde vive tu novio. Te podrían mal influenciar.

LA EMPLEADA: -Pero hoy es mi día libre. Además, no me gusta el agua. No sé nadar.

LA SEÑORA: -Bah! No ________________. El agua es excelente. Si no sabes nadar, puedes ________________ a tomar el sol.

Actividad 3. **Ampliación de vocabulario.** Busque el significado de las siguientes palabras en el diccionario. Después escriba un párrafo, usando todas las palabras.

taimada ________________
desconcertada ________________
insolente ________________
arrendar ________________
displicencia ________________

____
____
____
____
____
____

Actividad 4. **Análisis del título.** El drama que leeremos a continuación se titula *El delantal blanco.* En el siguiente esquema escriba todo lo que asocia con un delantal blanco. Después conteste la pregunta.

un delantal blanco

1. ¿De qué cree que se va a tratar la obra *El delantal blanco*?

____
____
____
____

LECTURA

Sobre el autor

Sergio Vodanović nació en Chile en 1926. Sus dramas casi siempre critican los valores de la sociedad en que vivimos. Sus primeras obras teatrales critican la corrupción tanto pública como del gobierno chileno. Vivió en exilio en Colombia durante la dictadura de Pinochet en Chile. Su obra *Cuántos años tiene un día* ha sido representada en Washington, D.C. y Nueva York. En ***El delantal blanco,*** Vodanović critica a la clase adinerada y cuestiona la artificialidad de las convenciones sociales.

Escuche la primera parte siguiendo la lectura con los ojos. Después lea el resto y conteste las preguntas.

EL DELANTAL BLANCO

PERSONAJES: La Señora
La Empleada
Dos Jóvenes
La Jovencita
El Caballero Distinguido
Un Narrador

La playa. Al fondo, una carpa. Frente a ella, sentadas a su sombra, La SEÑORA Y La EMPLEADA. La SEÑORA está en traje de baño y, sobre él, usa un blusón de toalla blanca que le cubre hasta las caderas. Su tez está tostada por un largo veraneo. La EMPLEADA viste su uniforme blanco. La SEÑORA es una mujer de treinta años, pelo claro, rostro atrayente aunque algo duro. La EMPLEADA tiene veinte años, tez blanca, pelo negro, rostro plácido y agradable.

LA SEÑORA: (Gritando hacia su pequeño hijo, a quien no ve y que se supone está a la orilla del mar, justamente al borde del escenario.) -¡Alvarito! ¡Alvarito! ¡No le tire arena a la niñita! ¡Métase al agua! Está rica... ¡Alvarito, no! ¡No le deshaga el castillo a la niñita! Juegue con ella... Sí, mi hijito... juegue...

LA EMPLEADA: Es tan peleador...

LA SEÑORA: Salió al padre... *Es inútil corregirlo. Tiene una personalidad dominante que le viene de su padre, de su abuelo, de su abuela... ¡sobre todo de su abuela!

LA EMPLEADA: ¿Vendrá el caballero mañana?

LA SEÑORA: (Se encoge de hombros con desgano.) ¡No sé! Ya estamos en marzo, todas mis amigas han regresado y Alvaro me tiene todavía aburriéndome en la playa. *Él dice que quiere que el niño aproveche las vacaciones, pero para mí que es él quien está aprovechando. (Se saca el blusón y se tiende a tomar sol.). ¡Sol! ¡Sol! Tres meses tomando sol. Estoy intoxicada de sol. (Mirando inspectivamente a la EMPLEADA) ¿Qué haces tú para no quemarte?

LA EMPLEADA: He salido tan poco de la casa...

LA SEÑORA: ¿Y qué querías? Viniste a trabajar, no a veranear. Estás recibiendo sueldo, ¿no?

LA EMPLEADA: Sí, señora. Yo sólo contestaba su pregunta...

La SEÑORA permanece tendida recibiendo el sol. La EMPLEADA saca de una bolsa de género una revista de historietas fotografiadas y principia a leer.

LA SEÑORA: ¿Qué haces?

LA EMPLEADA: Leo esta revista.

LA SEÑORA: ¿La compraste tú?

LA EMPLEADA: Sí, señora.

LA SEÑORA: No se te paga tan mal, entonces, si puedes comprarte tus revistas, ¿eh?

La EMPLEADA no contesta y vuelve a mirar la revista.

LA SEÑORA: ¡Claro! Tú leyendo y que Alvarito reviente, que se ahogue...

LA EMPLEADA: Pero si está jugando con la niñita...

LA SEÑORA: Si te traje a la playa es para que vigilaras a Alvarito y no para que te pusieras a leer.

La EMPLEADA deja la revista y se incorpora para ir donde está Alvarito.

LA SEÑORA: ¡No! Lo puedes vigilar desde aquí. Quédate a mi lado, pero observa al niño. ¿Sabes? Me gusta venir contigo a la playa.

LA EMPLEADA: ¿Por qué?

LA SEÑORA: Bueno... no sé... *Será por lo mismo que me gusta venir en el auto, aunque la casa esté a dos cuadras. Me gusta que vean el auto. Todos los días, hay alguien que se para al lado de él y lo mira y comenta. No cualquiera tiene un auto como el de nosotros... Claro, tú no te das cuenta de la diferencia. Estás demasiado acostumbrada a lo bueno... Dime... ¿Cómo es tu casa?

LA EMPLEADA: Yo no tengo casa.

LA SEÑORA: No habrás nacido empleada, supongo. Tienes que haberte criado en alguna parte, debes haber tenido padres... ¿Eres del campo?

LA EMPLEADA: Sí.

LA SEÑORA: Y tuviste ganas de conocer la ciudad, ¿ah?

LA EMPLEADA: No. Me gustaba allá.

LA SEÑORA: ¿Por qué te viniste, entonces?

LA EMPLEADA: Tenía que trabajar.

LA SEÑORA: No me vengas con ese cuento. *Conozco la vida de los inquilinos en el campo. Lo pasan bien. Les regalan una cuadra para que cultiven. Tienen alimentos gratis y hasta les sobra para vender. Algunos tienen hasta sus vaquitas... ¿Tus padres tenían vacas?

LA EMPLEADA: Sí, señora. Una.

LA SEÑORA: ¿Ves? ¿Qué más quieren? ¡Alvarito! ¡No se meta tan allá que puede venir una ola! ¿Qué edad tienes?

LA EMPLEADA: ¿Yo?

LA SEÑORA: A ti te estoy hablando. No estoy loca para hablar sola.

LA EMPLEADA: Ando en los veintiuno...

LA SEÑORA: ¡Veintiuno! A los veintiuno yo me casé. ¿No has pensado en casarte?

La EMPLEADA baja la vista y no contesta.

LA SEÑORA: ¡Las cosas que se me ocurre preguntar! *¿Para qué querrías casarte? En la casa tienes de todo: comida, una buena pieza, delantales limpios... Y si te casaras... ¿Qué es lo que tendrías? Te llenarías de chiquillos, no más.

LA EMPLEADA: (Como para sí.) Me gustaría casarme...

LA SEÑORA: ¡Tonterías! Cosas que se te ocurren por leer historias de amor en las revistas baratas... Acuérdate de esto: Los príncipes azules ya no existen. *No es el color lo que importa, sino el bolsillo. Cuando mis padres no me aceptaban un pololo porque no tenía plata, yo me indignaba, pero llegó Alvaro con sus industrias y sus fundos y no quedaron contentos hasta que lo casaron conmigo. A mí no me gustaba porque era gordo y tenía la costumbre de sorberse los mocos, pero después en el matrimonio, uno se acostumbra a todo. Y llega a la conclusión que todo da lo mismo, salvo la plata. Sin la plata no somos nada. *Yo tengo plata, tú no tienes. Ésa es toda la diferencia entre nosotras. ¿No te parece?

LA EMPLEADA: Sí, pero...

LA SEÑORA: ¡Ah! Lo crees, ¿eh? Pero es mentira. Hay algo que es más importante que la plata: la clase. Eso no se compra. Se tiene o no se tiene. *Alvaro no tiene clase. Yo sí la tengo. Y podría vivir en una pocilga y todos se darían cuenta de que soy alguien. No una cualquiera. Alguien. Te das cuenta, ¿verdad?

LA EMPLEADA: Sí, señora.

LA SEÑORA: A ver... Pásame esa revista. (La EMPLEADA lo hace. La SEÑORA la hojea. Mira algo y lanza una carcajada.) ¿Y esto lees tú?

LA EMPLEADA: Me entretengo, señora.

LA SEÑORA: ¡Qué ridículo! ¡Qué ridículo! Mira a este roto vestido de smoking. Cualquiera se da cuenta que está tan incómodo en él como un hipopótamo con faja. (Vuelve a mirar en la revista.) ¡Y es el conde de Lamarquina! ¡El conde de Lamarquina! A ver... ¿Qué es lo que dice el conde? (Leyendo.) "Hija mía, no permitiré jamás que te cases con Roberto. Él es un plebeyo. Recuerda que por nuestras venas corre sangre azul". ¿Y ésta es la hija del conde?

LA EMPLEADA: Sí. Se llama María. Es una niña sencilla y buena. Está enamorada de Roberto, que es el jardinero del castillo. El conde no lo permite. Pero... ¿sabe? Yo creo que todo va a terminar bien. Porque en el número anterior Roberto le dijo a María que no había conocido a sus padres y cuando no se conoce a los padres, es seguro que ellos son gente rica y aristócrata que perdieron al niño de chico o se lo secuestraron...

LA SEÑORA: ¿Y tú crees todo eso?

LA EMPLEADA: Es bonito, señora.

LA SEÑORA: ¿Qué es tan bonito?

LA EMPLEADA: Que lleguen a pasar cosas así. Que un día cualquiera, uno sepa que es otra persona, que en vez de ser pobre, se es rica; que en vez de ser nadie, se es alguien, así como dice Ud...

LA SEÑORA: Pero no te das cuenta que no puede ser... Mira a la hija...¿Me has visto a mí alguna vez usando unos aros así? ¿Has visto a alguna de mis amigas con una cosa tan espantosa? ¿Y el peinado? Es detestable. ¿No te das cuenta que una mujer así no puede ser aristócrata?... ¿A ver? Sale fotografiado aquí el jardinero...

LA EMPLEADA: Sí. En los cuadros del final. (Le muestra en la revista. La SEÑORA ríe encantada.)

LA SEÑORA: ¿Y éste crees tú que puede ser un hijo de aristócrata? ¿Con esa nariz? ¿Con ese pelo? Mira... Imagínate que mañana me rapten a Alvarito. ¿Crees tú que va a dejar por eso de tener su aire de distinción?

LA EMPLEADA: ¡Mire, señora! Alvarito le botó el castillo de arena a la niñita de una patada.

LA SEÑORA: ¿Ves? *Tiene cuatro años y ya sabe lo que es mandar, lo que es no importarle los demás. Eso no se aprende. Viene en la sangre.

LA EMPLEADA: (Incorporándose.) Voy a ir a buscarlo.

LA SEÑORA: Déjalo. Se está divirtiendo.

La EMPLEADA se desabrocha el primer botón de su delantal y hace un gesto en el que muestra estar acalorada.

LA SEÑORA: ¿Tienes calor?

LA EMPLEADA: El sol está picando fuerte.

LA SEÑORA: ¿No tienes traje de baño?

LA EMPLEADA: No.

LA SEÑORA: ¿No te has puesto nunca traje de baño?

LA EMPLEADA: ¡Ah, sí!

LA SEÑORA: ¿Cuándo?

LA EMPLEADA: Antes de emplearme. A veces, los domingos, hacíamos excursiones a la playa en el camión del tío de una amiga.

LA SEÑORA: ¿Y se bañaban?

LA EMPLEADA: En la playa grande de Cartagena. Arrendábamos trajes de baño y pasábamos todo el día en la playa. Llevábamos de comer y…

LA SEÑORA: (Divertida.) ¿Arrendaban trajes de baño?

LA EMPLEADA: Sí. Hay una señora que arrienda en la misma playa.

LA SEÑORA: Una vez con Alvaro, nos detuvimos en Cartagena a echar bencina al auto y miramos a la playa. ¡Era tan gracioso! ¡Y esos trajes de baño arrendados! Unos eran tan grandes que hacían bolsas por todos los lados y otros quedaban tan chicos que las mujeres andaban con el traste afuera. ¿De cuáles arrendabas tú? ¿De los grandes o de los chicos?

La EMPLEADA mira al suelo taimada.

LA SEÑORA: Debe ser curioso… Mirar el mundo desde un traje de baño arrendado o envuelta en un vestido barato… o con uniforme de empleada como el que usas tú… Algo parecido le debe suceder a esta gente que se fotografía para estas historietas: se ponen smoking o un traje de baile y debe ser diferente la forma como miran a los demás, como se sienten ellos mismos… Cuando yo me puse mi primer par de medias, el mundo entero cambió para mí. Los demás eran diferentes; yo era diferente y el único cambio efectivo era que tenía puesto un par de medias… *Dime… ¿cómo se ve el mundo cuando se está vestida con un delantal blanco?

LA EMPLEADA: (Tímidamente) Igual… La arena tiene el mismo color… las nubes son iguales… Supongo.

LA SEÑORA: Pero no… Es diferente. Mira. Yo con este traje de baño, con este blusón de toalla, tendida sobre la arena, sé que estoy en "mi lugar", que esto me pertence… En cambio tú, vestida como empleada, sabes que la playa no es tu lugar, que eres diferente… Y eso, eso te debe hacer ver todo distinto.

LA EMPLEADA: No sé.

LA SEÑORA: Mira. Se me ha ocurrido algo. Préstame tu delantal.

LA EMPLEADA: ¿Cómo?

LA SEÑORA: Préstame tu delantal.

LA EMPLEADA: Pero… ¿Para qué?

LA SEÑORA: Quiero ver cómo se ve el mundo, qué apariencia tiene la playa cuando se ve encerrada en un delantal de empleada.

LA EMPLEADA: ¿Ahora?

LA EMPLEADA: Pero es que… No tengo un vestido debajo.

LA SEÑORA: (Tirándole el blusón.) Toma… Ponte esto.

LA EMPLEADA: Voy a quedar en calzones…

LA SEÑORA: Es lo suficientemente largo como para cubrirte. Y en todo caso vas a mostrar menos que lo que mostrabas con los trajes de baño que arrendabas en Cartagena. (Se levanta y obliga a levantarse a la EMPLEADA.) Ya. Métete en la carpa y cámbiate. (Prácticamente obliga a la EMPLEADA a entrar a la carpa y luego lanza al interior de ella el blusón de toalla. Se dirige al primer plano y le habla a su hijo.)

LA SEÑORA: Alvarito, métase un poco al agua. Mójese las patitas siquiera… No sea tan de rulo… ¡Eso es! ¿Ves que es rica el agüita? (Se vuelve hacia la carpa y habla hacia dentro de ella.) ¿Estás lista? (Entra a la carpa.)

Después de un instante, sale la EMPLEADA vestida con el blusón de toalla. Se ha prendido el pelo hacia atrás y su aspecto ya difiere algo de la tímida muchacha que conocemos. Con delicadeza se tiende de bruces sobre la arena. Sale la SEÑORA abotonándose aún su delantal blanco. Se va a sentar delante de la EMPLEADA, pero vuelve un poco más atrás.

LA SEÑORA: No. Adelante no. Una empleada en la playa se sienta siempre un poco más atrás que su patrona. (Se sienta sobre sus pantorrillas y mira, divertida, en todas direcciones.)

La EMPLEADA cambia de postura con displicencia. La SEÑORA toma la revista de la EMPLEADA y principia a leerla. Al principio, hay una sonrisa irónica en sus labios que desaparece luego al interesarse por la lectura. Al leer mueve los labios. La EMPLEADA, con naturalidad, toma de la bolsa de playa de la SEÑORA un frasco de aceite bronceador y principia a extenderlo con lentitud por sus piernas. La SEÑORA la ve. Intenta una reacción reprobatoria, pero queda desconcertada.

LA SEÑORA: ¿Qué haces?

La EMPLEADA no contesta. La SEÑORA opta por seguir la lectura, vigilando de vez en vez con la vista lo que hace la EMPLEADA. Ésta ahora se ha sentado y se mira detenidamente las uñas.

LA SEÑORA: ¿Por qué te miras las uñas?

LA EMPLEADA: Tengo que arreglármelas.

LA SEÑORA: Nunca te había visto antes mirarte las uñas.

LA EMPLEADA: No se me había ocurrido.

LA SEÑORA: Este delantal acalora.

LA EMPLEADA: Son los mejores y los más durables.

LA SEÑORA: Lo sé. Yo los compré.

LA EMPLEADA: Le queda bien.

LA SEÑORA: (Divertida.) Y tú no te ves nada de mal con esa tenida. (Se ríe.) Cualquiera se equivocaría. Más de un jovencito te podría hacer la corte… ¡Sería como para contarlo.!

LA EMPLEADA: Alvarito se está metiendo muy adentro. Vaya a vigilarlo.

LA SEÑORA: (Se levanta inmediatamente y se adelanta.) ¡Alvarito! ¡Alvarito! No se vaya tan adentro... Puede venir una ola. (Recapacita de pronto y se vuelve desconcertada hacia la EMPLEADA.)

LA SEÑORA: ¿Por qué no fuiste tú?

LA EMPLEADA: ¿Adónde?

LA SEÑORA: ¿Por qué me dijiste que yo fuera a vigilar a Alvarito?

LA EMPLEADA: (Con naturalidad.) Ud. lleva el delantal blanco.

LA SEÑORA: Te gusta el juego, ¿ah?

Una pelota de goma, impulsada por un niño que juega cerca, ha caído a los pies de la EMPLEADA. Ella la mira y no hace ningún movimiento. Luego mira a la SEÑORA. Ésta, instintivamente, se dirige a la pelota y la tira en la dirección en que vino. La EMPLEADA busca en la bolsa de playa de la SEÑORA y se pone sus anteojos para el sol.

LA SEÑORA: (Molesta.) ¿Quién te ha autorizado para que uses mis anteojos?

LA EMPLEADA: ¿Cómo se ve la playa vestida con un delantal blanco?

LA SEÑORA: Es gracioso. ¿Y tú? ¿Cómo ves la playa ahora?

LA EMPLEADA: Es gracioso.

LA SEÑORA: (Molesta.) ¿Dónde está la gracia?

LA EMPLEADA: En que no hay diferencia.

LA SEÑORA: ¿Cómo?

LA EMPLEADA: Ud. con el delantal blanco es la empleada; yo con este blusón y los anteojos oscuros soy la señora.

LA SEÑORA: ¿Cómo?... ¿Cómo te atreves a decir eso?

LA EMPLEADA: ¿Se habría molestado en recoger la pelota si no estuviese vestida de empleada?

LA SEÑORA: Estamos jugando.

LA EMPLEADA: ¿Cuándo?

LA SEÑORA: Ahora.

LA EMPLEADA: ¿Y antes?

LA SEÑORA: ¿Antes?

LA EMPLEADA: Sí. Cuando yo estaba vestida de empleada...

LA SEÑORA: Eso no es juego. Es la realidad.

LA EMPLEADA: ¿Por qué?

LA SEÑORA: Porque sí.

LA EMPLEADA: Un juego... un juego más largo... como el "paco-ladrón". A unos les corresponde ser "pacos", a otros "ladrones".

LA SEÑORA: (Indignada.) ¡Ud. se está insolentando!

LA EMPLEADA: ¡No me grites! ¡La insolente eres tú!

LA SEÑORA: ¿Qué significa eso? ¿Ud. me está tuteando?

LA EMPLEADA: ¿Y acaso tú no me tratas de tú?

LA SEÑORA: ¿Yo?

LA EMPLEADA: Sí.

LA SEÑORA: ¡Basta ya! ¡Se acabó este juego!

LA EMPLEADA: ¡A mí me gusta!

LA SEÑORA: ¡Se acabó! (Se acerca violentamente a la EMPLEADA.)

LA EMPLEADA: (Firme.) ¡Retírese!

La SEÑORA se detiene sorprendida.

LA SEÑORA: ¿Te has vuelto loca?

LA EMPLEADA: Me he vuelto señora.

LA SEÑORA: Te puedo despedir en cualquier momento.

LA EMPLEADA: (Explota en grades carcajadas, como si lo que hubiera oído fuera el chiste más gracioso que jamás ha escuchado.)

LA SEÑORA: ¿Pero de qué te ríes?

LA EMPLEADA: (Sin dejar de reír.) ¡Es tan ridículo!

LA SEÑORA: ¿Qué es tan ridículo?

LA EMPLEADA: Que me despida... ¡Vestida así! ¿Dónde se ha visto a una empleada despedir a su patrona?

LA SEÑORA: ¡Sácate esos anteojos! ¡Sácate el blusón! ¡Son míos!

LA EMPLEADA: ¡Vaya a ver al niño!

LA SEÑORA: Se acabó el juego, te he dicho. O me devuelves mis cosas o te las saco.

LA EMPLEADA: ¡Cuidado! No estamos solas en la playa.

LA SEÑORA: ¿Y qué hay con eso? ¿Crees que por estar vestida con un uniforme blanco no van a reconocer quién es la empleada y quién la señora?

LA EMPLEADA: (Serena.) No me levante la voz.

LA SEÑORA exasperada se lanza sobre la EMPLEADA y trata de sacarle el blusón a viva fuerza.

LA SEÑORA: (Mientras forceja.) ¡China! ¡Ya te voy a enseñar quién soy! ¿Qué te has creído? ¡Te voy a meter presa!.

Un grupo de bañistas han acudido al ver la riña. Dos JOVENES, una MUCHACHA y un SEÑOR de edad madura y de apariencia muy distinguida. Antes de que puedan intervenir, la EMPLEADA ya ha dominado la situación manteniendo bien sujeta a la SEÑORA contra la arena. Ésta sigue gritando al libitum[1] expresiones como "rota cochina... ya te la vas a ver con mi marido... te voy a mandar presa... esto es el colmo", etc., etc.

UN JOVEN: ¿Qué sucede?

EL OTRO JOVEN: ¿Es un ataque?

LA JOVENCITA: Se volvió loca.

UN JOVEN: Puede que sea efecto de una insolación.

1. constantes

EL OTRO JOVEN:	¿Podemos ayudarla?
LA EMPLEADA:	Sí. Por favor. Llévensela. Hay una posta por aquí cerca...
EL OTRO JOVEN:	Yo soy estudiante de Medicina. Le pondremos una inyección para que se duerma por un buen tiempo.
LA SEÑORA:	¡Imbéciles! ¡Yo soy la patrona! Me llamo Patricia Hurtado, mi marido es Alvaro Jiménez, el político...
LA JOVENCITA:	(Riéndose.) Cree ser la señora.
UN JOVEN:	Está loca.
EL OTRO JOVEN:	Un ataque de histeria.
UN JOVEN:	Llevémosla.
LA EMPLEADA:	Yo no los acompaño... Tengo que cuidar a mi hijito... Está ahí, bañándose...
LA SEÑORA:	¡Es una mentirosa! ¡Nos cambiamos de vestido sólo por jugar! ¡Ni siquiera tiene traje de baño! ¡Debajo del blusón está en calzones! ¡Mírenla!
EL OTRO JOVEN:	(Haciéndole un gesto al JOVEN.) ¡Vamos! Tú la tomas por los pies y yo por los brazos.
LA JOVENCITA:	¡Qué risa! ¡Dice que está en calzones!

Los dos JOVENES toman a la SEÑORA y se la llevan, mientras ésta se resiste y sigue gritando.

LA SEÑORA: ¡Suéltenme! ¡Yo no estoy loca! ¡Es ella! ¡Llamen a Alvarito! ¡El me reconocerá!

Mutis[2] de los dos JOVENES llevando en peso a la SEÑORA. La EMPLEADA se tiende sobre la arena, como si nada hubiera sucedido, aprontándose para un prolongado baño de sol.

EL CABALLERO DISTINGUIDO:	¿Está Ud. bien, señora? ¿Puedo serle útil en algo?
LA EMPLEADA:	(Mira, inspectivamente al SEÑOR DISTINGUIDO y sonríe con amabilidad.) Gracias. Estoy bien.
EL CABALLERO DISTINGUIDO:	Es el símbolo de nuestro tiempo. Nadie parece darse cuenta, pero a cada rato, en cada momento sucede algo así.
LA EMPLEADA:	¿Qué?
EL CABALLERO DISTINGUIDO:	La subversión del orden establecido. Los viejos quieren ser jóvenes; los jóvenes quieren ser viejos; los pobres quieren ser ricos y los ricos quieren ser pobres. Sí, señora. Asómbrese Ud. También hay ricos que quieren ser pobres. Mi nuera va todas las tardes a tejer con mujeres de poblaciones callampas. ¡Y le gusta hacerlo! (Transición) ¿Hace mucho tiempo que está con Ud.?
LA EMPLEADA:	¿Quién?
EL CABALLERO DISTINGUIDO:	(Haciendo un gesto hacia la dirección en que llevaron a la SEÑORA.) Su empleada.
LA EMPLEADA:	(Dudando. Haciendo memoria.) Poco más de un año.
EL CABALLERO DISTINGUIDO:	¡Y así le paga a Ud.! ¡Queriéndose hacer pasar por una señora! ¡Como si no se reconociera a primera vista quién es quién! (Transición.) ¿Sabe Ud. por qué suceden estas cosas?

2. cuando un actor se retira de la escena (teatro), callar

LA EMPLEADA: ¿Por qué?

EL CABALLERO DISTINGUIDO: (Con aire misterioso.) El comunismo...

LA EMPLEADA: ¡Ah!

EL CABALLERO DISTINGUIDO: (Tranquilizador.) Pero no nos inquietemos. El orden está restablecido. Al final, siempre el orden se restablece... Es un hecho... Sobre eso no hay discusión... (Transición) Ahora, con permiso, señora. Voy a hacer mi footing diario. Es muy conveniente para mi edad. Para la circulación, ¿sabe? Y Ud. quede tranquila. El sol es el mejor sedante. (Ceremoniosamente) A sus órdenes, señora. (Inicia el mutis. Se vuelve.) Y no sea muy dura con su empleada, después que se haya tranquilizado... Después de todo... Tal vez tengamos algo de culpa nosotros mismos... ¿Quién puede decirlo? (EL CABALLERO DISTINGUIDO hace mutis.)

LA EMPLEADA cambia de posición. Se tiende de espaldas para recibir el sol en la cara. De pronto se acuerda de Alvarito. Mira hacia donde él está.

LA EMPLEADA: ¡Alvarito! ¡Cuidado con sentarse en esa roca! Se puede hacer una nana en el pie... Eso es, corra por la arenita... Eso es, mi hijito... (Y mientras la EMPLEADA mira con ternura y delectación maternal cómo Alvarito juega a la orilla del mar se cierra lentamente el Telón.)

A continuación le damos algunas citas del texto para que Ud. identifique los conceptos que representa cada comentario que hace la Señora. Si necesita, busque el fragmento del texto indicado en el drama con un asterisco(*).

EL PERSONAJE DICE...	CONCEPTO
a. Es inútil corregirlo. Tiene una persona-lidad dominante que le viene de su padre, de su abuelo, de su abuela..., ¡sobre todo de su abuela!	
b. Él dice que quiere que el niño aproveche las vacaciones, pero para mí que es él quien está aprovechando.	
c. Será por lo mismo que me gusta venir en el auto, aunque la casa esté a dos cuadras. Me gusta que vean el auto. Todos los días, hay alguien que se para al lado de él y lo mira y comenta. No cualquiera tiene un auto como el de nosotros...	
d. Conozco la vida de los inquilinos en el campo. Lo pasan bien. Les regalan una cuadra para que cultiven. Tienen alimentos gratis y hasta les sobra para vender.	
e. ¿Para qué querrías casarte? En la casa tienes de todo: comida, una buena pieza, delantales limpios...	
f. No es el color lo que importa, sino el bolsillo.	
g. Yo tengo plata, tú no tienes. Esa es toda la diferencia entre nosotras.	
h. Alvaro no tiene clase. Yo sí la tengo. Yo podría vivir en una pocilga y todos se darían cuenta de que soy alguien. No una cualquiera.	
i. Tiene cuatro años y ya sabe lo que es mandar, lo que es no importarle los demás. Eso no se aprende. Viene en la sangre.	
j. Dime... ¿Cómo se ve el mundo cuando se está vestida con un delantal blanco?	

1. Señale con qué conceptos está de acuerdo. Después comparta sus respuestas con un compañero y hablen sobre sus ideas.

____

2. ¿Por qué cree que la señora quiso iniciar el juego?

____

3. ¿Le sorprendió la actitud de la empleada? Explique.

____

Actividad 5. **Al teatro** En grupo de siete personas, representebn la obra. Cada personaje interpreta sus líneas. La clase escoge la mejor representación.

ANALIZAR Y DESCUBRIR

Actividad 6. **Los pronombres de objeto directo, indirecto y reflexivos.** Lea los siguientes ejemplos. Después conteste las preguntas.

1. ¿Y esa revista? **La** compré para entretenerme.
   ¿A qué se refiere el pronombre **la**? ____________________
2. Necesito vigilar a Alvarito. **Lo** puedes vigilar desde aquí. o Puedes vigilar**lo** desde aquí.
   ¿A qué se refiere el pronombre **lo**? ____________________
3. ¿Por qué te miras **las** uñas? Me las tengo que arreglar. o Tengo que arreglárme**las**
   ¿A qué se refiere el pronombre **las**? ____________________
4. ¡Alvarito, no **le** tire arena a la niñita!
   ¿A qué se refiere el pronombre **le**? ____________________
5. ¡La empleada **les** está diciendo mentiras! o La empleada está diciéndo**les** mentiras!
   ¿A quién se refiere el pronombre **les**? ____________________
6. ¡No **me** hables de ese modo, insolente!
   ¿A quién se refiere el pronombre **me**? ____________________
7. **Te** voy a meter presa. o Voy a meter**te** presa.
   ¿A quién se refiere el pronombre *te*? ____________________
8. **Nos** poníamos trajes de baño arrendados.
   ¿A quién se refiere el pronombre **nos**? ____________________
9. La empleada no **se** quiere quitar mi ropa.
   ¿A quién se refiere el pronombre **se**? ____________________

Actividad 7. **Colocación de los pronombres reflexivos (me, te, se, nos), de objeto directo (me, te, la, lo, nos, las, los) e indirecto (me, te, le, nos, les).** Después de analizar el lugar donde van los pronombres en los ejemplos de la actividad anterior, llene los espacios en las siguientes reglas.

1. Los pronombres se colocan ________________ del verbo principal.

Excepciones: en órdenes o mandatos afirmativos

Méte**te** al agua.	pero	No **te** metas ahí.
Dáme**lo**.		No **me** lo des.
Lléven**sela**.		No **se la** lleven.
Vigíle**lo**.		No **lo** vigile.

2. Si hay dos verbos en la misma frase, el pronombre se puede colocar________________ del primer verbo o unido al _____________ verbo (infinitivo o gerundio).

MODELO: **Lo** puedes vigilar desde aquí **o** Puedes vigilar**lo** desde aquí.
Me estás molestando con tus juegos **o** Estás molestándo**me** con tus juegos.

Es útil saber que...

Al escribir el pronombre unido al gerundio (molestándome) o al mandato (vigílelo), la palabra necesita acento escrito.

MANOS A LA OBRA

Actividad 8. **El segundo acto.** Ud. y un compañero han sido contratados por la compañía de teatro *Producciones chilenas* para escribir el segundo acto de la obra ***El delantal blanco.*** Escríbanlo a continuación. Después represéntenlo frente a la clase.

____

____

____

____

____

____

____

____

____

____

____

____

Actividad 9. **La ropa habla.** Piense en la transformación que se nota en las mujeres después de haberse cambiado la ropa. ¿Puede un cambio de ropa cambiar la forma de ser de una persona? Explique y dé ejemplos para apoyar su opinión.

____

____

____

____

____

____

Actividad 10. **El cambio social.** Explique cómo una persona puede cambiar de clase social. Identifique también los cambios necesarios en el comportamiento y la actitud de las personas.

____

____

____

____

____

____

Actividad 11. **El orden establecido.** El Caballero Distinguido habla del orden establecido. Explique qué es el orden establecido y cómo se mantiene dicho orden en una sociedad como la estadounidense.

____

____

____

____

____

____

CAPÍTULO

20

LA LIBERTAD DE EXPRESIÓN

PROPÓSITOS

- Hablará de los diferentes tipos de censura que existen.
- Hablará sobre las consecuencias de que se ejerza, o no, la censura.
- Aprenderá de la represión y censura que existen y han existido en algunos países latinoamericanos.
- Escribirá una pequeña escena que ilustre algún problema que afecta a nuestra sociedad.

FORMA

- Se familiarizará con la voz pasiva.
- Se familiarizará con los pronombres relativos.

EXPLORACIONES

Actividad 1. **La censura.** Conteste las siguientes preguntas.

1. ¿Qué es la censura? Explique.

____

2. ¿Qué tipo de censura existe en los Estados Unidos? Dé ejemplos.

____

3. ¿Por qué existe la censura? Explique.

____

4. Dé algunos ejemplos donde considera que la censura es necesaria.

____

5. Dé algunos ejemplos donde considera que no debería haber censura.

____

Actividad 2. **Represión y censura en América Latina.** Generalmente asociamos la censura con gobiernos comunistas o dictaduras. Aunque muchos gobiernos latinoamericanos se autoclasifican como democráticos han ejercido un control absoluto sobre la libertad de expresión de sus ciudadanos. Un ejemplo de esto lo fue Argentina durante los años 70.

A. Para situarse en el ambiente en que se desarrolla el cuento que leeremos en este capítulo, vea la película *La historia oficial* (La tienen la mayoría de tiendas de video ya que recibió el *Oscar* de la mejor película internacional en 1984.) Después haga un resumen de lo que más le impresionó.

____

____

____

____

____

____

____

____

B. Otros casos de represión y censura son los de Chile, Guatemala, El Salvador y Nicaragua. En grupos de cuatro personas, cada miembro debe investigar las circunstancias socio-políticas de cada uno de los siguientes países bajo el régimen de los gobiernos indicados. Después comparta la información con el grupo.

1. En Guatemala, bajo las presidencias de Efraín Ríos Montt y de Oscar Humberto Mejía Víctores se iniciaron campañas militares en las que se arrasaron centenares de villas mayas y, se asesinó a millares de personas.
2. Lo mismo ocurrió en El Salvador durante el periodo de 1980 a 1989, década de desapariciones y asesinatos, como el del arzobispo Oscar Arnulfo Romero.

3. En Nicaragua, bajo la presidencia de Anastacio Somoza, y más tarde con los Sandinistas y los Contra, también hubo censura y asesinatos.
4. En Chile, acusan al gobierno de Augusto Pinochet, de haber dado muerte a más de 70,000 chilenos cuyo único delito fue defender la constitución de su patria.
5. Otros casos que Ud. conozca.

____

____

____

____

____

____

____

____

Actividad 3. **Ampliación de vocabulario.** Después de leer las siguientes frases, encuentre la expresión sinónima de la palabra en negrilla y escríbala en el espacio entre paréntesis.

a. escuchan
b. inofensivo
c. angustias
d. delicadezas
e. falta
f. pegado
g. del que la manda
h. misteriosas
i. conjunto de dientes de una máquina
j. solicitó el puesto de

1. ¿Qué habrá quedado **adherido** (________________) a esa hoja de papel que le envió a Mariana?
2. Juan sabe que no va a haber problema con el texto, que el texto es irreprochable, **inocuo** (__________________).
3. Sabe también que a las cartas las **auscultan** (_________________), las huelen, las palpan, las leen entre líneas y en sus menores signos de puntuación, hasta en las manchitas involuntarias.
4. Una mala carta puede poner en peligro la vida no sólo del **remitente** (________________) sino también la del destinatario.
5. Y eso es lo que tiene sumido a Juan en la más profunda de las **desolaciones** (________________________).
6. Hay que ganarles de mano, tratar de sabotear el mecanismo, de ponerle en los **engranajes** (___________________) unos granos de arena.
7. Y para eso **se postuló para** (____________________________) censor.
8. No por **carencia** (___________________) de trabajo, sino para tratar de interceptar su propia carta.
9. Como hacen falta censores, el gobierno no se anda con **melindres** (___________________) pidiendo antecedentes.
10. Pasó días de horror leyendo las formas **sibilinas** (________________) que la gente encontraba para transmitirse mensajes subversivos y todo eso para salvar a su Mariana.

Actividad 4. El uso del diccionario. Primero busque el significado de las siguientes palabras en el diccionario. Después, escriba las palabras donde corresponda en el siguiente párrafo.

austera ____
misiva ____
incauto ____
discordancia ____
imperaba ____
insalubre ____

El ____________________ censor no interceptó una ________________ claramente subversiva y fue encarcelado. En la prisión ________________ un ambiente de ______________________. Su celda era ________________, no tenía ningún aspecto acogedor y en el baño, totalmente ________________, no corría el agua.

LECTURA

Sobre la autora

Luisa Valenzuela nació en la Argentina en 1938. Además de ser periodista, es también autora de cuatro novelas y cinco colecciones de cuentos. Su estilo es satírico y revolucionario.

Lea el siguiente cuento. Después conteste las preguntas.

LOS CENSORES

¡Pobre Juan! Aquel día lo agarraron con la guardia baja y no pudo darse cuenta de que lo que él creyó ser un guiño de la suerte era en cambio un maldito llamado de la fatalidad. Esas cosas pasan en cuanto uno se descuida, y así como me oyen uno se descuida tan pero tan a menudo. Juancito dejó que se le viera encima la alegría -sentimiento por demás perturbador- cuando por un conducto inconfesable le llegó la nueva dirección de Mariana, ahora en París, y pudo creer así que ella no lo había olvidado. Entonces se sentó ante la mesa sin pensarlo dos veces y escribió una carta. La carta. Ésa misma que ahora le impide concentrarse en su trabajo durante el día y no lo deja dormir cuando llega la noche (¿qué habrá puesto en esa carta, qué habrá quedado adherido a esa hoja de papel que le envió a Mariana?).

Juan sabe que no va a haber problema con el texto, que el texto es irreprochable, inocuo. Pero, ¿y lo otro? Sabe también que a las cartas las auscultan, las huelen, las palpan, las leen entre líneas y en sus menores signos de puntuación, hasta en las manchitas involuntarias. Sabe que las cartas pasan de mano en mano por las vastas oficinas de censura, que son sometidas a todo tipo de pruebas y pocas son por fin las que pasan los exámenes y pueden continuar camino. Es por lo general cuestión de meses, de años si la cosa se complica, largo tiempo durante el cual está en suspenso la libertad y hasta quizá la vida, no sólo del remitente sino también del destinatario. Y eso es lo que lo tiene sumido a nuestro Juan en la más profunda de las desolaciones: la idea de que a Mariana, en París, llegue a sucederle algo por culpa de él. Nada menos que a Mariana que debe de sentirse tan segura, tan tranquila allí donde siempre soñó vivir. Pero él sabe que los Comandos Secretos de Censura actúan en todas partes del mundo y gozan de un importante descuento en el transporte aéreo; por lo tanto nada les impide llegarse hasta el oscuro barrio de París, secuestrar a Mariana y volver a casita convencidos de su noble misión en esta tierra.

Entonces hay que ganarles de mano, entonces hay que hacer lo que hacen todos: tratar de sabotear el mecanismo, de ponerle en los engranajes unos granos de arena, es decir, ir a las fuentes del problema para tratar de contenerlo.

Fue con ese sano propósito con que Juan, como tantos, se postuló para censor. No por vocación como unos pocos ni por carencia de trabajo como otros, no. Se postuló simplemente para tratar de interceptar su propia carta, idea para nada novedosa pero consoladora. Y lo incorporaron de inmediato porque cada día hacen falta más censores y no es cuestión de andarse con melindres pidiendo antecedentes.

En los altos mandos de la Censura no podían ignorar el motivo secreto que tendría más de uno para querer ingresar a la repartición, pero tampoco estaban en condiciones de ponerse demasiado estrictos y total, ¿para qué? Sabían lo difícil que les iba a resultar a esos pobres incautos detectar la carta que buscaban y, en el supuesto caso de lograrlo, ¿qué importancia podían tener una o dos cartas que pasan la barrera frente a todas las otras que el nuevo censor frenaría en pleno vuelo? Fue así como, no sin ciertas esperanzas, nuestro Juan pudo ingresar en el Departamento de Censura del Ministerio de Comunicaciones.

1. ¿Qué cree que dice la carta que Juan le escribió a Mariana?
2. ¿Por qué cree que someten las cartas a tantas pruebas?
3. ¿Qué nos dice esta situación del ambiente político y social del lugar?

El edificio, visto desde fuera, tenía un aire festivo a causa de los vidrios ahumados que reflejaban el cielo, aire en total discordancia con el ambiente austero que imperaba dentro. Y poco a poco Juan fue habituándose al clima de concentración que el nuevo trabajo requería, y el saber que estaba haciendo todo lo posible por su carta —es decir por Mariana —le evitaba ansiedades. Ni siquiera se preocupó cuando, el primer mes, lo destinaron a la sección K, donde con infinitas precauciones se abren los sobres para comprobar que no encierran explosivo alguno.

Cierto es que a un compañero, al tercer día, una carta le voló la mano derecha y le desfiguró la cara, pero el jefe de sección alegó que había sido mera imprudencia por parte del damnificado y Juan y los demás empleados pudieron seguir trabajando como antes aunque bastante más inquietos. Otro compañero intentó a la hora de salida organizar una huelga para pedir aumento de sueldo por trabajo insalubre pero Juan no se adhirió y después de pensar un rato fue a denunciarlo ante la autoridad para intentar así ganarse un ascenso.

Una vez no crea hábito, se dijo al salir del despacho del jefe, y cuando lo pasaron a la sección J donde se despliegan las cartas con infinitas precauciones para comprobar si encierran polvillos venenosos, sintió que había escalado un peldaño y que por lo tanto podía volver a su sana costumbre de no inmiscuirse en asuntos ajenos.

De la J, gracias a sus méritos, escaló rápidamente posiciones hasta la sección E donde ya el trabajo se hacía más interesante pues se iniciaba la lectura y el análisis del contenido de las cartas.

En dicha sección hasta podía abrigar esperanzas de echarle mano a su propia misiva dirigida a Mariana que, a juzgar por el tiempo transcurrido, debería de andar más o menos a esta altura después de una larguísima procesión por otras dependencias.

Poco a poco empezaron a llegar días cuando su trabajo se fue tornando de tal modo absorbente que por momentos se le borraba la noble misión que lo había llevado hasta las oficinas. Días de pasarle tinta roja a largos párrafos, de echar sin piedad muchas cartas al canasto de las condenadas. Días de horror ante las formas sutiles y sibilinas que encontraba la gente para transmitirse mensajes subversivos, días de una intuición tan aguzada que, tras un simple "el tiempo se ha vuelto inestable" o "los precios siguen por las nubes", detectaba la mano algo vacilante de aquél cuya intención secreta era derrocar al Gobierno.

4. ¿Qué piensa del hecho de denunciar a un compañero para ganarse un ascenso?
5. ¿Qué se quiso decir Juan a sí mismo con "Una vez no crea hábito"?
6. ¿Qué provocó el cambio en la noble misión de Juan?
7. ¿Cree que Juan interceptará su propia carta? Explique.
8. Describa el trabajo que los censores hacian en las secciones K, J y E.
9. ¿Qué tiene de subversivos decir "los precios siguen por las nubes" y "el tiempo se ha vuelto inestable". Explique.

Tanto celo de su parte le valió un rápido ascenso. No sabemos si lo hizo muy feliz. En la sección B la cantidad de cartas que le llegaba a diario era mínima —muy contadas franqueaban las anteriores barreras— pero en compensación había que leerlas tantas veces, pasarlas bajo la lupa, buscar micropuntos con el microscopio electrónico y afinar tanto el olfato que al volver a su casa por las noches se sentía agotado. Sólo atinaba a recalentarse una sopita, comer alguna fruta y ya se echaba a dormir con la satisfacción del deber cumplido. La que se inquietaba, eso sí, era su santa madre que trataba sin éxito reencauzarlo por el buen camino. Le decía, aunque no fuera necesariamente cierto: Te llamó Lola, dice que está con las chicas en el bar, que te extrañan, te esperan. Pero Juan no quería saber nada de excesos: todas las distracciones podían hacerle perder la acuidad de sus sentidos y él los necesitaba alertas, agudos, atentos, afinados, para ser un perfecto censor y detectar el engaño. La suya era una verdadera labor patria. Abnegada y sublime.

Su canasto de cartas condenadas pronto pasó a ser el más nutrido pero también el más sutil de todo el Departamento de Censura. Estaba a punto de sentirse orgulloso de sí mismo, estaba a punto de saber que por fin había encontrado su verdadera senda, cuando llegó a sus manos su propia carta dirigida a Mariana. Como es natural, la condenó sin asco. Como también es natural, no pudo impedir que lo fusilaran al alba, una víctima más de su devoción por el trabajo.

10. ¿Cómo cambió la vida de Juan? Explique.
11. ¿Cree que vale la pena perder la vida por una causa? Explique.
12. ¿Cree que Juan recibió su merecido o es una víctima del sistema? Explique.
13. ¿Le gustó el cuento? ¿Por qué?

Actividad 5. **La confesión de Juan.** Juan tiene la oportunidad de confesarse con un cura antes de ser fusilado. Escriba su confesión.

____

____

____

____

____

____

____

____

ANALIZAR Y DESCUBRIR

Actividad 6. **La voz pasiva.** Después de leer los siguientes modelos que ilustran el uso de la voz pasiva, conteste las preguntas.

MODELO: La carta **fue interceptada.**
El autor **fue** inmediatamente **condenado** a muerte.
Fue fusilado al amanecer.

1. ¿Cómo se forma la voz pasiva?
____
2. ¿Quién interceptó la carta? ______________________
3. ¿Quién condenó al personaje del cuento? ______________________
4. ¿Quién lo fusiló? ______________________
5. ¿Cuándo es útil usar la voz pasiva? ______________________

Es útil saber que...

La voz pasiva se usa cuando al expresar un evento o acción, no se conoce, no es importante o no se quiere dar a conocer quien es el autor de dicha acción.

Actividad 7. **Hubo muchas injusticias.** Cambie las siguientes frases a la voz pasiva.

1. Los militares secuestraron a muchas personas.

 ____

2. Los líderes prohibieron cualquier tipo de expresión contra el gobierno.

 ____

3. La censura clasificó muchas cartas como subversivas.

 ____

4. Los dictadores fusilaron a miles de personas.

 ____

5. En Chile, el gobierno de Pinochet mató a más de 70.000 ciudadanos.

 ____

Actividad 8. **Los pronombres relativos.** Los pronombres relativos nos permiten unir, en una sola oración, dos ideas relacionadas sobre un mismo sujeto o elemento. Lea las siguientes frases cuidadosamente. Después subraye el pronombre relativo.

1. Juan quiso meterse de censor, lo cual me pareció una tontería.
2. Las secciones, por las que pasaban las cartas, eran todas peligrosas.
3. El muchacho que quiso organizar una protesta fue despedido.
4. Las cartas que Juan interceptaba eran destruídas.
5. Las personas a quienes mataban eran inocentes.
6. Las injusticias cometidas es lo que más me impresiona.
7. Los países, cuyos gobiernos no respetan los derechos humanos, son en su mayoría pobres.

Es útil saber que...

Los pronombres relativos son: que, cual, quién(es), cuyo(a, os, as), lo que, el que, la que, los que, las que, el cual, la cual, los cuales, las cuales.

Actividad 9. **Práctica con los pronombres relativos.** Escriba el pronombre relativo necesario en cada frase. Puede haber más de una respuesta correcta en algunos casos.

1. Esa es la carta _______ ahora le impide concentrarse.
2. Esa inocua carta fue el motivo por _________ buscó el puesto de censor.
3. Se la escribió a Mariana _______ ahora vive en París;
4. la amada ______ seguridad dependía de él únicamente.
5. La sección a _________ le temía más era la de los explosivos.
6. Al empleado a ___________ Juan denunció, fue despedido.
7. Aquél, _________ buena intención era mejorar las condiciones de trabajo.
8. La madre de Juan se preocupaba por ________ le estaba pasando a su hijo.
9. Los amigos con ___________ antes salía mucho, ya no le hablaban para salir con él.
10. Pobre Juan, pero recibió ____________ se merecía.

MANOS A LA OBRA

Actividad 10. **Un caso real.** Hable de alguna experiencia en la que Ud., o alguien que Ud. conoce ha sufrido algún tipo de censura en la escuela o el trabajo.

Actividad 11. **A favor de la censura.** Ud. pertenece a una organización que propone una censura más estricta en contra de grupos que fomentan la pornografía, la violencia y el racismo. Explique por qué no se debe permitir que estas personas digan lo que piensan. Dé ejemplos y explique su postura.

Actividad 12. **En contra de la censura.** Ud. defiende la libertad de expresión para todos, sin importar el mensaje que se comunica. Explique por qué se debe permitir que todos expresen públicamente sus ideas.

Actividad 13. **Una obra de teatro.** Ud. ha sido contratado por la compañía de teatro *Fundación bilingüe* para escribir y representar una pequeña obra de teatro. La obra debe ilustrar algún problema social que nos afecta a todos. También debe proponer soluciones para dicho problema. En grupos de cuatro, escriban el guión. Después representen su obrita frente a la clase.

CAPÍTULO

21

CULTURAS EN CONTACTO

PROPÓSITOS

- Analizará algunas costumbres y valores de grupos indígenas.
- Hablará de los efectos, tanto positivos como negativos, de La Conquista.
- Propondrá un plan de acción para ayudar a los grupos minoritarios a conservar su identidad cultural.
- Reflexionará sobre las condiciones necesarias para que dos culturas diferentes se beneficien entre sí.

FORMA

- Se familiarizará con el pluscuamperfecto.
- Analizará dos usos importantes de este tiempo.

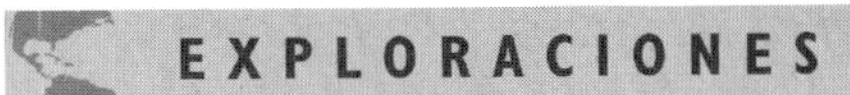

EXPLORACIONES

Actividad 1. **La etnografía: creencias religiosas.** Un etnógrafo es una persona que estudia las costumbres y valores de otras culturas. Con frecuencia, el etnógrafo analiza lo que se dice y se hace en una cultura determinada para llegar a identificar cuáles son los valores importantes para esa cultura. Imagine que Ud. es etnógrafo. Lea la información que le damos a continuación acerca de las creencias religiosas del grupo sobre el que leeremos en este capítulo. Escriba un breve informe explicando las creencias de este grupo.

a. Se debe tener mucho cuidado con los nombres de las personas y de los seres vivos, porque al pronunciarlos se toca su corazón y entramos dentro de su fuerza vital.
b. Así ha sido desde que me acuerdo: dejar todo y echar a correr como ratones y no como los grandes guerreros y los dioses que poblaron este territorio en la antigüedad.
c. Consideramos a los que se van como si estuvieran muertos, porque muy pocos regresan y quienes lo hacen han cambiado tanto que no podemos reconocerlos como parientes.
d. El guerrero que carga el peso de otra vida humana debe ayunar por diez días, así se debilita el espíritu del difunto, que finalmente, se desprende y se va al territorio de las almas.

INFORME

____

____

____

____

____

____

Actividad 2. **La etnografía: el comportamiento.** Ahora escriba un breve informe sobre el comportamiento de este grupo basado en la siguiente información.

a. Un hombre con buena enseñanza podía recordar cada una de las enseñanzas recibidas y así sabía cómo actuar en todo momento.
b. Cuando nos encierran entre paredes o barrotes nos volcamos hacia adentro, nos ponemos ciegos y sordos y en pocos días el espíritu se nos despega de los huesos del pecho y nos abandona.
c. Yo no podía dedicarme al juego y al descanso como otros, porque mi familia es numerosa: hermanos, primos, sobrinos, varias bocas que alimentar, mucho trabajo para un cazador.
d. A veces, por desgracia, un hombre mata a otro en la guerra, pero jamás puede hacer daño a una mujer o a un niño.

INFORME

____

____

____

____

____

____

Actividad 3. **La etnografía: Contacto de culturas.** Describa el resultado del contacto entre esta cultura y otro grupo, basándose en la siguiente información.

a. Al principio cumplimos con las reglas de cortesía y les dimos el gusto, porque eran nuestros huéspedes, pero ellos no estaban satisfechos con nada, siempre querían más, hasta que, cansados de esos juegos, iniciamos la guerra con todas las ceremonias habituales.
b. Me llevaron a trabajar donde había muchos hombres, a quienes habían vestido con pantalones y obligaban a trabajar, sin considerar para nada sus deseos.
c. Nos hacían trabajar de sol a sol, sangrando a los árboles para quitarles gota a gota la vida. El aire libre estaba enfermo.
d. Nos daban de comer maíz, plátano y el extraño contenido de unas latas, que jamás probé porque nada bueno para los humanos puede crecer en unos tarros. Y de beber una taza de licor que yo volqué en el suelo, porque he visto como esa agua destruye la prudencia.

INFORME

____

____

____

____

____

____

Actividad 4. **Ampliación de vocabulario.** Busque las siguientes palabras en el diccionario. Después ponga cada palabra en la oración que corresponde.

a. lapas ______________________________
b. acantilados ______________________________
c. destreza ______________________________
d. aletargada ______________________________
e. hoguera ______________________________

1. Un día llegó un grupo de hombres pálidos a nuestra aldea. Cazaban con pólvora, desde lejos, sin ninguna ______________ ni valor.
2. Nuestras casas no tienen muros, sólamente un techo inclinado, porque al dormir nos gusta escuchar los sueños de los monos, los perros y las ______________.
3. Los primeros tiempos viví allá en la selva, sin saber que existía otro mundo más allá de los ________________ y los ríos.
4. Cuando encontré a la mujer Ila, estaba desnuda sobre un petate, atada por el tobillo con una cadena fija en el suelo, ______________ como si hubiera aspirado el yopo de la acacia.
5. Por las noches, yo mantenía encendida una pequeña ______________ para que ella no tuviera frío.

LECTURA

Sobre el autor

Isabel Allende nació en Perú en 1942, pero es de nacionalidad chilena. Trabajó como periodista y en la televisión. Su carrera literaria es extensa. Su primer libro *La casa de los espíritus* tuvo en gran éxito, fue traducido a varios idiomas y llevado a la pantalla de Hollywood en 1994. Allende es, sin duda alguna, la escritora latinoamericana más leída del mundo. En su obra, combina elementos reales y mágicos mezclando la fantasía con sucesos autobiográficos e historicos, pero sin dejar de hacer una crítica social y política. Otras de sus novelas son: *De amor y de sombra, Eva Luna, El plan infinito.* ***Walimai,*** el cuento que leeremos a continuación es parte del libro *Cuentos de Eva Luna.*

WALIMAI

El nombre que me dio mi padre es Walimai, que en la lengua de nuestros hermanos del norte quiere decir viento. Puedo contártelo, porque ahora eres como mi propia hija y tienes mi permiso para nombrarme, aunque sólo cuando estamos en familia. Se debe tener mucho cuidado con los nombres de las personas y de los seres vivos, porque al pronunciarlos se toca su corazón y entramos dentro de su fuerza vital. Así nos saludamos como parientes de sangre. No entiendo la facilidad de los extranjeros para llamarse unos a otros sin asomo de temor, lo cual no sólo es una falta de respeto, también puede ocasionar graves peligros. He notado que esas personas hablan con la mayor liviandad, sin tener en cuenta que hablar es también ser. El gesto y la palabra son el pensamiento del hombre. No se debe hablar en vano, eso le he enseñado a mis hijos, pero mis consejos no siempre se escuchan. Antiguamente los tabúes y las tradiciones eran respetados. Mis abuelos y los abuelos de mis abuelos recibieron de sus abuelos los conocimientos necesarios. Nada cambiaba para ellos. Un hombre con buena enseñanza podía recordar cada una de las enseñanzas recibidas y así sabía cómo actuar en todo momento. Pero luego vinieron los extranjeros hablando contra la sabiduría de los ancianos y empujándonos fuera de nuestra tierra. Nos internamos cada vez más adentro de la selva, pero ellos siempre nos alcanzan, a veces tardan años, pero finalmente llegan de nuevo y entonces nosotros debemos destruir los sembrados, echarnos a la espalda a los niños, atar los animales y partir. Así ha sido desde que me acuerdo: dejar todo y echar a correr como ratones y no como los grandes guerreros y los dioses que poblaron este territorio en la antigüedad. Algunos jóvenes tienen curiosidad por los blancos y mientras nosotros viajamos hacia lo profundo del bosque para seguir viviendo como nuestros antepasados, otros emprenden el camino contrario. Consideramos a los que se van como si estuvieran muertos, porque muy pocos regresan y quienes lo hacen han cambiado tanto que no podemos reconocerlos como parientes.

Dicen que en los años anteriores a mi venida al mundo no nacieron suficientes hembras en nuestro pueblo y por eso mi padre tuvo que recorrer largos caminos para buscar esposa en otra tribu. Viajó por los bosques, siguiendo las indicaciones de otros que recorrieron esa ruta con anterioridad por la misma razón, y que volvieron con mujeres forasteras. Después de mucho tiempo, cuando mi padre ya comenzaba a perder la esperanza de encontrar compañera, vio a una muchacha al pie de una alta cascada, un río que caía del cielo. Sin acercarse demasiado, para no espantarla, le habló en el tono que usan los cazadores para tranquilizar a su presa, y le explicó su necesidad de casarse. Ella le hizo señas para que se aproximara, lo observó sin disimulo y debe haberle complacido el aspecto del viajero, porque decidió que la idea del matrimonio no era del todo descabellada. Mi padre tuvo que trabajar para su suegro hasta pagarle el valor de la mujer. Después de cumplir con los ritos de la boda, los dos hicieron el viaje de regreso a nuestra aldea.

Yo crecí con mis hermanos bajo los árboles, sin ver nunca el sol. A veces caía un árbol herido y quedaba un hueco en la cúpula profunda del bosque, entonces veíamos el ojo azul del cielo. Mis padres me contaron cuentos, me cantaron canciones y me enseñaron lo que deben saber los hombres para sobrevivir sin ayuda, sólo con su arco y sus flechas. De este modo fui libre. Nosotros, los Hijos de la Luna, no podemos vivir sin libertad. Cuando nos encierran entre paredes o barrotes nos volcamos hacia adentro, nos ponemos ciegos y sordos y en pocos días el espíritu se nos despega de los huesos del pecho y nos abandona. A veces nos volvemos como animales miserables, pero casi siempre preferimos morir. Por eso nuestras casas no tienen muros, sólo un techo inclinado para detener el viento y desviar la lluvia, bajo el cual colgamos nuestra hamacas muy juntas porque nos gusta escuchar los sueños de las mujeres y de los niños y sentir el aliento de los monos, los perros y las lapas, que duermen bajo el mismo alero. Los primeros tiempos viví en la selva sin saber que existía mundo más allá de los acantilados y los ríos. En algunas ocasiones vinieron amigos visitantes de otras tribus y nos contaron rumores de Boa Vista y de El Platanal, de los extranjeros y sus costumbres, pero creíamos que eran sólo cuentos para hacer reír. Me hice hombre y llegó mi turno de conseguir una esposa, pero decidí esperar porque prefería andar con los solteros, éramos alegres y nos divertíamos. Sin embargo, yo no podía dedicarme al juego y al descanso como otros, porque mi familia es numerosa: hermanos, primos, sobrinos, varias bocas que alimentar, mucho trabajo para un cazador.

1. ¿Por qué critica Walimai la costumbre de los hombres blancos de hablar con liviandad (ligereza)?
2. ¿Cómo afecto la llegada de los extranjeros a la gente de Walimai?
3. ¿Qué piensa Ud. de la costumbre de casarse con un perfecto extraño?
4. ¿Qué significa la libertad para los Hijos de la Luna?
5. ¿Para Ud. qué significa la libertad?

Un día llegó un grupo de hombres pálidos a nuestra aldea. Cazaban con pólvora, desde lejos, sin destreza ni valor. Eran incapaces de trepar a un árbol o de clavar un pez con una lanza en el agua. Apenas podían moverse en la selva, siempre enredados en sus mochilas, sus armas y hasta en sus propios pies. No se vestían de aire, como nosotros, sino que tenían unas ropas empapadas y hediondas[1]. Eran sucios y no conocían las reglas de la decencia, pero estaban empeñados en hablarnos de sus conocimientos y de sus dioses. Los comparamos con lo que nos habían contado sobre los blancos y comprobamos la verdad de esos chismes. Pronto nos enteramos de que éstos no eran misioneros, soldados ni recolectores de caucho. Estaban locos, querían la tierra y llevarse la madera; también buscaban piedras. Les explicamos que la selva no se puede cargar a la espalda y transportar como un pájaro muerto, pero no quisieron escuchar razones. Se instalaron cerca de nuestra aldea. Cada uno de ellos era como un viento de catástrofe, destruía a su paso todo lo que tocaba, dejaba un rastro de desperdicio, molestaba a los animales y a las personas. Al principio cumplimos con las reglas de cortesía y les dimos el gusto, porque eran nuestros huéspedes, pero ellos no estaban satisfechos con nada, siempre querían más, hasta que, cansados de esos juegos, iniciamos la guerra con todas las ceremonias habituales. No son buenos guerreros, se asustan con facilidad y tienen los huesos blandos. No resistieron los garrotazos que les dimos en la cabeza. Después de eso abandonamos la aldea y nos fuimos hacia el este, donde el bosque es impenetrable, viajando grandes trechos por las copas de los árboles para que no nos alcanzaran sus compañeros. Nos había llegado la notica de que son vengativos y que por cada uno de ellos que muere, aunque sea en una batalla limpia, son capaces de eliminar a toda una tribu,

1. que olían mal

2. personas que buscan o trabajan el ceucho (árbol que brinda una goma elástica)

incluyendo a los niños. Descubrimos un lugar donde establecer otra aldea. No era tan bueno. Las mujeres debían caminar horas para buscar agua limpia pero allí nos quedamos porque creímos que nadie nos buscaría tan lejos. Al cabo de un año, en una ocasión en que tuve que alejarme mucho siguiendo la pista de un puma, me acerqué demasiado a un campamento de soldados. Yo estaba fatigado y no había comido en varios días, por eso mi entendimiento estaba aturdido. En vez de dar media vuelta cuando percibí la presencia de los extranjeros, me eché a descansar. Me cogieron los soldados. Sin embargo no mencionaron los garrotazos propinados a los otros. En realidad no me preguntaron nada. Tal vez no conocían a esas personas o no sabían que yo soy Walimai. Me llevaron a trabajar con los caucheros[2], donde había muchos hombres de otras tribus, a quienes habían vestido con pantalones y obligaban a trabajar, sin considerar para nada sus deseos. El caucho requiere mucha dedicación y no había suficiente gente por esos lados, por eso debían traernos a la fuerza. Ése fue un período sin libertad y no quiero hablar de ello. Me quedé sólo para ver si aprendía algo, pero desde el principio supe que iba a regresar donde los míos. Nadie puede retener por mucho tiempo a un guerrero contra su voluntad.

Se trabajaba de sol a sol, algunos sangrando a los árboles para quitarles gota a gota la vida, otros cocinando el líquido recogido para espesarlo y convertirlo en grandes bolas. El aire libre estaba enfermo con el olor de la goma quemada y el aire en los dormitorios comunes lo estaba con el sudor de los hombres. En ese lugar nunca pude respirar a fondo. Nos daban de comer maíz, plátano y el extraño contenido de unas latas, que jamás probé porque nada bueno para los humanos puede crecer en unos tarros. En un extremo del campamento habían instalado una choza grande donde mantenían a las mujeres. Después de dos semanas trabajando con el caucho, el capataz me entregó un trozo de papel y me mandó con ellas. También me dio una taza de licor que yo volqué en el suelo, porque he visto cómo esa agua destruye la prudencia. Hice la fila, con todos los demás. Yo era el último y cuando me tocó entrar en la choza, el sol ya se había puesto y comenzaba la noche, con su estrépito de sapos y loros.

6. ¿Por qué Walimai piensa que los hombres pálidos no tenían decencia, valor, ni destrezas?
7. ¿Por qué cree que los hombres blancos eran capaces de eliminar a toda una tribu, incluyendo niños?
8. ¿Por qué rechaza Walimai las costumbres de los blancos si se quedó para ver si aprendía algo?

Ella era de la tribu de los Ila, los de corazón dulce, de donde vienen las muchachas más delicadas. Algunos hombre viajan durante meses para acercarse a los Ila. Les llevan regalos y cazan para ellos, en la esperanza de conseguir una de sus mujeres. Yo la reconocí a pesar de su aspecto de lagarto, porque mi madre también era una Ila. Estaba desnuda sobre un petate, atada por el tobillo con una cadena fija en el suelo, aletargada, como si hubiera aspirado por la nariz el "yopo" de la acacia. Tenía el olor de los perros enfermos y estaba mojada por el rocío de todos los hombres que estuvieron sobre ella antes que yo. Era del tamaño de un niño de pocos años, sus huesos sonaban como piedrecitas en el río. Las mujeres Ila se quitan todos los vellos del cuerpo, hasta las pestañas, se adornan las orejas con plumas y flores, se atraviezan palos pulidos en las mejillas y la nariz, se pintan dibujos en todo el cuerpo con los colores rojo del onoto, morado de la palmera y negro del carbón. Pero ella ya no tenía nada de eso. Dejé mi machete en el suelo y la saludé como hermana, imitando algunos cantos de pájaros y el ruido de los ríos. Ella no respondió. Le golpeé con fuerza el pecho, para ver si su espíritu resonaba entre las costillas, pero no hubo eco, su alma estaba muy débil y no podía contestarme. En cuclillas a su lado le di de beber un poco de agua y le hablé en la lengua de mi madre. Ella abrió los ojos y me miró largamente. Comprendí.

Antes que nada me lavé sin malgastar el agua limpia. Me eché un buen sorbo a la boca y lo lancé en chorros finos contra mis manos, que froté bien y luego empapé para limpiarme la cara.

Hice lo mismo con ella, para quitarle el rocío de los hombres. Me saqué los pantalones que me había dado el capataz. De la cuerda que me rodeaba la cintura colgaban mis palos para hacer fuego, algunas puntas de flechas, mi rollo de tabaco, mi cuchillo de madera con un diente de rata en la punta y una bolsa de cuero bien firme, donde tenía un poco de curare. Puse un poco de esa pasta en la punta de mi cuchillo, me incliné sobre la mujer con el instrumento envenenado y le abrí un corte en el cuello. La vida es un regalo de los dioses. El cazador mata para alimentar a su familia. Él procura no probar la carne de su presa y prefiere la que otro cazador le ofrece. A veces, por desgracia, un hombre mata a otro en la guerra, pero jamás puede hacer daño a una mujer o a un niño. Ella me miró con grandes ojos, amarillos como la miel, y me parece que intentó sonreír agradecida. Por ella yo había violado el primer tabú de los Hijos de la Luna y tendría que pagar mi vergüenza con muchos trabajos de expiación. Acerqué mi oreja a su boca y ella murmuró su nombre. Lo repetí dos veces en mi mente para estar bien seguro pero sin pronunciarlo en alta voz, porque no se debe mentar a los muertos para no perturbar su paz, y ella ya lo estaba, aunque todavía palpitara su corazón. Pronto vi que se le paralizaban los músculos del vientre, del pecho y de los miembros, perdió el aliento, cambió de color, se le escapó un suspiro y su cuerpo se murió sin luchar, como mueren las criaturas pequeñas.

De inmediato sentí que el espíritu se le salía por las narices y se introducía en mí, aferrándose a mi esternón. Todo el peso de ella cayó sobre mí y tuve que hacer un esfuerzo para ponerme de pie. Me movía con torpeza, como si estuviera bajo el agua. Doblé su cuerpo en la posición del descanso último, con las rodillas tocando el mentón, la até con las cuerdas del petate, hice una pila con los restos de la paja y usé mis palos para hacer fuego. Cuando vi que la hoguera ardía segura, salí lentamente de la choza, trepé el cerco del campamento con mucha dificultad, porque ella me arrastraba hacia abajo, y me dirigí al bosque. Había alcanzado los primeros árboles cuando escuché las campanas de alarma.

9. ¿Por qué cree que los hombre de las tribus aceptaban entrar con la mujer si ella era una de las suyas?
10. ¿Por qué cree que Walimai violó el primer tabú de los Hijos de la Luna?
11. ¿Qué cree que va a hacer Walimai para sacarse el espíritu de la mujer del cuerpo?

Toda la primera jornada caminé sin detenerme ni un instante. Al segundo día fabriqué un arco y unas flechas y con ellos pude cazar para ella y también para mí. El guerrero que carga el peso de otra vida humana debe ayunar por diez días, así se debilita el espíritu del difunto, que finalmente, se desprende y se va al territorio de las almas. Si no lo hace, el espíritu engorda con los alimentos y crece dentro del hombre hasta sofocarlo. He visto algunos de hígado bravo morir así. Pero antes de cumplir con esos requisitos yo debía conducir el espíritu de la mujer Ila hacia la vegetación más oscura, donde nunca fuera hallado. Comí muy poco, apenas lo suficiente para no matarla por segunda vez. Cada bocado en mi boca sabía a carne podrida y cada sorbo de agua era amargo, pero me obligué a tragar para nutrirnos a los dos. Durante una vuelta completa de la luna me interné selva adentro llevando el alma de la mujer, que cada día pesaba más. Hablamos mucho. La lengua de las Ila es libre y resuena bajo los árboles con un largo eco. Nosotros nos comunicamos cantando, con todo el cuerpo, con los ojos, la cintura, los pies. Le repetí las leyendas que aprendí de mi madre y de mi padre, le conté mi pasado y ella me contó la primera parte del suyo, cuando era una muchacha alegre que jugaba con sus hermanos a revolcarse en el barro y balancearse de las ramas más altas. Por cortesía, no mencionó su último tiempo de desdichas y de humillaciones. Cacé un pájaro blanco, le arranqué las mejores plumas y le hice adornos para las orejas. Por las noches mantenía encendida una pequeña hoguera, para que ella no tuviera frío y para que los jaguares y las serpientes no molestaran su sueño. En el río la bañé con cuidado, frotándola con ceniza y flores machacadas, para quitarle los malos recuerdos.

Por fin un día llegamos al sitio preciso y ya no teníamos más pretextos para seguir andando. Allí la selva era tan densa que en algunas partes tuve que abrir paso rompiendo la vegetación con mi machete y hasta con los dientes, y debíamos hablar en voz baja, para no alterar el silencio del tiempo. Escogí un lugar cerca de un hilo de agua, levanté un techo de hojas e hice una hamaca para ella con tres trozos largos de corteza. Con mi cuchillo me afeité la cabeza y comencé mi ayuno.

Durante el tiempo que caminamos juntos la mujer y yo nos amamos tanto que ya no deseábamos separarnos, pero el hombre no es dueño de la vida, ni siquiera de la propia, de modo que tuve que cumplir con mi obligación. Por muchos días no puse nada en mi boca, sólo unos sorbos de agua. A medida que mis fuerzas se debilitaban ella se iba desprendiendo de mi abrazo, y su espíritu, cada vez más etéreo, ya no me pesaba como antes. A los cinco días ella dio sus primeros pasos por los alrededores, mientras yo dormitaba, pero no estaba lista para seguir su viaje sola y volvió a mi lado. Repitió esas excursiones en varias oportunidades, alejándose cada vez un poco más. El dolor de su partida era para mí tan terrible como una quemadura y tuve que recurrir a todo el valor aprendido de mi padre para no llamarla por su nombre en alta voz atrayéndola así de vuelta conmigo para siempre. A los doce días soñé que ella volaba como un tucán por encima de las copas de los árboles y desperté con el cuerpo muy liviano y con deseos de llorar. Ella se había ido definitivamente. Cogí mis armas y caminé muchas horas hasta llegar a un brazo del río. Me sumergí en el agua hasta la cintura, ensarté un pequeño pez con un palo afilado y me lo tragué entero, con escamas y cola. De inmediato lo vomité con un poco de sangre, como debe ser. Ya no me sentí triste. Aprendí entonces que algunas veces la muerte es más poderosa que el amor. Luego me fui a cazar para no regresar a mi aldea con las manos vacías.

12. ¿Qué hechos históricos cree que representa este relato?
13. ¿Qué le impresionó más del relato de Walimai?
14. ¿Le gustó el cuento? ¿Por qué?
15. Vuelva a leer sus informes. ¿Describió acertademente las creencias y costumbres de los Hijos de la Luna? Explique.

Actividad 5. **La otra cara de la moneda.** Imagine que es miembro de los hombres pálidos. Relate las acciones de Walimai en el campamento de caucheros, desde su punto de vista.

____

____

____

____

____

____

ANALIZAR Y DESCUBRIR

Actividad 6. **El pasado perfecto.** Después de leer los siguientes modelos, conteste las preguntas.

MODELO: a. Antes de que el hombre blanco invadiera la selva, los Hijos de la luna no **habían comido** el contenido de una lata. Tampoco **se habían puesto** ropa, ni **habían sido** tratados como esclavos.

b. Cuando Walimai llegó al campamento de los hombres pálidos, la mujer Ila ya **había sido** violada por muchos hombres.

1. ¿Cómo se forma el pasado perfecto?

____

2. Explique por qué se usa el pasado perfecto en estos ejemplos.

____

____

Es útil saber que...

El pasado perfecto se usa para expresar una acción anterior a otra en el pasado. También se usa cuando se quiere informar lo que alguien dijo en el pasado.

Actividad 7. **Otro uso del pasado perfecto.** Lea el siguiente párrafo, después conteste las preguntas.

Walimai dijo que **había matado** a la mujer Ila para salvarla del sufrimiento, que su espíritu **había entrado** en su cuerpo y que lo **había llevado** a la selva profunda. También explicó que **había tenido** que hacer muchos trabajos de expiación para pagar su vergüenza.

1. Explique la diferencia de uso en este párrafo y en la actividad anterior.

____

____

____

Actividad 8. **La defensa del hombre blanco.** Imagine que presenció un juicio donde el hombre blanco explicó su comportamiento durante La Época de la Conquista. También justificó lo siguiente:

porque les quitó la tierra a los indígenas
porque los esclavizó y
porque los obligó a abandonar sus tradiciones culturales.

Ahora Ud. debe informar a sus compañeros lo que se dijo en el juicio. Empiece su informe así:
El hombre blanco dijo que...

____

____

____

____

MANOS A LA OBRA

Actividad 9. **Un caso personal.** Describa alguna ocasión en la que Ud., o alguien que Ud. conoce, se ha sentido forzado a abandonar algunas de sus costumbres, tradiciones o valores.

____

____

____

____

____

____

____

____

Actividad 10. **Un caso real.** Explique de qué manera afectó, tanto positiva como negativamente, al indígena americano la imposición de una cultura europea.

____

____

____

____

____

____

Actividad 11. **Plan de acción.** Ud. es representante de un grupo que ayuda a las comunidades minoritarias de los Estados Unidos a mantener su identidad cultural ante las fuertes presiones del grupo mayoritario. Describa un plan de acción para que estos grupos no pierdan sus valores y tradiciones.

____

____

____

____

____

____

____

Actividad 12. **Entre mundos.** Describa bajo qué circunstancias dos culturas diferentes pueden beneficiarse entre sí.

____

____

____

____

____

____

____

____

Esta sección incluye algunos conceptos gramaticales adicionales. No es una presentación completa ni detallada de la gramática española, sino un resumen que le ayudará a familializarse con algunos términos gramaticales que le ayudarán a mejorar su capacidad expresiva. Si desea saber más, pídale a su profesor el nombre de un diccionario y una gramática completa.

LOS SUSTANTIVOS

1. Los sustantivos nombran a personas, animales, cosas, lugares, eventos, o ideas. En español hay sustantivos femeninos y masculinos (género).
2. Los sustantivos que se refieren a personas son femeninos si se refieren a una mujer o masculinos si se refieren a un hombre. Algunos sustantivos no cambian de forma. Se usa el artículo (**la**, **el**, **una**, **un**) para indicar el género.

   MODELO: **la/el** testigo **un/una** representante
3. En español no se usa el participio de un verbo (**escuchando**, **conversando**, **escribiendo**, **leyendo**) como sustantivo.

   MODELO: **Leer** (no leyendo) es importante para desarrollar la capacidad expresiva.

LOS PRONOMBRES

Los pronombres son palabras que reemplazan a un sustantivo. Hay nueve clases de pronombres:

1. Los personales (**yo**, **tú**, **él**, **ella**, **usted**, **nosotros**, **vosotros**, **ellos**, **ellas**, **ustedes**) reemplazan al sujeto de una oración.

   MODELO: **Yo** lavé los platos y **tú** Sofía, ¿qué hiciste?
2. Los de objeto directo **(me, nos, te, lo, la, los, las)** reemplazan al objeto directo de un verbo.

   MODELO: Juan trajo el libro… ¿Dónde **lo** tendrá?
3. Los de objeto indirecto (**me**, **nos**, **te**, **le**, **les**) reemplazan al objeto indirecto de un verbo

   MODELO: Hildebrando **le** contó una triste historia a Raquel.
4. Los de objeto de preposición **(mí, ti, sí, conmigo, contigo, y consigo son formas especiales)** reemplazan el sustantivo cuando sigue una preposición **(a, ante, bajo, con, contra, de, desde, durante, en, entre, hacia, hasta, mediante, para, por, sin, según, sobre, trás).**

   MODELO: Trabajas **con** él o **conmigo**. Trabajo **para** ti.
5. Los reflexivos **(me, nos, te, se)** se usan cuando el sujeto y el objeto de un verbo es el mismo.

   MODELO: Duarte **se** levanta temprano todos los días.
6. Los interrogativos **(cuál, qué, quién)** reemplazan a un sustantivo e introducen una pregunta.

   MODELO: ¿**Quiénes** son las culpables? **Silvia y Carolina.**

7. Los demostrativos **(éste, ésta, éstos, éstas, esto; ése, ésa, ésos, ésas, eso; aquél, aquélla, aquéllos, aquéllas, aquéllo)** reemplazan a un sustantivo y señalan el lugar físico donde se encuentra.

   MODELO: ¿El racismo? **Eso** es lo que más me aterra.

8. Los posesivos **(el mío, la tuya, los suyos, las nuestras, el vuestro)** reemplazan a un sustantivo e indica de quién es.

   MODELO: No puedo usar mi coche, ¿me prestas **el tuyo?**

9. Los indefinidos **(algo, alguien, alguna, nada, nadie, ninguna)** remplazan a un sustantivo no específico.

   MODELO: ¿Conoces a **alguien** del Perú? No, no conozco a **nadie** del Perú.

LOS ARTÍCULOS

1. El artículo es una palabra que va antes de un sustantivo para indicar si éste se refiere a una persona, un animal, un lugar, una cosa, un evento o una idea específica **(la, el, las, los)** o indeterminados **(una, un, unas, unos).**

   MODELO: Hay **un** muchacho nuevo en la clase. ¿Cómo se llama **el** muchacho?

2. Se usa el artículo definido y no el adjetivo posesivo **(mi, tu, su, nuestra)** cuando se habla de las partes de cuerpo, los artículos de ropa y los artículos personales.

   MODELO: Se lavó **las** (no sus) manos, se puso **el** (no su) pijama y se metió en **la** (no su) cama.

3. No se usa el artículo indefinido cuando se identifica la profesión o el trabajo a menos que vaya acompañado de una descripción.

   MODELO: Berta es abogada pero Roberto es **un** abogado bilingüe.

LOS ADJETIVOS

1. Los adjetivos son palabras que describen a un sustantivo o un pronombre.
2. Hay cinco clases de adjetivos:
   a. Los descriptivos señalan una característica del sustantivo y se colocan después de él.

      MODELO: Nicaragua es un país **interesante**.

   b. Los enfáticos enfatizan una característica del sustantivo y se colocan antes de él.

      MODELO: La **linda** nación de Guatemala.

   c. Los cuantitativos indican cantidad y también se colocan antes del sustantivo.

      MODELO: Tengo **muchos** recuerdos bonitos de mi niñez en Venezuela.

   d. Los posesivos indican a quién le pertenece algo.

      MODELO: **Su** ciudad de origen es San Salvador.

   e. Los demostrativos se usan para señalarle algo a alguien.

      MODELO: Quiero comprar **estos** libros españoles y no **aquellas** revistas dominicanas.

ADJETIVOS POSESIVOS	
que preceden el sustantivo	**que siguen el sustantivo**
mi mis	mío mía míos mías
tu tus	tuyo tuya tuyos tuyas
su sus (de él, ella, usted ellos, ellas, usteded)	suyo suya suyos suyas
nuestro nuestra nuestros nuestras	nuestro nuestra nuestros nuestras

ADJETIVOS DEMOSTRATIVOS		
Cerca de mí (aquí)	**Cerca de ti (ahí)**	**Lejos de nosotros (allí)**
esta	esa	aquella
este	ese	aquel
estas	esas	aquellas
estos	esos	aquellos

LOS ADVERBIOS

1. Los adverbios son palabras que modifican a un verbo, un adjetivo, u a otro adverbio.
2. Muchos adverbios se construyen añadiéndole **-mente** a un adjetivo. Si el adjetivo se acentúa, el adverbio conserva el acento.

   MODELO: rápido → rápidamente

3. Hay cuatro grupos de adverbios:

   a. los de modo (**locamente**, **urgentemente**, **cautelosamente**, **a medias**, **a tientas**, **de balde**, etc.) se usan para describir de qué manera se lleva a cabo una acción.

   MODELO: Me explicó las cosas **claramente**.

   b. los de intensidad (**muy**, **mucho**, **poco**, **bastante**, **demasiado**, **más** y **menos**) se usan para intensificar o debilitar la descripción de un verbo, un adjetivo u otro adverbio.

   MODELO: Aprendí **bastante** en la clase de español.

   c. los de lugar (**aquí**, **acá**, **ahí**, **allí**, **allá**, **(a)dentro**, **(a)fuera**) se usan para precisar donde ocurre la acción.

   MODELO: Macuca está **dentro** del carro y Manolo está **afuera**.

   d. los de tiempo (**ya**, **recién**, **ahora**, **antes**, **después**, **entonces**, **luego**) se usan para especificar cuando ocurre la acción.

   MODELO: **Antes** éramos más felices.

ADJETIVOS Y ADVERBIOS EN CONSTRUCCIONES COMPARATIVAS

1. Hay tres clases de construcciones comparativas: las de superioridad (**más...que**, **mejor que**, **mayor que**).

   MODELO: Mis padres hablan español **mejor que** yo.

   MODELO: Mi esposa es **mayor que** mi hermana.

2. las de inferioridad (**menos...que**, **peor que**, **menor que**).

   MODELO: Mi hermano es **menor que** yo.

3. las de igualdad (**tan...como**, **tanto...como**)

   MODELO: Este semestre tomo **tantas** clases **como** tú; ves, soy **tan** inteligente **como** tú.

LAS CONJUNCIONES

1. Las conjunciones se utilizan para unir una o más palabras, frases, y cláusulas dependientes e independientes. Se dividen en dos grupos grandes: las coordinadas (**sino**, **pero**, **o**, **y**, **que**, **porque**, **ya que**, **puesto que**, **en vista de que**, **pues**, **hasta**, **luego**, **entonces**, **incluso**).

   MODELO: Ya pagué la cuenta **incluso** les devolví el recibo. *o*
   No sólo abandonó el proyecto **sino** lo saboteó.

2. Las subordinadas (**para que**, **a fin de que**, **cuando**, **antes de que**, **apenas**, **en cuanto**, **tan pronto como**, **siempre que**, **una vez que**, **con tal de que**).

   MODELO: Fui **tan pronto como** pude. Me quedé allí **a fin de que** mi hija estuviera tranquila.

LOS TIEMPOS VERBALES

	INFINITIVO	GERUNDIO	PARTICIPIO
Primera conjugación	habl-ar	habl-ando	habl-ado
Segunda conjugación	com-er	com-iendo	com-ido
Tercera conjugación	viv-ir	viv-iendo	viv-ido

EL MODO INDICATIVO: TIEMPOS SIMPLES					
	presente	**imperfecto**	**pretérito**	**futuro**	**condicional**
yo	hablo	hablaba	hablé	hablaré	hablaría
tú	hablas	hablabas	hablaste	hablarás	hablarías
él, ella, usted	habla	hablaba	habló	hablará	hablaría
nosotros	hablamos	hablábamos	hablamos	hablaremos	hablaríamos
vosotros	habláis	hablabais	hablasteis	hablaréis	hablaríais
ellos, ellas, ustedes	hablan	hablaban	hablaron	hablarán	hablarían

EL MODO INDICATIVO: TIEMPOS COMPUESTOS					
	presente	**pasado**	**futuro**	**condicional**	**perfecto**
yo	he	había	habré	habría	hablado
tú	has	habías	habrás	habrías	hablado
él, ella, usted	ha	había	habrá	habría	hablado
nosotros	hemos	habíamos	habremos	habríamos	hablado
vosotros	habéis	habíais	habréis	habríais	hablado
ellos, ellas, ustedes	han	habían	habrán	habrían	hablado

EL MODO SUBJUNTIVO: TIEMPOS SIMPLES				
	presente	**imperfecto**		
yo	que hable	que hablara	o	que hablase
tú	que hables	que hablaras		que hablases
él, ella, usted	que hable	que hablara		que hablase
nosotros	que hablemos	que habláramos		que hablásemos
vosotros	que habléis	que hablarais		que hablaseis
ellos, ellas, ustedes	que hablen	que hablaran		que hablasen

EL MODO SUBJUNTIVO: TIEMPOS COMPUESTOS			
	presente	**pasado**	**perfecto**
yo	que haya	que hubiera	hablado
tú	que hayas	que hubiera	hablado
él, ella, usted	que haya	que hubiera	hablado
nosotros	que hayamos	que hubiéramos	hablado
vosotros	que hayáis	que hubierais	hablado
ellos, ellas, ustedes	que hayan	que hubieran	hablado

EL MODO IMPERATIVO: USTED, USTEDES Y VOSOTROS				
usted	háblele	véndamelo	escríbasela	báñese
	no le hable	no me lo venda	no se la escriba	no se bañe
ustedes	háblenle	véndanmelo	escríbansela	báñense
	no le hablen	no me lo vendan	no se la escriban	no se bañen
vosotros	habladle	vendédmelo	escribídsela	*bañaos
	no le habléis	no me lo vendáis	no se la escribáis	no os bañéis

* note que la -d desaparece

EL MODO IMPERATIVO: TÚ		
tú	pon la mesa/no pongas mantel	ven temprano/no vengas después de las seis
	ten cuidado/no tengas prisa	ve a la escuela/no vayas a la playa
	sal con tiempo/no salgas ahora	di la verdad/no digas mentiras
	haz tus deberes/no hagas tonterías	sé conciente/no seas descuidado

LAS MAYÚSCULAS

Las mayúsculas se usan con menos frecuencia en español que en inglés. Se necesita usar mayúsculas en los siguientes casos:

1. después de punto se escribe con mayúscula.

   MODELO: Pedro cocina muy bien. Le encanta aprender nuevas recetas.

2. los nombres propios se escriben con mayúscula, pero no los adjetivos derivados de estos.

   MODELO: Colombia... la comida colombiana, Partido Demócrata, Reino Unido.

3. los nombres de libros y películas, pero sólo la primera palabra del título.

   MODELO: **Como agua para chocolate. El amor en el tiempo de cólera.**

No se necesita usar mayúsculas en los siguientes casos:

1. los meses, y las estaciones del año, ni los días de la semana

   MODELO: invierno, febrero, jueves

2. los nombres de las religiones ni sus seguidores

   MODELO: católicos... catolicismo

3. los nombres de títulos oficiales

   MODELO: El papa Juan Pablo II

Escriba las palabras nuevas que aprendió, las expresiones engañosas que surgieron en las discusiones en la clase y los errores de ortografía que cometió.

PALABRAS NUEVAS	EXPRESIONES ENGAÑOSAS	ORTOGRAFÍA

Escriba las palabras nuevas que aprendió, las expresiones engañosas que surgieron en las discusiones en la clase y los errores de ortografía que cometió.

PALABRAS NUEVAS	EXPRESIONES ENGAÑOSAS	ORTOGRAFÍA

Escriba las palabras nuevas que aprendió, las expresiones engañosas que surgieron en las discusiones en la clase y los errores de ortografía que cometió.

PALABRAS NUEVAS	EXPRESIONES ENGAÑOSAS	ORTOGRAFÍA

Escriba las palabras nuevas que aprendió, las expresiones engañosas que surgieron en las discusiones en la clase y los errores de ortografía que cometió.

PALABRAS NUEVAS	EXPRESIONES ENGAÑOSAS	ORTOGRAFÍA

Escriba las palabras nuevas que aprendió, las expresiones engañosas que surgieron en las discusiones en la clase y los errores de ortografía que cometió.

PALABRAS NUEVAS	EXPRESIONES ENGAÑOSAS	ORTOGRAFÍA

Escriba las palabras nuevas que aprendió, las expresiones engañosas que surgieron en las discusiones en la clase y los errores de ortografía que cometió.

PALABRAS NUEVAS	EXPRESIONES ENGAÑOSAS	ORTOGRAFÍA

Escriba las palabras nuevas que aprendió, las expresiones engañosas que surgieron en las discusiones en la clase y los errores de ortografía que cometió.

PALABRAS NUEVAS	EXPRESIONES ENGAÑOSAS	ORTOGRAFÍA

Escriba las palabras nuevas que aprendió, las expresiones engañosas que surgieron en las discusiones en la clase y los errores de ortografía que cometió.

PALABRAS NUEVAS	EXPRESIONES ENGAÑOSAS	ORTOGRAFÍA